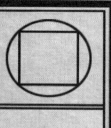

你會喜歡金剛經

黃逢徵 著

自序

　　2014年7月24日，美國職棒國家聯盟巨人隊強投皮維（Jake Peavy）面對道奇隊時主投6局，失掉4分，其中3分是自責分，又吃下一次敗投，自當季開賽至當日為止，皮維（Jake Peavy）一勝難求，苦吞當季10連敗，為什麼印象中曾經那麼犀利的投手，會頻頻吃敗仗怎麼都投不順手呢？這就是佛學所謂「緣起性空」的真正寫照，世間一切事物與道理都是因為當下時空的因緣所形成，而每一次「緣生緣滅」組合都不盡相同，結果當然也不會一樣，比賽如此、公司業務如此、金像獎頒獎如此、人生也是如此。所有的結果或勝負永遠由「當下的」緣生緣滅來決定，與過去的歷史和印象沒有任何關係，這就是「緣起」；所有的結果與勝負永遠是一種「經常性的變動」，不一定會是一般人印象中的預期，這就是「性空」，「緣起性空」即是佛學的基本概念之一。

　　本書分三部分，開卷、讀經與後記，因考慮到如果沒有接觸過一些佛學的基本概念就開始閱讀任何佛經，都會感到生澀而難以快速吸收，因此開卷篇先將佛學中「緣起性空」、「諸行無常」……的幾個基本概念，在開卷篇用簡單的對話形式予以說明，方便讀者能簡單、快速掌握佛學的基本思維，然後才進入讀經篇；讀經篇在逐段對照各種《金剛經》譯本下，以最能被簡單閱讀的白話文將《金剛經》直接翻譯，至於後記篇則是個人的讀經觀察與心得，供讀者參考。

　　《金剛經》是大約距今2500年前在印度舍衛大城的一場即席演講，這場講演記載著佛陀與弟子須菩提的交互提問對話，是眾多佛經中珍貴而重要的心靈探索紀錄，整場對話圍繞著如何安心，如何秉持正確心態，和佛法傳承教化問題，透過佛陀與弟子須菩提一連串的問與答貫穿整個講堂，其內容之超越與震撼歷經數千年仍受世人重視，那一場超級人生講座比劍橋、牛津、北大……任何大學講堂上都要精彩百倍，並且還深深影響後世

你會喜歡
金剛經

超過二千餘年。

個人很喜愛《金剛經》，但有感於中國人學佛經像在學《易經》、《論語》，一字一字解，一句一句學，大部分時間都迷惘在「文言文」的文字糾纏中，實在與當年佛陀以簡單方言教化眾人的說法大異其趣，因此才以簡單化的口語簡譯此經，企盼讀者會因此喜歡而想更深入探討與研讀，進而認識佛陀在人生觀和價值觀上的不平凡智慧。

筆者自聖賢法師啟蒙後，雖瀏覽過不少有關《金剛經》書籍、DVD、網站與影片，但對許多佛經涉獵不深，不曾皈依，也沒有茹素，因此相關於宗教性的內容與觀點，則由於能力不足，無法探究，著書目的在經由「沒有宗教色彩」的角度去看《金剛經》，讓需要《金剛經》平靜心靈的現代人，能因本書而有所助益。當然，若想更深入理解與探究《金剛經》，您可能需要更大、更多的因緣，去尋覓佛經的講堂、書籍與從事修行。

《金剛經》是部奇妙的經典，研讀《金剛經》從初階到高階，從入門到證悟，從欣賞到信解受持，從古代到未來……，都是相同一本《金剛經》，可以用一個小時簡單理解它，也可以連續講經講八年，都還是在講這一部《金剛經》；在佛學的學習過程中，無論你是何種程度，幼稚園、小學、中學、大學、研究生、博士生……，都使用同一本教材，這是世俗智慧難以想像和體會的奇妙經典。

如果你在找尋生命的意義，

如果你對你迷惘的心感到困惑，

如果你在摸索自我意識是否真實，

如果你的人生旅程還讓你不知所以然……

讀一下《金剛經》，你會有所頓悟，而且是永遠在頓悟，永遠更頓悟，這一本描述「超越智慧的智慧」的古老經書，你會喜歡的。

黃逢徽

【讀經】

《金剛經》各家譯本與白話譯文對照（昭明太子三十二分）

【後記】

【附錄】《金剛經》譯本

目錄

開卷

第一 諸行無常

　　如真是一個大學生，父親是一家木材工廠老闆，早年木材產業景氣輝煌時，累積了不少財富，近年來則因木材工業沒落，將工廠遷移至中國，但老家還在台灣。

　　陳伯則是已在如真家當了二十幾年的得力助手兼司機，由於誠實勤奮，一直獲老闆賞識留在身邊；陳伯並無顯赫的學經歷，但無論遇到任何大小事，他總能平穩冷靜去面對，言談之中也經常表現出一種言語難以形容的人生智慧，因此陳伯深獲如真全家信任和喜愛。

　　有一次如真參加完學校的畢業旅行，興沖沖地回到家裡，拿出沿途一路買的紀念品，高興的向陳柏展示：「你看，陳伯，這是我買的紀念品，以後看到它們我就會想起我這次的旅行喔，你看！」

　　陳伯說：「喔，都是些什麼東西啊，看你這麼興奮，呦，好像都是不可以吃的擺飾品喔！」

　　如真得意的回答：「答對了，我覺得吃的東西大同小異，而且真正有特色的當地美食又無法長久保存或帶回來，所以我都買一些可以擺放很久的紀念品，很棒吧，這個小木雕就是要送給您的，陳伯，你喜歡嗎？」

　　陳伯看著小狗的木雕笑著回答：「喔，很精緻嘛，很漂亮的木雕，真是謝謝你啊，如真外出旅行還帶給陳伯內心滿滿的溫暖，哈，陳伯很喜歡，也很高興，日後這次旅行，不只是如真的美麗回憶，也會是陳伯溫馨的回憶喔。」

🪷 美麗回憶與眼耳鼻舌身意

如真接著說：「我還照了很多很多的照片喔，陳伯，如果有機會，我還想再去一次。」

陳伯回答：「喔，是嗎？如真，你照了那麼多相片，幾乎遍及各處景點，但還是想再去一次，這是為什麼呢？你有沒有想過這個問題？」

如真按著數位相機的相片瀏覽說：「對喔，我從沒想過這個問題，我手上已經有照片，為什麼我還會想再去一次？陳伯你快告訴我這是為什麼。」

陳伯笑著說：「是這樣的，如真，每個人對外在世界的接觸與探索，始終都是靠著身體的六個感官在同時進行，也就是眼睛、耳朵、鼻子、舌腔、身體、意識六個感官，你雖然照了那麼多相片，但那只是記錄了單純『眼睛』的影像記憶，而且相片比例和現場感、空間感、立體感都和原景差距太大，也不具3D臨場感，所以如真，你還記得你在森林湖邊照這張相片時，有什麼其他的感覺嗎？」

如真微微抬起頭說：「嗯，那湖邊好漂亮喔，那股清新的空氣中夾雜好多樹木和花草的奇特芳香，還有涼爽的溫度，清澈的流水聲、鳥叫聲、同學嬉笑聲……，特別是那又大又寬的湖泊空間視野，讓人感覺好舒服、好難用言語完整去形容啦。」

陳伯笑著說：「那就是了，我們接受所有外在的景致與事物，並不是只有眼睛在感受，耳朵、鼻子、嘴巴、身體、心識都同時在感受，而且這六個感受留在腦海裡的記憶都只是模糊而破碎，想單純只靠這些片段的記憶來身歷其境根本就不可能；你數位相機中的相片只記錄了眼睛的局部回憶，對於當時耳朵、鼻子、嘴巴、身體、心識在湖邊的感受就幫不上忙了，所以如真才覺得有機會還是想舊地重遊啊。」

如真驚訝說：「哇！陳伯你好厲害耶，原來是這樣，原來這世上所有的事與物，真的都是由我們的眼、耳、鼻、舌、身、意『六感合一』

去感受與體會，難怪一般人的回憶總是模糊而不真實；原來我們腦袋裡對眼睛、耳朵、鼻子、嘴巴、身體、心識的紀錄只是輕描淡寫而不具體，甚至連眼睛的影像記憶都不如我的數位相機，更別想叫腦袋去呈現美食香味、好吃到不行的菜餚、空谷回音、雪地溫度、柔軟床被、美好的服務態度……，原來是這樣。」

陳伯說：「對啊，如真，現在你可以理解光憑數位相機那張僅僅紀錄眼睛的相片，無法取代你的完整回憶，更無法替代當時在湖邊時您的眼、耳、鼻、舌、身、意的情境感受，所有的美麗、平淡、不好的感受也都是如此；就因為這樣，我們看過、聽過、聞過、吃過、接觸過、感受過的所有美好事物，身體上的眼、耳、鼻、舌、身、意都會想再體會一次，而不能單靠相片來取代或滿足，六種感受都難以記憶，六種感受也都無法用言語及文字來形容，六種感受都難以完全取代啊。」

過去心不可得

如真楞著說：「陳伯，原來人的記憶是如此膚淺，滿足過的感覺根本留不住，需要一次又一次地重複去感受，好辛苦喔，吃了一頓好料理，一下感覺就沒了，聽一首好歌，一下又沒了，又要重聽一次，唉，難怪人不可能滿足於任何事物，如果能留住，那不知有多好、多簡單。」

陳伯大笑說：「哇！不得了啊如真，去一趟畢業旅行回來竟悟通如此道理，不簡單喔，如真啊，所謂的『過去心不可得』就是這個意思，過去時空因為無法重現，陽光、溫度、雲彩……各種環境因子、當時事物、當時氛圍，尤其是當時人與事的不同因緣組合……，都不可能一樣，而最重要的是眼、耳、鼻、舌、身、意也都留不住記憶，所以說過去『事』不可得、過去『物』不可得、過去『心』也不可得啊。」

現在心不可得、未來心不可得

如真這次收起了興奮表情說：「陳伯，如果眼、耳、鼻、舌、身、意與因緣組合都是如此運作，那同樣道理，現在心也不可得，未來心也不可得了？」

陳伯回答：「正是如此啊，如真，你用相反的思維來想想，如果『過去事可得』的話你會怎樣呢？」

這下如真很快地就脫口而出：「那我會過目不忘，因為過去記憶可得，所以我會變成一個超級記憶神童，什麼事都可以記住，甚至所有影像、聲音、氣味、感覺、溫度……我都可以回味再回味；因為過去心可得，我的生活就可以天天在畢業旅行，只停留在充滿快樂歡笑的時空，哈，那我想我也不會變老囉，更不會生病……，因為過去青春可得，過去健康也可得，哈哈，媽在畢業旅行給我好多的旅行零用金，因為過去事可得，所以我也會永遠是個大富翁，哈哈，哈哈哈……」

陳伯也笑了起來：「是啊，如真，那如果『未來事可得、未來心可得』的話你又會怎樣呢？」

這下如真更興奮地搶著說：「哇，如果未來事可得、未來心可得的話，那我可以看見未來，所以考試只準備會考的那幾題，天天一百分；彩券也會天天中，未來歌星的新歌可以提前聽，未來電影變形金剛第十集可以提前看，哈哈，我還會跟我兒子、孫子一起玩……，好好玩哦，陳伯，那你會做什麼呢？如果未來事可得，未來心可得的話。」

陳伯笑著說：「我可能會買下未來會變成豪宅的大片土地吧，還有提早十年買apple股票囉，哈哈，不過如真啊，真實的世界就是如此運作，就是過去事不可得、過去心不可得、現在心不可得、未來事不可得，未來心不可得。」

這時如真慢慢地點頭說：「陳伯，我比較能了解了，過去的事、未來的事，我們常會有像做夢的感覺，但對於眼前的、現在的一切，就比較不

會覺得它像做夢，其實，現在和過去比起來，也不過差個一分鐘而已，一分鐘過完，現在也是過去，未來也是現在，再一分鐘，未來也是過去，都是像夢幻一般難以具體掌握。」

❀ 諸行無常與流變不定

如真接著露出認真的表情問陳伯：「但是，陳伯，這是為什麼呢？世間的時間與事物是依循什麼原則在運作呢？好像總讓人產生失望和痛苦，為什麼呢？陳伯。」

陳伯認真的看著如真回答：「如真啊，這是個很深奧的問題，但其實也是個很簡單的問題，簡要來說，世間一切事物與事理都是依循著這四個字在運行──諸行無常，也就是說，世間一切事物與事理其實遵循著各種因緣變數在變動，而且還是『經常性變動』，沒有一定的外在形相、性質與道理，但這需要舉好多的例子才能說明。」

如真立刻回答：「我要聽，我要聽，陳伯，快說給我聽。」

❀ 英雄與世界職棒總冠軍

陳伯端正了坐姿說：「好吧，陳伯舉幾個例子讓如真想想，比如說某一年你最愛的美國職籃球隊得到了世界冠軍，你和全隊以及世界球迷無不歡喜雀躍，因為他們是世界第一，他們成為最偉大的英雄，但是到了隔年，一開賽就連輸五場，你的心中就有了些許失望，怎麼會這樣呢？這就是因緣組合一直在變化的結果，去年世界大賽時選手每一次投籃的命中率、全隊的防守陣容、對手的失誤次數、進攻時是否被包抄……，都會影響到最後比賽結果，而每一場球的選手狀況因緣組合，或是說每一次的進攻策略組合、投籃命中率組合、守備組合從都沒有相同過，也就是說，誰才是英雄的概念其實天天都遵循著『經常性變動』的因緣變數在變化，並

不是固定不變的事理或概念，但我們的記憶卻只喜歡留存固定的評價或印象，而我們的思維更是如此，所以那個因為當時特殊時空因緣組合而產生出來的世界冠軍，其實是諸行無常的『某一次結果』，再打一次，也是諸行無常，誰也不知道結果是怎樣，碰到連輸七場也是諸行無常，也是不同因緣的排列組合，並沒有誰是永遠的第一英雄啊。」

如真點頭回答說：「哇，陳伯，這第一個例子我好像聽懂囉，去年世界冠軍那場比賽，若不是第四節對手頻頻失誤被包抄，還有全年投籃命中率一直低迷的後衛適時投出三次三分球，還真的不會得到勝利呢，陳伯，這所有不同因緣和點點滴滴的賽況組合，真的永遠在變化，現在我有點概念了，所以說奧斯卡金像獎、歌唱比賽、政治選舉、所有運動比賽、中巨額彩券……，都是相同的道理，成功與英雄並不是固定不變的人或道理，對吧，陳伯？」

🪷 一位警官的操守

陳伯笑著說：「是啊，如真，這麼快就能舉一反三啊，那陳伯再給你舉第二個例子。有位高階警官，年輕時充滿正義感，經常表現出令人佩服的濟弱扶強、除惡鏟奸言行，每次追捕盜匪時總是奮不顧身，帶頭先衝，十數年來獲獎無數，官升數級，在同事、家人、長官、媒體印象中始終是扮演一個正直而智勇雙全的好警官；但結婚生子後，家庭生活經濟壓力日漸沉重，沒有一棟自己房子的他也難讓妻兒肯定，抱怨聲和期盼聲時而在家中出現。反觀他的另一位同事，手戴勞力士錶、身住新豪宅，在他眼中明明是諂媚奉承的平凡同事，卻終日笑口常開，毫無家庭經濟憂慮；相反的，這位正直警官拒絕任何關說袒護的請託，一次如此，二次如此，第十次仍是如此。」

陳伯接著說：「但有一次他開始起妄想之心了，畢竟讓小孩出國，讓妻子買件新衣和名牌包，讓父母有棟新房實在是好警官應有的表現，所

以在一次多名警務人員共同包庇賭博電玩的刑案中，他也收下了賄款，當然他也掙扎了幾晚，有趣的是第一次的犯罪總會沒事，慢慢的，他也學會了不拿白不拿，久而久之，這名警官漸漸地也懂得擇優而拿的違法技巧了。」

如真好奇地搶著問：「那他後來有沒有怎樣，有出事嗎？」

陳伯深呼吸停了一下說：「唉，你想呢？如真，但陳伯要說的只是諸行無常，一切世上的事、物、理都無時無刻不在變異中，過去雖然是這樣，現在卻有了新變化，現在擁有的，將來也可能歸於幻滅；即使是人的價值觀和品德也是一樣，都會因為環境的不同因緣組合而不斷地在變化，這世上沒有什麼物體、事情、觀點、概念能保有永恆不變的，這就是諸行無常。」

如真端正了傾向陳伯的身體點頭說：「我懂一點諸行無常的意思了，前一個世界職籃英雄例子中，我若有諸行無常的觀點，我就能理解每一次球隊勝利都是奇特的因緣組合，下一次就未必如此，當然對他們今年開賽連輸七場就不會感到驚訝了；而第二個警官操守的例子告訴我，即使是人，他的身體、價值觀、操守也都會一直在改變，如果真的變了個樣，又被查出違法事實，這時習慣用固定思維的人們和媒體就會大肆報導，讓人感到訝異而不勝唏噓，因為我們比較習慣『諸行有常』的思維方式，總覺得拿過世界冠軍的，就應該永遠是世界冠軍，優良警官就一定會優良一輩子，但是世上的事實卻是諸行無常，下一個因緣如何組合，沒有人能預料。」

陳伯點頭說：「好一個如真，還真有悟性，現在你想知道那個警官後來怎樣嗎？」

如真平靜的回答：「陳伯以前說小富易藏，大富難掩，我想不用猜也知道結果是怎樣，陳伯，再舉第三個例子給我聽聽，我不想知道那位警官的下場，我想多了解諸行無常的意思，好像好奇特、好有趣喔。」

🪷 畢業三十周年同學會

陳伯微笑說：「當然好啊，如真，陳伯為你說說第三個諸行無常的例子，上個月陳伯參加高中畢業三十周年同學會，哈，好有趣喔，如真，大家都快不認得大家了，大部分人都變腫了，臉變大、變圓了，腰變粗了，身體變矮胖了，好像這三十年大家都跑去灌水，而且大家都是稀疏白白的頭髮，鬆鬆垮垮的臉頰，只是打招呼時大家都還這樣說：你怎麼都沒變啊。」

如真笑著說：「哈哈，陳伯你們這樣都有點虛偽喔，大家都腫成那樣，見面卻又都說：你怎麼還是那麼年輕，一點都沒變呢？」

陳伯說：「是啊，三十年怎會不變呢？這就是諸行無常，三十年前用來描繪陳伯和所有同學容貌、體型、身手、個性……的所有形容詞，如今都已不復存在，大家都變了，竹竿、瘦猴、快腿小趙……都無法想像了，如真，你很難相信當時陳伯的綽號竟然是小飛俠吧？」

如真大笑不已說：「小飛俠？哈哈，哈哈哈……，陳伯，你綽號真的叫小飛俠嗎？怎麼差那麼多。」接著如真停下笑聲問：「對了，陳伯，你覺得現在變老了，會讓你失望難過嗎？」

陳伯也笑著說：「當然不會啊，如真，你想想下一個三十年同學聚會時，陳伯還能像現在這樣嗎？」

如真停住了笑聲說：「對啊，如果和你們班上所有同學的下一個三十年相比，陳伯若能繼續保持現在這樣，那一定是全班最年輕的、最漂伯的帥哥，陳伯，對喔，如懂得諸行無常道理的人，就比較不會對現在和過去相比的變化產生眷念和訝異，反而會因為早已知道諸行無常，早已知覺三十年後自己會有的變化，而為現在感到喜悅和平靜，是嗎？陳伯。」

這一次換成陳伯大笑不已說：「哈，好厲害，如真，我看你將來的人生觀層次，絕不會低於陳伯，年紀雖小卻喜愛聽佛學道理，而且一點就通。」

如真不好意思說：「哪有，不就都是你教的，小飛俠伯伯，再給我說一個諸行無常的例子，我覺得這個藉各種因緣所生之一切事、物、理，當因緣改變時，即無法保有永恆不變的道理很有意思，學校課本都沒教過這麼重要的概念。」

陳伯說：「是呀，如真，的確是如此，懂得諸行無常道理的人，在面對所有人與事時，會有較豁達的心理準備與認知，陳伯再舉一個例子給你聽。」

諸行無常因為緣生緣滅

陳伯接著說：「蔣先生是一名很優異的企業家，二十多年前在第一次接觸個人電腦時，就認定這個產業必定會蓬勃發展，因此毅然決然地辭去了令人稱羨的公職工作，舉債與人合資成立一家電腦相關的零組件工廠⋯⋯」

如真搶著問：「喔，那他一定成功了喔，陳伯，二十多年前電腦非常不普遍，但過了幾年之後，家家戶戶都有電腦或筆電，他的投資剛好是當時新產業興起的萌芽階段，對吧，陳伯？」

陳伯點頭笑著：「不急，不急，你先聽我說，沒錯，十多年前，他的電腦零組件公司當時訂單接到擋都擋不掉，終日滿口英語穿梭在所謂高科技環境與氛圍裡，蔣先生非但名利雙收，財富大增，還受邀四處演講，講述一個人投資眼光的重要和企業管理的關鍵，當然也包括他小時候困苦的生活環境和母親的教誨⋯⋯。」

如真又接著問：「那他接著一定需要再增資持續擴產囉？」

陳伯回答：「不，他並沒有這樣決定，因為一場突如其來的腦中風，讓他倒地不起，從此口齒不清，半身不便，終日坐在輪椅上，對人生和企業的觀點也產生了重大改變，沉默、消極，而且脾氣變得很暴躁，至於他的企業呢，則交給了他的二個兒女，他們都是剛從美國長春藤名校學成歸

國，順理成章地接掌了父親的產業。」

如真這下安靜地說：「怎會這樣呢？他年紀應該還算不大啊？這麼事業有成怎沒能安享晚年呢？好可惜喔，陳伯，後來他的兒女們有將他的公司持續發展、再創高峰嗎？」

陳伯帶著專注的眼神對如真說：「沒有，如真，他的兒女們將國際企業經營新理念，重視品牌、重視標準化、講求效率、強調組織再造、強調績效管理……帶進了公司。」

如真這時又插話問：「喔，這不都是企業經營的必要手段嗎？學校也這麼教我們，難道他們公司沒有因此更有執行力與競爭力嗎？」

陳伯回答：「沒有啊，如真，這家公司雖然大舉投入組織再造，但後來電腦這個產業一落千丈，一台電腦從十萬元變成一萬元，有如颶風過崗，各相關上下游產業很多都從興盛繁榮變成斷垣殘壁，他們公司也在幾家下游廠商跳票時，被銀行收緊銀根，最後只得以破產收場……，幾年後，老企業家去世，至於他們兒女的相關訊息，我就再也沒聽聞過。如真啊，在這個例子中，你聽到了幾種事物在變遷呢？」

如真這下表情嚴肅地回答說：「這下我多懂一點了，諸行無常無所不在，在這個例子裡，幾乎什麼都會變，什麼都在變，企業家的身體健康出現了大變異，而他的決心與意志也在改變，產業的景氣出現變化，而公司的盛衰也跟著出現變化，銀行對企業的態度也被牽引改變，家庭的運勢在變化，每個人的運勢也都一直在變化，真的是諸行無常，所謂的經營管理典範也並非可以解決企業任何問題，都是因緣而盛，因緣而衰，當一家公司遇上產業走入衰退時，投入再多的努力，有時也會事倍功半，難見成效，企業經營和個人或家庭也同樣都是諸行無常，無常規可循。」

✿ 天地萬物和事埋都是一種經常的變動

陳伯低沉感嘆說：「是啊，如真，正是如此，沒什麼人或事或物可以

不變化的；我記得有位知名的電子業創辦人，在某種產業景氣熱絡的時候興奮地這麼說：這產業是百年來最好的產業！不到幾年，產業因為商品競爭，價格快速下跌，景氣反轉直下，逼得他不得不棄守辛苦創立的事業，改由他人接手經營，他改口無奈地說：這是他一生最困難的選擇！這就是無常啊，如真。」

如真這時又豎起脖子看著陳伯問說：「那，陳伯，我們又該持著什麼心態去面對這種諸行無常呢？」

陳伯聽到後笑著嘴說：「是啊，如真，所謂諸行無常中的行，指的是一切因緣和合而生的事務和事理，因此，了解世間一切情事、物質與價值都會一直處於『本來沒有現在有』和『現在存有以後無』的短暫存滅性質後，我們的人生觀和價值觀就會比較豁達，就會對這一直出現的無常現象，比較能夠面對和接受，甚至以平靜心去看待它，也因此，生命中可能會出現的煩惱和痛苦也會比較少一些，就好像『打過預防針』一樣，知道世事無常，時常保持清淨心去面對無常，不生煩惱就是最好的心態。」

「哇，陳伯，說的好有哲理喔，時常保持清淨心去面對無常，就可以比一般人更為踏實些，認識它、接受它，清淨自在就自然在心靈中產生，這一趟畢業旅行在陳伯教導中，我好像從哪裡畢業了一般，感覺好不一樣喔，謝謝陳伯。」

陳伯眼睛看著前方，帶著微笑，點著頭。

你會喜歡
金剛經

第二 緣起性空

🪷 學佛

如真在用完餐後的一個晚上問陳伯說：「陳伯啊，我看你在讀佛經時，經常是面帶喜悅，為什麼呢？是佛經中有什麼有趣的內容嗎？學佛的人，目的又都是什麼呢？」

陳伯有點訝異地說：「喔，如真都有在注意喔，哈哈，其實陳伯覺得人生除了生活與工作外，生命本身就是一種奇特的奧祕，但沒有什麼書籍或管道可以讓你一次窺探這個神祕，恰巧在某種機緣接觸佛經後，才找到了自己的興趣所在，至於我臉上經常露出喜悅的表情，則是折服佛經怎麼會有這麼深入的生命觀察，哈，想不到如真也有在觀察陳伯喔，哈，哈。」

陳伯接著說：「學佛的目的，對我而言，只是因為在接觸到佛經的一些觀點與內容時，大大地改變了我的人生態度和對生命觀點的層次，至於別人學佛的目的，我就不是很清楚了，因為佛學博大深廣，每人接觸與感受盡皆不同，對我而言，那是一種奇妙的體會，但這樣就已經足夠了。」

如真張著大眼，對陳伯所謂的「人生的態度和對生命觀點的層次，會有大大的改變」好奇不已，急著跟陳伯說：「哇，陳伯，你所說的奇妙的體會好吸引人喔，說真的，這世上的書籍千千萬萬本，雖然都有內容，但若真能改變人生態度和對生命觀點的層次，我還真的從沒體驗過，你能夠先簡單向我介紹幾個佛學的基本概念嗎？」

陳伯笑著說：「哈，如真啊，你這麼年輕就有興趣佛學，很有慧根

喔，但說實在的，理解佛學這些對生命及萬物的觀點，對你也是非常有幫助的，雖然陳伯也只接觸過一些皮毛而已，就用這些皮毛為你說說佛學的基本觀點『緣起性空』吧！」

🪷 緣起

陳伯端正了一下椅子轉向如真說：「如真啊，在佛學觀點裡，宇宙及世間任何事物及道理，都因為各種條件的相互依存與影響而處於經常的變化中，而這些似有似無、似連續又似不連續的前提都是因為各種『因緣』，緣生、緣滅，世間的變化就現在你眼前了，這就叫做『緣起法』；因此，當我們面對整個生命的所有現象，例如喜、怒、哀、樂、成功、挫折、成長、衰老、生病、煩惱、困惑……，甚至死亡時，若心理先有都是『因緣而生、因緣而滅』的心理建設時，在漫長的生命旅程中，人生觀就比較不會驚悸和恐怖，心靈也比較能夠保持平靜和自在。」

如真接著就問：「哇，緣生緣滅，聽起來好像也不是很難耶，陳伯，能舉幾個例子給我聽嗎？」

陳伯笑著說：「那當然，如真，所謂因緣就是導致『事』與『物』的各種因素和條件，從天氣的陰晴、如真的誕生、門口菩提老樹的存在、車禍的發生、球賽的逆轉、企業的興衰、個人的貧富……都是因為有當時剎那間的各種因緣和條件所導致，這些難以預測的因素和條件我們也常稱為變數，當時瞬間的任一個因緣一改變，結局就可能改變，這就是所有『事』與『物』的道理，由於變數太多，甚至難以知悉，所以我們幾乎無法去預測，也因此，人們也常因此會陷於煩惱困惑之中。」

這時如真接著說：「哈，接下來我替陳伯舉例，你聽聽看是不是這樣，姨婆很喜歡玩股票，有時賺錢了，整天笑嘻嘻，但有時候虧損了，就怨個不停，其實國際財經與景氣、個別公司營運興衰、市場與資金流向……，都是因為當時各種不同因緣所影響和導致，讓股價漲跌難以預

測，更難以掌控，對不對？」

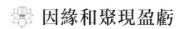 **因緣和聚現盈虧**

陳伯笑著說：「是啊，如真，那如果姨婆有閒置資金要投資股票，你覺得你會建議抱持什麼心態去投資呢？」

如真說：「喔，我還沒能力也不夠資格建議別人啦，所以我只能告訴姨婆，如果我自己長大後也投資股票時，心理上會先有緣生、緣滅的心理準備，對可能會發生的公司、產業、景氣變數坦然面對和接受，甚至了解也可能出現血本無歸的最壞情況後，我才深入去研究市場、產業和個別公司，找出具有營運成長力的公司，至於能不能賺錢，就只能隨順因緣了，陳伯。」

陳伯笑著點頭說：「如真啊，陳伯不懂股票，但你已經知道緣生緣滅的重點在『我們無法控制』，那就很了不起了，除了你所說的簡單變數外，其實像超大型天然災難、國家政變、市場崩潰、戰爭變數、公司重大貪腐和詐欺、營業員誤植交易……等等變數或是因緣，也都會讓人產生沒有預期在內的虧損，這就是『凡事都是因緣和合而發生，無法掌控在人』的簡單道理，了解它，凡事都可以自在些。」

如真說：「嗯，我再舉個例子，今年巨人隊賽揚獎強投皮維（Jake Peavy）面對道奇隊主投6局，失掉4分，又吃下一次敗投，自開賽至當日為止，皮維已苦吞當季10連敗。這就是『緣起性空』，對不對？陳伯，過去是過去，過去賽揚獎是過去的賽揚獎，現在是現在，所有的勝負永遠由『當下的』緣生緣滅來決定，真正的事實只有『性空』是不變，所有的勝負永遠都只是『一種經常性的變動』，這就是『緣起性空』，是這樣嗎？陳伯」。

陳伯大笑說：「正是，正是，如真就是難忘美國職棒大聯盟，還有其他例子嗎？」

🪷 眾緣和合成三國

接著如真就說：「嗯，我再舉個例子，像中國西漢末年的三國故事，那也都是因緣和合所形成熱鬧歷史，偏偏就那麼巧，有袁紹又有曹操又有司馬懿，有劉備又有關羽、張飛和趙雲，但如果沒了諸葛亮也剛好因緣巧合生在那個時代，歷史就沒那麼有趣了，再加上有孫權又有周瑜、魯肅和陸遜……，哇，真是眾緣巧妙聚合，真的是好奇妙、好恰巧喔，少了誰，三國歷史都沒那麼有趣了。」

「一點都沒錯，如真。」陳伯接著說：「不只三國，所有古今中外的歷史都是一部部因緣史，而且經常都是那麼巧、那麼剛好，正因為如此，好多歷史故事也就那麼能夠吸引人回味和欣賞。」

這時如真搶著說：「所以說美國職棒大聯盟會那麼精彩，就是因為不斷加入更多的新因緣，加入更多來自世界各地的高手，這樣才會更熱鬧、更精采、更容易迸出新火花！陳伯，所謂『成事在緣不在人』想必也是這個意思。」

陳伯笑著說：「哈，沒錯，總歸來說，世間的一切事物與道理都是因緣和合所生，都是依當時因緣而起，並不是『本來應該如此、本來不會這樣』，因為因緣一直在變化、生滅，所以世間事也一直在隨緣幻現、隨緣變化，沒有人能掌控，沒有什麼是不會變化的；只能了解它、面對它、隨順接受它，就是認識『緣起法』最佳的心理態度。」

🪷 性空

陳伯接著說：「如真啊，陳伯再為你說一下所謂的『性空』，因為凡事、理和萬物都是因緣而起，並非本來就存在或永遠會存在，所以就更長遠觀點來看，所有事、理和萬物其實都存在著不真實的虛幻特性，沒有不變性、沒有永恆性，沒辦法獨存，更沒有自主性，這就是『性空』的簡

單意思；再深入些去探討，我們更會驚訝地發現：因為事與理都沒有不變性、沒有永恆性，更沒有自主性，因此，我們直覺一切已經存在和延續的世間人、物、理、事，包含時間、空間、精神和物質，都會因為緣生緣滅而經常會出現生滅無常、流變不定，甚至充滿許多令人感到痛苦、不安、擔憂和恐懼的現象，這就是『性空』的簡單要義。」

這時如真忽然從椅子上站起來說：「我懂了，因為緣起性空，所以才會諸行無常啊，對不對，陳伯，明白緣起的概念，就知道凡事沒有一定會怎樣，應該要怎樣的道理，一切都是因緣所幻現，由不得你，想掌握也掌握不了；明白性空的概念，就知道凡事必然會流變不定、生滅無常，是這樣嗎？陳伯？」

陳伯頻頻點著頭說：「確實是這樣啊，如真，陳伯覺得學佛會提供給人許多人生觀參考，而『緣起性空』就是第一個受用不盡的奧妙智慧：

了解緣起性空，才不會只盼望成功，卻難以接受可能會發生的失敗；

了解緣起性空，才不會現在已經成功，卻以為永遠會成功、永遠不會失去；

了解緣起性空，才不會不斷在努力，卻以為未來也會和過去一樣，出現讓你滿意的正面期待。

一切因緣都難以預測，也無法掌控，凡事只能精進而為，但隨順因緣。」

陳伯轉過頭對如真說：「如真啊，明白緣起性空，就好像拿到一把可以開啟佛學藏書大門的鑰匙，緣起性空經常是佛學重要的深層意涵。」

如真高興說：「哇，真不錯，我拿到了一把開啟佛學大門的鑰匙了耶，謝謝陳伯」

第三 貧富難逃人生八大苦

有個晚上，陳伯整理完陳家汽車後，走入院中，剛巧如真坐在桌旁悠閒的在喝茶，看到陳伯走進來，立刻就高興的說：「陳伯，快來，我就知道你差不多要到了，我已經幫你泡了一杯茶，還熱著喔。」

陳伯笑著說：「謝謝你，如真，你不看電視，坐在庭院做什麼呢？」

如真回答說：「電視千篇一律，不是打打殺殺，就是全民一起來指責政府、檢討別人、說人是非，神怪科幻的主題又都是老掉牙的模糊資料，難以深入追蹤和印證，很少有我喜歡的節目。」

陳伯坐下來，移過來如真泡的那杯茶說：「喔，那如真想聽聽一些什麼內容呢？」

如真答道：「陳伯，我經常聽到大家說『生活苦啊』，是生活很苦，還是生命本就很苦呢？」

陳伯喝口茶後回答說：「如真啊，你這是好大、好複雜的一個問題，喝你這杯茶，代價不輕耶！」

如真答道：「陳伯，不要這樣說啦，沒事給你泡杯茶，我總覺得好像內心很有踏實感，再說這些問題，你一定很能一語就道破真相，對不對？」

陳伯笑著說：「不敢、不敢，如真，你幫別人倒茶是一種施捨與付出，當然會『感受』到與『得到』完全不同的感覺，那是一種喜悅，一種很美的心靈迴盪，日後可以多多去體驗施捨；現在我就為你說說佛家所謂的人生八大苦，在說明之前，陳伯先問你，你覺得富有的人會比較苦，還是貧窮的人會比較苦？」

如真認真地思考之後回答說：「陳伯，我覺得富有的人好像比較不會苦。」

陳伯點頭說：「喔，如真，未必喔，就生活而言，或許富有的人比較不必被生活費用壓的喘不過氣來，也就是你剛才所問的生活是否很苦的問題；但就生命而言，貧富都必須面對人生八大苦，也就是生、老、病、死、求不得、愛別離、怨憎會、五蘊熾盛，這八大苦才是與我們生命一直相隨的影子，緊緊跟隨，無法迴避，而且不分聖賢愚劣、貧富貴賤，每個人幾乎都有『最低消費額』，通通都是令人苦不堪言喔。」

如真聽完後急著說：「每個人都有『最低消費額』？陳伯，那快一點為我講講這八大苦是什麼？我想早一點認識它們。」

陳伯笑著說：「不急，不急，我們如真不問快樂卻問起痛苦，將來一定會較能悲天憫人喔，我們先談談生苦與死苦吧。所謂的『苦』是指人遭遇到痛苦、不安、焦慮、壓力等情緒後帶來的『心理』影響，是心靈的層面，和肉體感覺的『痛』有所不同；『痛』是生理和肉體的感覺，『苦』則是純然來自自我心理的影響，可能存在和發生，但也可能不會發生和不必存在。」

才聽完這幾句，如真就感覺茫然困惑，有點不解地問道：「陳伯，我有點不太明白耶，能不能舉例說明呢？」

❀ 生苦

陳伯說：「當然，當然，我們先從八大苦得第一個說起，也就是『生』苦，從一個人懷孕受胎到出生，都是種種的不方便和不安全，出生之時更是因為出生家庭富貴貧賤、出生身體遺傳的相貌美醜、聰慧愚鈍、體健體弱……，都有著極大的差別，在在會影響人的一生，『生』就是關鍵，『生』就是一連串難以迴避的痛苦與風險，但卻無法讓人選擇與更改。」

陳伯才說不到幾句，如真又興奮地搶著說：「這樣說，我就有點概念了，陳伯，如果一個人出生在大唐盛世，若想努力生活，只要辛勤付出，會有比較大的機會，但如果另一個人出生在五代十國長年戰亂的年代，那一出生就已注定生命必然是苦難災厄，所謂『生』根本就和『苦』是同義字，對嗎？」

　　陳伯點頭回答說：「沒錯，不要說古代，即使是現代，一個人出生在瑞士、北歐、加拿大……，而另一個人出生在東非的埃塞俄比亞、衣索匹亞……，對所謂生命的感受都有天壤之別；同樣是在亞州，一個人出生在日本、台灣，另一個人出生在緬甸、寮國，甚至是越戰時期的越南，命運都會截然不同；甚至同樣都是出生在中國，一個出生在文革時期，另一個出生在改革開放的初期，同樣為生活在努力和付出，其可預見的結果也都會有明顯不同；這就是『生』苦，一種難以選擇和迴避的生命賭注，卻由不得你。」

　　這時如真回答說：「明白了，陳伯，即使有個人是出生在瑞士，但不幸出生時患有罕見疾病，『生』也都是『苦』和不便，卻無法改變命運的安排，是嗎？」

　　陳伯點頭回答說：「嗯，沒錯，不過人生八大苦之中，就結果論來看，『生』最重要，但卻也是最感受不到它的『苦』。」

❀ 老苦

　　如真這下又迷惑地問道：「怎麼說呢，陳伯？」

　　陳伯回答說：「如真啊，因為人只能感受到自己的眼、耳、鼻、舌、身、意，無法體會到別人的，因此，『再怎麼苦，他都會全盤接受』；別人再怎麼好、再怎麼健康、再怎麼順遂、再怎麼富有……，他的眼、耳、鼻、舌、身、意都感受不出來，所以『生』苦雖然可怖，但人都可以接受，都只能自我感受，再下來的『老』苦，就開始令人煎熬難受了。」

這時如真說：「這點我就完全沒有插嘴餘地了，我年紀還小，還不懂得『老』有何苦，但我看陳伯和一般人不都是一樣嗎？『老』苦沒那麼可怕吧？」

這時陳伯又慢慢地喝了一口茶後說：「如真啊，人生八大苦，沒一個好對付的，『老』非但讓你感覺身體器官功能慢慢減弱，甚至有些器官會出現障礙，眼睛因為老花，看書報時總是在上下推著眼鏡，牙齒會一顆顆蛀空及鬆動，更明顯地，你會感覺肌肉萎縮，關節無力，皮膚鬆垮，身體免疫力愈來愈差，非但身體，連心理都會全面感受到老的威脅和痛苦，尤其是感受青春消逝的心理痛苦。」

這時如真嚴肅地說道：「喔，我以為年老就是是頭髮變白，原來是身、心都會出現嚴重地變壞感受。」

陳伯接著說：「沒錯，如真，正是因為皮膚、筋骨、頭髮、聽力、眼力、體力、精力，都有殘存過去的經驗與感覺，所以人在面對『老』苦時，才會出現感受比較，和過去一直在比較，因此身心就會出現無比的沮喪與憂煩，這時『老』已經代表著失去、毀壞、不行與不能，甚至有些人還自我衍想出無價值、悲慘、孤獨的心理，為了抗拒『老』苦，染白了頭髮，手術了臉頰……，但還是難以掩蓋衣服底下的皮膚鬆垮與老皺，眼力、體力、精力……都像蠟燭一樣逐漸被燃盡燒完，但『老』苦的真正重創其實在心理，像颶風過崗一般，一次次侵襲所有的人，讓他們感覺無助、感覺沮喪、感覺孤獨、感覺不再青春美麗而無人關懷。」

此時如真若有所感地說：「原來老苦是這麼可怕，不只頭髮變白，原來是身心都會出現嚴重地『變壞、被剝奪』感受，以後我看到長輩，都要親切的問候，讓他們多些溫暖和關懷，看能否減少一點點無助和孤獨。」

病苦

這時陳伯頻頻點頭說道：「如真啊，陳伯好高興你有這樣的想法，

這是一種善根深植的表現，是一種很難得的美德喔，不過，真正讓老苦令人難以承受的，卻是老苦的拜把兄弟『病』苦，人的生命總是有限，從盛壯年過後，衰老就逐日跟隨，在生命這條單行道上，只允許我們可以向前走向更老，但不能回頭走向年輕，就這樣我們就只能一路走在年紀愈來愈大的單行道上，愈到後面，遇到『生病』的機會也愈來愈高，『生病』的種類和致命性也愈來愈多，即使是已經病倒在床上，『病』苦也還在折煞人。」

這時如真若有感觸的說：「對啊，我雖然也會生病，但好像很快就會痊癒，家人的關懷表情和態度也都還算平和，但我想起小時候，有一次爺爺好像得了什麼病，爸媽得知後，終日眉頭深鎖，怎麼也快樂不起來，當時我年紀小，不懂得生病有什麼區別，現在回想起來，應該是會致命的疾病吧，記得好像一、二個月後，爺爺就過世了。」

這時陳伯頻頻點頭說道：「是的，如真，你爺爺得的是肝癌，末期發現，很難治癒，『病』苦經常喜歡伴隨著『老』苦，一搭一唱，尤其慢性病和老化症，像心血管、高血壓、糖尿病、老年癡呆、骨質疏鬆……，想只選一樣都不行，生病選單像西式牛排餐廳菜單，從餐前酒、前菜、湯品、麵包、主菜、副食，一直點到甜點、水果和飲料，你都要選一樣，彷彿人的心、腎、肝、膽、腸、胃、肺、胰、脊椎……都要選一、二樣重病，再搭配眼、耳、牙齒、皮膚、痔瘡……，而且，有錢沒錢都得選，還真是好像每個人都有『最低消費額』一樣，進醫院的人驚恐苦痛，陪進醫院的人也都焦急心苦，這就是人生第三種苦──病苦。」

死苦

這時如真略低著頭說：「好可怕，也有很多病人進出幾次醫院後，就過世，沒再走出來過。」

陳伯接著說：「沒錯，如真，『死亡』正是人生第四種苦，它的本質

究竟苦不苦，我們無法得知，因為沒有活人真正經歷過；我們雖然親眼見過許多親人辭世，但那只是親眼看見死亡的過程，並不是死亡本身，死亡之後沒有了肉體的所有感覺，究竟苦或不苦，那是生命的奧祕，我們難以得知。」

這時如真又抬起頭來問陳伯說：「對呀，說不定死亡好像睡覺一般，沒了感覺，並不會苦也說不定。」

陳伯笑著說：「如真啊，坦白說並沒有人知道答案，但是『死』真正的苦是帶給人『面對死亡的恐懼』，人總是擔心死了之後，『我』沒有了，非但所有財產沒有了，名聲、地位和權勢也沒有了，子女將無人會再關懷，親朋好友也會不見，更糟糕的是，其他的人都還沒事地活著，這更加深人們對死亡的畏懼和擔憂。」

這時如真接著說：「嗯，我看很多電影，人在生病要死的時候，身體很多部分都慢慢的動彈不得，但思想還在，我想他的　心一定會很恐慌。陳伯，你會怕死嗎？」

陳伯趕緊接著說：「傻孩子，那只是電影，其實『死』就像你剛才說的一樣，真的像睡覺一般，『死』的可怕只因為對它的無知所造成的心理恐懼，如果明白那只是生命的必經過程，就不會怕了；陳伯有時這樣想著，如果我死了，我就可以再見到我的父母，還有最疼我的奶奶，也會見到我的小學老師，還有我的偶像佛陀，還有秦始皇、漢武帝、西施、李小龍、鄧麗君、王羲之、愛因斯坦、牛頓……，其實也沒那麼不好。」

如真聽完後哈哈大笑：「哈哈，陳伯，聽你這麼一說，『死』好像比『老』苦和『病』苦要輕鬆一些，難怪你喜歡學佛，光是聽你面對死亡的豁達就值得讓人一探究竟，為何學佛的人最不怕面對死亡？」

❀ 愛別離苦

陳伯微笑點頭說：「嗯，以後我會慢慢告訴你，現在再說一種沒老、

沒病，活著卻也會痛苦的苦。」

　　如真好奇的問道：「喔，那是什麼苦？沒老、沒病會有那些苦呢？」

　　陳伯接著說：「如真啊，它叫做『愛別離』苦，當一個人因為工作、婚姻、出國留學、旅遊、兵役……必須與父母、親人、愛人分離時，他的內心就會割捨不得，痛苦不已；情侶分手也會這樣，哭哭啼啼，難分難捨，這就是『愛別離』苦。」

　　如真聽完後問陳伯說：「陳伯，聽起來這『愛別離』苦好像較不嚴重，會常常發生嗎？」

　　陳伯微笑著說：「也會喔，如真，『愛別離』之苦經常會伴隨命運和造化讓人深感其苦，很多人常常覺得公司調派人員時，他最喜歡的同事或長官就那麼剛好被調走；他最喜愛的親人就偏偏最短命，很早就離開他們；甚至一些男女情愛，也經常會有其他因素介入，活生生被拆散，讓他們傷心流淚，讓他們思念總在分手後。總而言之，你喜歡的人，就是經常不能在你身邊，這就是愛別離苦。」

　　如真這時點頭說：「對啊，陳伯，像爸爸不就在中國，還真是『愛別離』苦呢；好多父母都捨不得孩子離開身邊，這些都是吧？陳伯。」

　　這時陳伯也想起如真的父親，他的數十年老夥伴，閉著嘴巴點頭說：「嗯。」

❀ 怨憎會苦

　　如真接著說：「陳伯，有時候還會發生我最不喜歡的人，就偏偏不會走，反而經常出現在我們面前。」

　　陳伯笑著說：「是啊，如真，這就叫做『怨憎會』苦，你愈覺得討厭的人，他愈是經常在你眼前晃動，所謂冤家路窄就是這個意思，仇人、敵人、無緣之人總是經常會出現，尤其上司、同事、鄰居，總是會出現讓你討厭的人，而且就是離不開，還有，如真啊，說不定將來你心儀的女孩也

會被調離你身邊，而你並沒有意思的女孩卻對你窮追不捨喔。」

如真靦腆地笑說：「現在還不會啦，陳伯，這樣聽起來，『愛別離』和『怨憎會』剛好是相反的兩種苦，喜歡的人經常被分隔兩地，討厭的人卻經常出現在身邊，尤其那種情侶活生生被拆散，還真是令人痛苦。」

陳伯端坐身體慢慢地回答如真說：「如真啊，其實真正的『怨憎會』苦，有時候還不是上司和同事，而是某些夫妻，夫妻在結婚前也經常都是相愛相惜、難分難捨，只是結婚後就變成冤家路窄，因為各種理由而相互憎恨不已，雙方專找對方不是處，朝夕埋怨、氣憤，那才是最苦的『怨憎會』。」

如真摸不著頭緒說：「這一點我恐怕要長大一些才會明瞭，陳伯，還有沒有什麼連我都可以感受到的苦？」

❀ 求不得苦

陳伯笑著說：「有的，有的，如真，當然有的，所謂『求不得』苦就是讓所有人又盼又氣，讓所有人都苦不堪言。」

如真問說：「喔，『求不得』苦？是指人有欲望卻得不到嗎？」

陳伯點頭回答說：「是的，一般人的物質欲望總是不容易立刻得到，即使得到了，卻又有新欲望，總是難以滿足，況且這還只是簡單的慾求，『求不得』苦還包含人對理想、職位、名聲、競賽、工作表現、財富、置產、愛情、健康、長壽、生活、旅遊享受……一切的期盼和欲望，有時幸運得到了，卻立刻又產生新欲求，還是得不到，『求不得』苦就這樣一直跟隨著人們，從小一直到長大、到老、到死都還在求。」

此時如真笑著說：「是啊，我以前好想有一台Win 8的電腦，後來爸爸買給我之後，我又想新的Apple電腦iMac一定也很不錯，又好想體驗看看，還真的『求不得』、『求不完』呢！」

🪷 五蘊熾盛苦

這時陳伯對著如真說：「是啊，如真，但人生八大苦還有一項叫做『五蘊熾盛』苦，五蘊是指色、受、想、行、識，『色』泛指一切外在物質，包括過去、現在和將來；人從身體感官對這些外在物質的感受及體驗叫做『受』；有了內心感受與體驗，就慢慢變成自己的智識、價值觀、行為準則與思維，也就產生『想』；接著就每個人依此意志與心之作用做出行為，叫做『行』；在做出行為、經驗後，逐漸集成自我的完整經驗與智識叫做『識』。這所謂的五蘊一直在生命中累積著，而『蘊』就是聚集的意思，只是這五蘊愈集愈多，身、心、靈產生的『執著』也愈來愈多，由於五蘊的本質都是剎那生滅，都是流變不定，但人的身心並不知悉，從而產生痛苦也就愈來愈多。」

這時，如真接著說：「所以心經上說：『觀自在菩薩，行深般若波羅蜜多時，照見五蘊皆空，度一切苦厄。』一個人若能理解『緣起性空』，那麼就可以看出『五蘊熾盛』都只是性空，那麼就可以減少許多的痛苦與災厄，是這樣嗎？陳伯。」

陳伯高興地笑著說：「正是啊，如真不但很快了解人生八大苦，而且還知道只有理解『緣起性空』才可以改變人的人生觀，才能理解造成我們痛苦的，並非問題本身，而是我們對問題的想法。太棒了，如真，但我們還是不能忽視生命的本質很難離開這八大苦：生、老、病、死、愛別離、怨憎會、求不得和五蘊熾盛；貧賤富貴都一樣，都是又怕病又怕老，有錢沒錢都是一直在求，求發財、求愛情、求平安、求興旺……，但卻也一直都求不得……，貧富貴賤都是一樣喔。」

最後如真點頭說：「知道了，原來富人、窮人也都是一樣苦，而且一樣也沒少，從這一點來看，生命還算公平，陳伯我們先不求其他，只喝茶就好吧。」

這時，呵、呵、呵地笑聲迴盪在如真家的院子裡。

第四 執著、分別、妄想

有一個假日下午，如真約了同學來見陳伯，笑嘻嘻地告訴陳伯說：「陳伯，我有幫你找到一位粉絲喔，他是我同學，叫禮祥，就住在這附近，我在學校常和他提起你常教我的佛學概念，他好感興趣，所以我今天特地帶他來看看你喔。」

陳伯笑著，拉開椅子，請他們入座說：「不敢，不敢，快請坐，歡迎來陪如真，年輕人不愛電動遊戲，愛聽佛學，很難得啊！」

✿ 執著

如真看著禮祥後笑著對陳伯說：「所以說啊，陳伯，今天你要介紹我們一些終生受用的思維或觀點。」如真去拿了一壺茶和三個茶杯，接著又拿出了一盤核桃，輕放在桌上看著陳伯。

陳伯笑著說：「是啊，是啊，佛學本身其實就是想法和觀點而已，那麼我們今天就談談所謂的想法和觀點吧，如真和禮祥啊，你們有什麼最喜歡或厭惡的人物或事情嗎？」

這時如真回答說：「嗯，有，我最討厭那個綽號暴牙的立委了，他每次講話都很大聲，又咄咄逼人，每次看到他，我就不喜歡聽，立刻將電視轉台，至於喜歡的嘛，像聽人家講風水，我就覺得很有意思，嘻。」

這時禮祥也跟著說：「我喜歡參加學校社團慈幼社，但是在很多活動碰到不喜歡慷慨解囊的人就會很討厭。」

這時陳伯接著說：「嗯，是的，我們的想法與意念就是這樣，隨著我

們的學習機會與經驗，每個人就由『自我』為中心架構出一層層的觀點和意念，重重包圍住自己，當然，這些看法與所謂的智識，都被自我認為是最正確而有所根據的，有時候甚至非常堅持這些信念，死也不肯改變，這就叫做執著。」

這時如真問陳伯說：「喔，陳伯這所謂的執著會影響一個人的判斷嗎？」

這時陳伯接著說：「沒錯，當一個人非常在乎自己的想法、看法、立場、態度與身分時，就會對於外面的事情，包括成敗、得失、是非、人我產生很高、很大的籬障，將『非我同類』的想法與事情隔絕開來，不讓它進入我們眼裡、耳裡、心裡，這就是執著，有了執著，自己的想法變簡單了，但煩惱也就跟著來了。」

這時禮祥帶著疑惑的眼神問陳伯說：「陳伯，我聽不太懂耶。」

這時陳伯喝口茶笑著說：「嗯，陳伯舉些例子給你們聽，你們覺得烏鴉和鳳凰哪一種比較吉祥呢？」

如真回答說：「當然是鳳凰啊，烏鴉很不吉利。」

陳伯點頭對著如真說：「這就是了，事實上，烏鴉忙著生活，東飛西奔，根本無意也無能力影響人的運勢，一隻烏鴉根本無所謂吉祥不吉祥；而掛著鳳凰圖像也未必會吉利，它就是一幅畫，畫著一種沒人見過的鳥，這一切都只是人的觀點和想法偏執所致。我們每個人觀看事物的觀點或想法，都是受了生長環境中老師、朋友、報章雜誌、網路，廣告、電視、宗教和文化的影響，當別人告訴我們：鳳凰是吉祥的神鳥，看見烏鴉會不吉利之後，我們就因此戴上了一副自屬專有的『有色眼鏡』來看待鳳凰和烏鴉，想出來的觀點當然只有『有色眼鏡』那種顏色囉。」

這時禮祥放下剛要咬下去的核桃，對著陳伯說：「所以穿著紅色內衣也未必帶來好運，事實就只是那個人的內衣是紅色而已，是這樣嗎？陳伯。」

陳伯轉過頭面向禮祥說：「呦喲，不錯不錯，禮祥跟如真一樣，一講

就通，哇，如真你這位同學也很有慧根喔。」

如真笑著回答說：「是啊，所以我才帶他來見你啊，陳伯，所以說我們自我的想法和看法都是學習出來的，其實本質都是一種自我堅持的反應，都是當時因緣和合所孕育而生的，喜歡這個、排斥那個，認為一定要這樣、不要那樣，有時候根本也沒個準，人家說左青龍、右白虎，我們就跟著想、跟著學習、跟著執著了起來，其實生活中對事與理的想法，不必自我設限、不必自我煩惱，是嗎？」

陳伯哈哈大笑說：「喲呦，你們兩個哪是來聽陳伯說，根本是來踢館的嘛，不錯不錯，陳伯好高興聽你們這樣說，事實上，所有眾生都有它自我看待事物的方式，都有它獨特的見解，我們看蚊子是吸人血的病媒，蚊子看我們卻是新鮮的肉汁球；某些宗教稱他教為邪教，而某些宗教稱他教為外道；有些時候我們認為萬般皆下品，惟有讀書高，有些時候我們認為行行出狀元，理財置產不可少……，這些社會經驗或生活概念有時候反而會成為我們的偏見，成為我們的煩惱，也就是見惑和思惑。」

這時如真回答說：「聽完陳伯提醒，我可能不會再那麼討厭那個綽號暴牙的立委了，至於我所喜歡聽人家講的風水，再仔細想一想，真的也都只是別人似真似假的說詞，換成愛因斯坦或西班牙人來看，可能一笑置之也說不定，如果一個人少一點執著，就可以不必每天聽人家說『要這樣』、『要那樣』、『這樣才叫成功』、『那樣是失敗的』、『要這樣穿才對』、『應該要到那裡去』、『這才是時尚』、『那才叫主流』……，少一點執著，就可以少一點恐懼，少一點煩惱了。」

如真說完後，禮祥也跟著說：「嗯，很多人的執著會造成他自己無比的壓力和煩惱，其實都是學來的非必要麻煩和煩惱，堅持某種信念，也不管別人有沒有能力或興趣，其實反而只是排棄別人和孤立自己而已;或是像迷信什麼數字，執著什麼特別幸運顏色，甚至有點成就，就拼命追求不適合自己的名位頭銜或團體，把自己忙得要死……，執著就會像背著裝在布袋裡的石頭，只會壓垮自己，卻沒有必要。」

❀ 分別

　　陳伯頻頻點頭說：「是啊，是啊，有很多我們自己不注意的執著，那才是大煩惱；但除了執著之外，還有一個也會產生更大麻煩的想法，就是『分別』，陳伯問問你們，一尊坐在蓮花座上的黃金觀音鑄像，和一條標準尺寸的金磚，你會喜歡哪一個呢？」

　　如真回答說：「我喜歡黃金的觀音鑄像，觀音鑄像比較能顯示出莊嚴、慈悲，而蓮花又代表聖潔優雅、出污泥而不染，如果又是黃金雕鑄，那更是價值非凡。」

　　禮祥也接著說：「是啊，我也是比較喜歡黃金觀音鑄像，一條標準金磚就是2吋、4吋、8吋世界標準尺寸，好像只是富人和貪婪的象徵。」

　　陳伯接著就說：「也是啊，但是黃金觀音鑄像和標準黃金金條其實本質都是黃金，沒什麼差別，但一般人常會有不同的價值觀和執著，『分別』之心就此出現，當然，產生的煩惱也就跟著來了，對了，你們有認識什麼名牌嗎？」

　　如真這時回答說：「喔，有，我是NIKE粉絲，非NIKE不穿，至於媽媽則是BURBERRY迷，每次出國都要買一些BURBERRY服飾回來，爸爸則是BMW的死忠客戶。」

　　禮祥微笑說說：「我是比較喜歡adidas的運動服飾，其他的品牌認識不多。」

　　陳伯說：「嗯，品牌就是一般人常有的『分別』心，如果只將一件名牌服飾的logo去除，NIKE、BURBERRY、Prada……質料不變、功能不變、樣式沒變，但大家對這件沒有logo衣服的看法卻完全變了，搞不好還賣不到三分之一的價錢，可見人的『分別』心真的威力驚人，但每個人因為『分別』所產生的價值差異，卻不一定是代表真正的價值差異。」

　　陳伯接著又說：「還有更常見的『分別』心就是對人，從身份、地位、外表、形像……來判斷別人，這是窮人、這是律師，他是扶輪社友、

這位則是木匠，他開醫院的、他開貨櫃車，他選上縣長、他最近失業，他又高又帥、她身材普通……，一大堆的觀點與想法都被自我的『評價邏輯』給綁架，有了『分別』心之後，看人和看事物就沒有了自由、平等的思維，是自我設限的開始，也是徒增煩惱的開始。」

如真接著說：「明白了，陳伯，一個人對眼前的人、事、物產生自我的是非、善惡、人我、好壞、美醜等種種之差別觀，都是執著和分別，都會給自己帶來很多的設限和煩惱。」

✿ 妄想

此時陳伯喝口茶後接著說：「嗯，最後，我們來談談妄想吧，我們的腦海裡，經常會出現一些不理性、與現實不符或是不可能實現的想法，那就叫妄想，比如說，幻想娶到一位世上最美的影星當新娘、學成天下第一的武功、想投資成功、想擁有豪宅名車一大堆、想將欺凌你的高個同學打攤在地……，我們內心，一天到晚想東想西、想過去想未來，你們兩個會這樣嗎？」

這時如真和禮祥都大笑說：「會啊，會啊！」如真又接著說：「我還幻想過自己是無敵鐵金剛呢，陳伯，為什麼大家都會起妄想呢？」

陳伯回答如真說：「現實社會每個人都需要獲取生存資源，畢竟大家都是有情眾生，需要獲取維繫生存的各種必要條件，金錢、房舍、伴侶、工作機會，甚至名聲和地位等等都是，當執著與分別一再出現的時候，對於得不到、想要得到的資源就會產生妄想與妄念了，如果是規劃成某種具體可行的計畫，那當然不是妄想，但對於未及實現或不可能實現的事情過度美化此種虛無，就變成不具體的幻想了。」

這時禮祥問陳伯說：「陳伯，妄想有害嗎？」

陳伯點頭說：「沒有，妄想並無害處，但是產生妄想前的執著與分別『是否真正需要』才是重點所在，怎麼說呢？一個人幻想開著『法拉利跑

車』並不會產生實質壞事，但對於法拉利跑車『是否真正需要』的執著與分別才是問題所在，一台可以開到很快很快的跑車，那個快可以省下多少時間？省下的時間要幹麼？有用嗎？有需要為這種執著與分別付出這麼高的代價嗎？『法拉利跑車』究竟是那個人交通工具的logo呢？還是減去logo的房車呢？這才是妄想是否有害的源頭所在。」

　　這時如真笑著說：「哇，原來是這樣啊，一個人如果真的沒有法拉利跑車、沒穿Prada衣服、沒當知名人物、不是大富豪……，但心裡卻不會因執著與分別而感到自卑，也不會感到不滿足，甚至出現圓滿、自在與清淨心，那自然就可以減少很多因為執著、分別、妄想而產生的的煩惱了。」

　　禮祥這時拍拍手高興地說「哇，如真，還是你比我更會簡潔表達，今天好高興喔，收穫良多，而且又能和陳伯、如真共度這麼有趣的下午，謝謝你們，下次有機會我希望能夠常來這陪你們聊天。」

　　如真也高興地說：「看吧，我就說你一定會有收穫的，不過下次我若聽到別人說什麼犯太歲諸事不宜、這樣才夠時尚、168才會一路發、什麼星座所以怎樣、這樣穿戴才算名流、be a hero、be a great star、床底下要放錢……，我都會想到是否是執著與分別心在困擾自己，是不是想太多了，尤其是今天下午在聽完陳伯講解執著與分別的可怕後，更需要檢視一些妄想是否是因此而產生，是否根本就沒有必要，哈，真有收穫。」

　　這時陳伯也笑著說：「好啊，好啊，也要謝謝二位陪我閒聊一下午，希望我們都能將執著、分別與妄想減到愈少愈好，好讓自己的想法更自在些，一個人的想法設限愈少，牽掛與恐懼就會跟著減少，不必要的苦惱自然也會跟著減少，歡迎禮祥有空常來喔！」

　　如真帶著笑容送禮祥到門口。

你會喜歡 金剛經

第五 應無所住而生其心

有一天，如真問陳伯說：「陳伯，我聽您說過人的想法不要落入執著、分別與妄想，因為一切諸行無常，都是緣起性空，但聽起來好像做事情不必太投入、太認真，只需一切隨緣，順其自然就好，是這樣嗎？」

陳伯聽完後好似很緊張地回答說：「當然不是啊，如真，當然不是，學佛的目的是希望我們對生命、對事情、對價值的觀點與層次有所提升和改變，但態度上一定是積極而且精進的，如真，千萬不能這樣誤解。」

🪷 六度萬行

如真望著陳伯說：「喔，陳伯，那學佛的人做事情時，都抱持何種心態呢？」

陳伯回答說：「是啊，如真，你這是個好問題啊，人生觀與處事態度千萬不能混成一談才好，一般佛學對發心者所修習的一切方法稱為六度萬行，也就是布施、持戒、忍辱、精進、禪定、智慧，這其中『精進』就是處事的態度，包括身體和心靈都隨時保持身體力行與專精進取的積極心態，學佛的人做事絕非懶惰鬆懈、消極冷漠或輕率隨便，反而是積極進取，專精而講究效率！」

「喔，原來是這樣！」如真接著問：「原來我只學了點皮毛，難怪一直覺得與現實社會無法契合，但積極精進又如何沒有執著和分別呢？」

應無所住而生其心

這時陳伯緩和了剛才的緊張，點頭微笑說道：「嗯，大約二千五百年前，佛陀弟子也問過這個問題，當時佛陀就言簡意賅地說出了『應無所住而生其心』的千古名言，人世間為求生存、生活或完成各種心願、計劃，都難免需不停地處事與工作，但在處理一切事物之時，也就是在計畫、執行、檢核的過程中，保持『精進』的積極態度是一定需要的，這就是『生其心』的處事前提，絕不是懶惰鬆懈、冷漠消極或輕率隨便，而必須是『精進』地在處理一切事物。」

如真說：「哇，滿有哲理的，那無所住又是什麼呢？」

陳伯這時反問如真說：「如真啊，就你所知，一個人做事態度積極專精，所以他成功的機會比較大囉？」

如真想了一下回答說：「應該無法判定，陳伯，因為諸行無常，緣起性空，凡事的成功或失敗應該不是只用工作態度可以衡量。」

陳伯終於笑了起來說：「對啊，如真，正如你所說，諸事的結果取決於當時的因緣，並非人的態度或決心就能掌握，也就因為我們根本無法掌控，因此才須用無私無我的智慧來面對，這就是『應無所住』的精神，『住』就是『執著』的意思，對任何事的可能發生結果，應該沒有任何執著和預期，這正是『無所住』的意思。」

如真接著說：「也就是說做任何事，『生其心』是必要的，精進的態度是必要的，但前提是必須明白緣起性空與諸行無常才是一切事理的準則，因此心裡必須保持『無所住』的前提來面對，沒有任何預期的心理壓力來面對一切事情。」

陳伯接著說：「嗯，沒錯，不住，是指不執著於任何『念頭』，不住於成功，不住於情，不住於愛，不住於利害得失，不住於名利財色，如果心有所住，就有所執著，就會讓罣礙、煩惱、痛苦伴隨而來；譬如說，如真準備期末考試時，當然要發『精進』心去準備，去將課堂所教的內容做溫

習和練習，但對於考試完畢後的成績，就不必太在乎，因為名次與成績和其他同學成績和老師出的考題有關，並不是掌控在你自身，因此，『應無所住而生其心』就是準備好功課後的最佳心理態度。」

這時如真說道：「意思我大概懂了一些，但要做起來好像不容易，完全不在意結果的自在心理，應該很難吧，陳伯？」

陳伯點頭說：「確實很難，但這句話主要還是要破除我們煩惱、擔憂和罣礙，因為，即使你始終放不下，堅持『有所住』，難道就會有用嗎？盼望、期待，難道就可能創造因緣，改變凡事永遠處於經常性地在變動的真理嗎？與其明白『有所住』根本沒用，倒不如『生其心』時就『無所住』，至少罣礙、煩惱、痛苦會減少許多，久而久之，一種無私無我的自在智慧就會慢慢增長的，如真。」

如真點頭微笑說：「哇，好重要的一課，緣起性空所以諸行無常，因此抱持『應無所住而生其心』才是最好的心態。」

陳伯聽完後，也頻頻點頭微笑著。

開卷

第五　應無所住而生其心

第六 諸法無我

自我是否存在

有一次，陳伯開車和如真一起去機場接如真的父親，一路上如真高興不已對陳伯說：「陳伯啊，今天真是好機會，又可以向你請益了，哈，我想想，這次要向你請教些什麼呢？」

陳伯笑著說：「也是啊，陳伯也最喜歡和如真聊天了，那如真今天想談什麼呢？」

如真想了想說：「對了，陳伯，最近電視頻道上常有撥放一些影片，例如『宇宙大探險』、『摩根費里曼之穿越蟲洞』，探討一些有關『自我』和『自我意識』是否存在的問題，我覺得好有趣喔，你有看過嗎？陳伯？」

陳伯開始將車開上高速公路，笑著說：「有啊，以科學的角度去探討人、自我和宇宙的問題，非常深入，非常震撼，還真的是在explore your mind，嗯，不過，如真啊，你相信約二千五百多年前，佛陀就開始在探討這個問題嗎？而且連『摩根費里曼之穿越蟲洞』的節目都提到佛陀曾深入探討過喔！」

如真手抓著胸前的安全帶興奮的說：「真的？不會吧，真有這種事？我很難置信，在那種年代、那種科學背景的時代談『自我是否存在』的問題，佛陀當時是怎麼說呢？」

陳伯看著遠方專心開車，但緩緩地向如真說：「當然是真的啊，如真，佛陀說『諸法無我』，而且這還是佛學的基本思維呢。」

🪷 自我

如真急著問陳伯：「諸法無我？怎說呢，難道說『自我』是不存在的？還是說『自我意識』並不存在？陳伯，快，快，快告訴我。」

陳伯笑著說：「不急，不急，討論這種觀點急不得，先看看這些節目怎麼看這些問題，現今科學會討論這個議題，是因為目前的科技對人的丘腦皮質、電脈衝、心智圖像、意識、情緒、語言、記憶……有了愈來愈多的了解，而更多的證據證實了人的所謂『意識』其實是受到人的二種東西所影響，一是人體的各種感官神經元，像眼睛、耳朵、鼻子、口腔、皮膚、身體、意念，另外一種是人腦的記憶和經驗，這兩大主軸決定了人的情緒和心智，當然所謂的理性、感性、智慧也因此產生了。」

如真接著陳伯說：「這決定人所謂意識的兩大主軸好像在哪聽過？」

陳伯笑著說：「是啊，不就是六根、六塵和六識嗎？佛學裡提到眾生的眼、耳、鼻、舌、身、意就是六根，用來接受和探索世間的一切物質和訊息；而六根接觸後的感受和資訊就是六塵，色、聲、香、味、觸、法；由六根接觸以及六塵所產生的經驗與記憶力，就形成六識了。所謂自我意識的探討就是眼識、耳識、鼻識、舌識、身識及意識的領域了，只是科學家們也發現，這些所謂的自我、自我意識、自由意志，只要身體器官稍微受損或是老化，例如腦震盪、視障、老化癡呆……，人的意識立即改變，而且所謂的自我與不自我，根本都不可能再存在了，因此，許多科學家高度懷疑『自我』是否真的存在？還是說『自由意志』是否只是一種幻覺？只是一種大腦運作的方式？」

這時如真出現認真的眼神問陳伯說：「那佛陀怎麼看這個問題呢？」

🪷 諸法無我

陳伯點頭說：「是啊，佛陀提出了震碩古今的觀點『諸法無我』。」

這時如真立即接著問：「『諸法無我』？那佛陀是說自我其實是不存在囉？」

陳伯握著方向盤慢慢說：「應該是這樣理解，從緣起法中可以知道，世間並無永恆不變、獨立存在之實體或主宰，人也是一樣，都是依靠著眼、耳、鼻、舌、身、意，不停地在接受、分析和判斷色、聲、香、味、觸、法，然後產生自以為會永遠存在的『自我』和『自我意識』，但其實這些都只是相對而且短暫的生理、心理經驗和現象，都是因緣和合的短暫表現，『一種具有獨立自主、永恆不變、能夠自己主宰』那才叫做『我』或『自我』，佛陀認為這種『我』或『自我』根本不可能存在，所以說『諸法無我』。」

如真若有所思地說：「哇，我想起來了，存在主義所謂的『我思故我在』也是在探討這個問題，不過，從眼、耳、鼻、舌、身、意的感受自我來看，『我思故我在』認為只有『思』就可感受自我存在，應該只答對了六分之一吧，原來佛法談真正的『我』是指這樣，這和一般人經常掛在嘴邊的『我』有很大的不同耶。」

陳伯接著說：「是的，一般人舉著你你、我我的招牌，終日變個不停，對愛人，今天『愛你永遠永遠』，明天又變成『你到底想怎樣……』；對自己，一下子『堅定信念，我要認真努力、我要學好英文、我要減肥……』，一下子又『算了吧，我快崩潰了，我好累，我好想退休……』；看到別人重病，心想『自己好幸運，健康真是無價』，沒多久，自己也『老態龍鍾，齒危髮白，感嘆光陰似箭』……，這就是一般人『以為有我』，再看清楚一點，其實，那個『具有獨立自主、永恆不變、能夠自己主宰』的『我』，根本不存在，只有因緣和合，記著一大堆破碎知識、人云亦云的我，一直隨著變化的身體與環境在流變不定，一直被我們感覺，短暫存在著。」

如真微笑接著說：「所以說，如果能了解永恆不變的自我並不存在時，就可以了解相對的你、你們、他、他們也都是不存在的，都是緣起性

空的短暫和合，持有正確認識的人，對於自我，以及自我與他人、眾人的相對關係就比較可以存有另一種慈悲、諒解的態度與觀點，對於自我與他人的相互關係也有了新的層次，這樣嗎？」

陳伯笑著點頭說：「哈，如真啊，真是厲害，我才說完木頭，你已經把它變成可以坐的椅子了，真是善根非淺啊。過度的『我執』，會讓自己很在意世人眼光，很在意別人會怎樣看你，很在意自我表現，也給自己帶來很多的煩惱和執著，自我，其實很虛幻，也很脆弱，多點『諸法無我』的思維，會讓人更謙虛、更平靜地去面對人生。」

在二人一來一往的高興談話中，車子也已經慢慢開到了機場。

第七 眾生非眾生

🪷 邏輯上的矛盾

有一次，如真獨自坐在自家陽台椅子上，一面看《金剛經》一面深鎖眉頭，忽而沉思，忽而將經書翻前翻後比對著，這時剛好走過的陳伯問說：「如真啊，陳伯會打擾到你嗎？你在看什麼書呢？好像讓你很困擾似的。」

如真一聽到陳伯的聲音，高興地叫了起來：「陳伯，哈，好高興聽到你的聲音，我正在納悶不已，看不懂這《金剛經》的內容，我心想要是陳伯在我身邊有多好，哈，沒想到你就出現了，陳伯，快來快來，你快請上座，教教我為什麼《金剛經》一再出現：眾生者即非眾生……，世界即非世界，好像手機即非手機，西瓜即非西瓜，第一名模不是第一名模，邏輯上好難理解喔！」

陳伯聽完後頻頻點頭，微笑著對如真說：「如真啊，《金剛經》是非常奇妙的佛學經典，閱讀這本書對你的人生觀和價值觀會有很大的幫助喔，這本書主要是佛陀與弟子須菩提在『心』的議題上的請教對話，須菩提請教佛陀一個人如何安心、如何自持，所以佛陀就針對如何安心、如何自持，詳細對須菩提剖析『心』與『物質或現象』與『自我』的三種奇妙對應關係。」

這時如真興奮地說：「哈，我就知道，看一本書有沒有人導引、破題，閱讀效率會差很多，請快講，陳伯，這三種『心』的對應關係是什麼？我好急著想知道，不然一直都看不太懂《金剛經》。」

陳伯笑著說：「不急不急，如真，我慢慢告訴你，首先你還記得佛學是如何描述最基本的事與理呢？」

❀ 緣起性空否定事物本質常存常在

這時如真立即回答說：「記得記得，是『緣起性空』，對不對？陳伯，所有物質和現象的『本質』一直都是處於一種經常性的變動，是一種連續的變動，不是我們腦裡固定時空下的片段記憶。」

陳伯點頭說：「沒錯，如真，所有物質與現象在佛經上都通稱為『色』，性質上都是處於一種經常性的變動，所以西瓜會變壞、變腐爛，如果西瓜變腐爛了，我們就不會再稱它是西瓜了；陳伯也是一樣，曾是一個嬰兒、一個青年，現在卻是一個長者，未來還會是垂垂老矣的老頭。所有物質與現象都一直是一種經常性的變動，因此，手機就其性質而言，手機也不會永遠是手機，下雨也不一定永遠在下雨，你剛才說的第一名模，也不會永遠是第一名模。」

如真接著說：「對啊，上次陳伯就舉例過，操守正直的警官不一定永遠都是操守正直；意氣風發的企業家，也不是永遠意氣風發。所以，建築堅固的房子也有可能因為各種原因而崩壞；年輕時姣好身材的影歌星，幾年後也可能身材變異，變的非常平凡，所以，汽車即非汽車，美麗即非美麗，是嗎？陳伯。」

陳伯微笑說：「正是啊，如真，想想台灣一些販售豬油的工廠，五年前未被揭發使用餿水油、化工油、飼料油時，大家印象不就是品質可靠、嚴格把關、企業良心嗎？如果當時有人這樣說：『正義不是正義，頂新不是頂新。』可能當時是無人能理解，但到了今日，大家都會了解：『正義不是正義，頂新不是頂新』的意思了。」

如真這時滿意的回答說：「哇，原來不困難耶，陳伯，我有懂一些了，這種針對所有物質與現象的描述，本身就都忽略了『萬事萬物都是

處於經常性變動』的本質，那麼第二種『心』的對應關係是什麼呢？陳伯。」

❁ 時間、空間或客體改變，結局立即改變

陳伯接著說：「是的，第二種『心』的對應關係即是上次我們提過的『心識』，還記得我們是如何對物質與現象產生『心識』的嗎？」

如真很快就回答說：「記得，陳伯，每一個人是從他所處的時間與空間之中，透過自己獨一無二的眼、耳、鼻、舌、身、意去吸收各種資訊，然後各自組合成自己的所謂經驗與智識。」

陳伯回答說：「沒錯，而且這種經驗與描述都是片面的、主觀的、非完整的，例如說陳伯有位來自四川的朋友，他說他有一次和朋友在台灣餐館享用麻辣火鍋，台灣老闆問他要微辣、小辣、中辣還是大辣？他當然回答是要大辣，結果老闆就給他準備大辣的湯底，沒想到我這位來自四川的朋友，在喝過大辣湯頭後非常不滿意，他覺得這根本是微辣，哪裡是大辣呢？老闆弄錯了，怎麼那麼不小心，連大辣、小辣、微辣都分不清楚，事實上是台灣的大辣根本是四川的微辣，老闆並沒有弄錯。」

這時如真又搶著說：「哈，原來是這樣，撇開物質與現象本身就都是在變動的本質不談，即使是每個人對物質與現象的描述與理解，其實也都是經驗的、片面的，換了一個時間或空間，換一個人來描述，任何物質與現象的性質和觀點都不會一樣，所以如果我說：『大辣即非大辣、小辣即非小辣』，其實反而是一種最客觀正確的描述。」

陳伯這次更滿意的點頭微笑說：「對啊，如真，這第二種的對應關係是指一個人的『心識』，是指一個人對萬事萬物的描述與評價，是自己心理經驗的反應與投射，換個時空、換個個體就沒個準了。比如說，對草原上一支腐爛水牛的屍體，人和兀鷹的看法就明顯不同，對惡臭噁心或是美味可口，人和兀鷹各自有各自的定義和好惡；例如一個人失去眼睛會感

到非常不便，但蚯蚓就不這樣認為；又例如一個天天大魚大肉的富豪，偶爾吃到一根清甜的玉米就覺得感動不已，但對天天吃玉米的貧苦人家就覺得這有什麼好感動，玉米不如一隻烤雞；一位老師對今年年終獎金從一個月變成半個月會感到失望不已，但對於一位以回收資源的婦人來說，一公斤玻璃回收價只有2毛錢，如果天上能掉下100元，他會真誠感謝上蒼；因此，一個人如果能保持『空性』的立場，不武斷、不絕對、不垢不淨……，知道『偉大即非偉大』，『莊嚴即非莊嚴』，才會是客觀、正確的自持心態。」

如真拍拍手說：「哇，這第二種對應層次我又懂一些了，陳伯，所以衣服很少的巴西泳裝美女到了非洲某些部落，沒有了身上的刺青和圖騰，她不會在非洲部落裡被稱為美麗；而亞洲一些萬貫家財、揮霍無度的土豪門，自以為快樂非常，但在追求心靈平靜的北歐人眼裡，富豪日子過得並不快樂；美麗即非美麗，快樂也即非快樂，是這樣吧，陳伯，那第三種的對應層次是什麼意思呢？」

陳伯微笑滿懷地說：「嗯，是這樣沒錯，如真開始在注意巴西美女的穿著喔。」

如真急忙回答：「哈，不算不算，剛才我說的那個例子不算啦。」

🪷 諸法無我

陳伯笑著說：「好好好，陳伯把剛剛那一段記憶刪去就是，剛才如真即非如真，好嗎？來，陳伯為你說明第三種的對應層次，那就是『自我』的虛幻不實，其實第一、二種對應是就本質、對主客觀心識在觀察『心』的應有自持態度，但如果從『自我』的觀點來看，『心』本來就是『諸法無我』的虛幻投射，根本就不存在，既然自我都不是永遠存在、可以主宰、始終不變的主體，當然他對『心』的自持態度也是虛幻不實，因此眾生即非眾生，世界即非世界也就更可以理解了。」

🪷 財神不是財神，虔誠也非虔誠

此時陳伯向如真說了一個故事：「從前有一個樵夫，從山上砍柴後準備下山回家，在一個滿陡峭的斜坡不小心滑了下來，滑了好一段距離讓樵夫有點驚慌，正好到了一棵樹邊被樹幹擋了下來，樵夫沒有受傷，站起來後他看了一下這棵樹，覺得樹幹的樣子好像一個人形，樵夫隨手就合掌拜了一下幫助他止滑的這棵樹，剛巧，就有一個人看見樵夫在膜拜，然後他也看了一下這棵樹，覺得那樹幹的形態好像一位財神爺，就問樵夫說：『很靈驗嗎？』樵夫就回答：『真的很靈』，這路人回去後就加油添醋、繪聲繪影地告訴村裡的很多人，結果愈來愈多的人都來這棵樹這裡，膜拜很靈的財神爺，也有更多的人非常虔誠的祈求財神爺，祈求讓他發財。」

如真這時點頭說：「虛幻不實的自我，相信那棵樹是財神爺，相信那棵樹擁有財富，相信那棵樹會沒有理由給予陌生人財富，甚至相信那棵樹是神，因此他們才會如此虔誠的祈求，樵夫則不是這樣想，而路人所謂的虔誠，其實也只是自己『貪心的確認』而已，確認他自己的願望可能擁有不勞而獲的財富，確認這棵樹有曾經無端給予別人財富的紀錄，確認這些邏輯能夠實現就是虔誠，其實這一切都是『自我妄心』來著，財神並非財神，虔誠也不是虔誠。」

陳伯有點高興地說：「是啊，如真，所謂的自我，其實也常常都是以訛傳訛，虛幻不實，這就是佛陀在教導須菩提，一個人面對世間所有物質與現象時，內心應該有的空性觀點和自持態度，『諸微塵，如來說非微塵，是名微塵；如來說世界非世界，是名世界』，理解這三個對應的主體與客體及自我的對應關係，就可以進一步慢慢去探索《金剛經》了。」

🪷 眾生非眾生

如真這時合起手中的《金剛經》回答陳伯說：「嗯，好奧妙的道理

喔，從透析人的心識到自我，再到一切物質與現象的本來面目：

第一，就本體而言，一切的事與物都是緣起性空，就像恐龍一樣，曾經稱霸地球，現在卻不見蹤影，恐龍實非恐龍，而眾生也非眾生。眾生未來也可能證悟成佛，也可能繼續是眾生，無所謂誰是眾生誰不是眾生。

第二，就心識而言，不認識佛陀的人碰到佛陀，佛陀也會被認為是眾生；而一些宣稱自己是佛的人，也可能被無知的人誤認為是佛而不是眾生，眾生其實都只是某些人、某些地方、某些情況下的片段資訊，因此，大家各自心識中的眾生概念，也無法放諸四海皆準，更禁不起時間的考驗，所以說，眾生非眾生，時尚未必時尚，美味未必美味，事實上是每個人對眾生的感受和認定都不一樣。

第三，從自我非實的觀點而言，虛妄的我、自己都不存在了，怎可能認定什麼是眾生，什麼不是眾生，所以說：『一切法無我、無人、無眾生、無壽者……，彼非眾生，非不眾生。何以故？須菩提！眾生，眾生者，如來說非眾生，是名眾生。』

難怪《金剛經》會稱為是超越智慧的智慧，陳伯。」

此時陳伯頻頻點頭微笑著說：「是啊，多少年前，所有媒體和報章雜誌誰不爭相報導台資企業在大陸做方便麵的成功事蹟，當劣質食用油事件發生後，大家又急著痛罵一通，但相同的事情在正面報導的同時卻早已存在多年，如果現在有人說：頂新非頂新，清香油非清香油……，那麼我們在面對現今的一切事與物時，就比較可以明白眾生非眾生的道理了。」

第八 凡所有相皆是虛妄

　　有一個上午，如真走到陳伯的房間門前，敲敲門問說：「陳伯，你有在忙嗎？」

　　陳伯輕聲說：「陳伯在，門不是沒有關嗎？如真啊，歡迎進來坐坐。」

　　如真走了進來笑著說：「謝謝，門是沒關沒錯啊，陳伯，我是沒事想找你聊天啦。」

　　陳伯笑著說：「哈，歡迎，歡迎，主動來找陳伯，一定有什麼事要告訴陳伯，是什麼呢？如真。」

🪷 殭屍與活屍

　　如真不好意思說：「沒什麼重要事啦，陳伯，我昨晚看電視影集『陰屍路』，覺得好可怕啊，陳伯，你有看過嗎？」

　　陳伯大笑說：「是殭屍嗎？還是活屍？竟然會讓如真又害怕、又好奇、又想看呢，如真啊，你看陳伯房間牆上那張照片，你知道那是誰呢？」

　　如真靦腆地回答說：「陳伯，不要笑我啦，我只是好奇看一下，沒想到就被吸引住了，只是又想知道後來劇情是怎樣，所以就看到三更半夜了，耶，陳伯，牆上這張照片裡的二位帥哥是誰啊？兩個笑的好有自信喔，右邊這個長得有點像葛雷哥萊畢克喔！」

　　陳伯指著相片笑著說：「右邊那個是你老爸，年輕時陳伯和你老爸在

一起打拼時拍的相片。」

如真半信半疑地回答說：「是我老爸？不會吧，那現在禿頭又大肚的那位老爸又是誰呢？」

陳伯微笑點頭說：「哈，如真啊，你這是個有趣的問題喔，今天我們就來聊一聊『凡所有相皆是虛妄』這個概念好了。」

如真接著就點頭說：「這個題目我喜歡，『凡所有相皆是虛妄』，我很早就想問陳伯呢。」

❀ 相與我執

陳伯請如真坐在書桌旁的椅子，自己坐在床邊說：「如真啊，你還記得人如何感受和接收外界的一切訊息呢？」

如真毫不思索地就接著回答說：「喔，這個我記得，人就是靠著眼、耳、鼻、舌、身、意在感受和接受外在的訊息。」

陳伯點頭說：「沒錯，靠著眼睛和其他感知器官，人就接收了環境的所有訊息，像看到河川、觀賞電視、聽到狗叫、看到汽車、摸過提款存摺、聞過炒蛋香味……，這些資訊存留在腦海裡的都叫做『相』，基本上，這些『相』都會表現出兩個特質。」

如真立即問到：「兩個特質？可以舉例說明嗎？陳伯。」

陳伯回答說：「當然，『相』的第一個特質是『相因人而異，想也因人而異』，每個人看到和感受到的『相』都不會一樣，譬如說我們出國旅行時進入國外博物館，這時同樣是一幅藝術名畫，但每個人看的角度、看的時間、看畫的觀點……，都不會一樣，當然，每個人將名畫這些『相』的資訊送大腦中後，就會因為自己的學習、興趣、需求與經驗，對這些相產生很多的價值判斷和情愫，甚至變成各種不同的心態與認知，例如喜歡、厭惡、無感、排斥、著迷、偏見、若有若無、遺忘……，同樣一幅名畫，就有各種不同的解讀心態與認知，『相』這時真正是什麼已經變成不

重要，反而是變成每個人的『想』以後，才是影響每個人對『相』的自我與心智。」

這時如真若有所思的問：「如果是這樣，那每個人對同一種事或物，留在腦海裡的『相』都不盡相同，產生的『想』更是天南地北，那不是很容易被『相』牽著走嗎？陳伯。」

陳伯回答說：「沒錯，畫就是畫，皮包就是皮包，衣服就是衣服，美食就是美食，風景就是風景，但每個人接受資訊就好像『瞎子摸象』一樣，都只能感受到事與物局部的、某個角度的、有限的……的不完整印象，在經過自己的需求、欲望、經驗、價值判斷比對之後，就順理成章地成為心中堅持的『想』了，『相』是什麼影響還不是很大，但衍生成『想』後，影響可大囉，說穿了，都來自自我界定、自我迷惑和自以為是的決策依據。」

陳伯說完後，如真笑了起來說：「哈哈，所以我見『陰屍路』裡的活屍，其實是我腦海裡先要把我所見到的『相』界定為『真的活屍』，而不是拍電影化妝師的顏料和道具，這樣我才能入迷和著戲，才能『執著』準備下周再看續集，哈，哈，陳伯，那小鳥看到田裡的稻草人會害怕，也是因為小鳥的『相由心生』所導致？」

陳伯聽完如真的話說：「是啊，鬼屋裡的鬼、百貨公司裝東西的名牌包、名貴跑車、烏鴉、無一般生活功能的各種鑽石……，這些我們每天所感受到千千萬萬個『相』，其實都是局部的、某個角度的、有限的……不完整資訊，但進入我們的大腦之後，『自我』會火上加油，將局部的、某個角度的、有限的……不完整資訊，加入每個人不同的學習、經驗、分析、需求程度、好惡……混合之後，產生的『想』就包羅萬象、千奇百怪囉，當然，虛妄，就變成普遍特質了，虛是不實，妄是不真，虛妄就是不真實的意思，虛妄就是非永遠存在、非永恆不變的意思。」

陳伯接著說：「就以時尚和品牌這個例子來說吧，在東南亞一些國家的成衣製造廠裡，衣服繡上什麼字樣都一樣，都是衣服，都是麻煩，都是

一種無聊透頂的工作，如果你真的很喜歡，她可以為你在一件衣服上同時繡上10個LV、10個BURBERRY、10個ARMANI，甚至同時出現三種字樣她都可以辦到，而你的所謂品牌價值，真實的內容只有幾秒鐘的電繡工作不同而已，當然，她覺得最珍貴的不是這些字樣，而是可以早點下班，多領些錢；只是你在百貨公司選購名牌『相』時，卻是要為自己堅持的『想』付出昂貴的代價；這些『想』，都來自你的學習，來自你自己的感受經驗，來自你的自找煩惱。」

如真點頭說：「有比較懂一些了，所以一顆足球在拉丁美洲人和雲南傣族、白族眼裡『相』大有不同，『想』更是天壤有別；一張美女海報在年輕人和老伯伯眼裡，感受也大有不同；而同樣是一兩黃金，在大富豪和升斗小民眼中和心中，『相』與『想』都有差別；但這些分別都不是絕對的，都是『自我的執想』而已，都呈現出虛妄不真實的特質，陳伯，那『相』的另一種特質又是什麼呢？」。

🪷 一切相，虛妄不實

陳伯將交叉的雙腿交換了一下說：「是的，如真，『相』的第二個特質是『相』本身也是虛妄不真實，就像陳伯牆上的照片一樣，如真的老爸究竟是哪一個？是『大帥哥』還是你口中的『禿頭大肚』那位？哪一個老爸才正確反映出『真實』呢？如真。」

如真笑嘻嘻的說：「喔，這可就考倒我了，如果說兩個都是真實的，顯然不合邏輯，A不可能等於B啊，如果考試是非題或選擇題，A如果就是B，那大家都會是100分了，所以應該是『A確實都是A』沒錯，但A、B都是短暫呈現、虛妄不實的『相』囉。」

陳伯也笑著說：「是啊，如真，你有沒有想過你的鬼故事恐怖電影中，如果鬼真的是由人所變出來的，那每個人應該用幾歲的『相』呈現在死後的靈魂世界呢？或是說，應該用幾歲的『相』當一個人靈魂或鬼的

『相』呢？」

如真大笑的說：「這可以選嗎？用小學的『相』當我，有點幼稚，但如果每個人都是瀕死那剎那的『相』，又太老、太可怖了，用最年輕的『相』，又好像稚嫩沒什麼成就……，這是怎麼一回事啊？陳伯。」

陳伯也笑著說：「是啊，過去我們談『緣起性空』其實就是『正確而且唯一』的答案，包括我們生命和身體、物體、生物、環境……等等一切的一切，都是短暫的『因緣和合』所造就，都具有一直在變動的、無法自己主宰的特性，從長遠、客觀的角度來看，都呈現出『虛妄非永久』的特性，雖然我們每分每秒都感受到身體和物體的『真實不虛』，但這種『真實不虛』的感受和經驗一直存在腦海裡時，就無法禁得住時間和環境的改變，當白髮、肥腫、皺紋、眼花……出現時我們都難以接受，甚至回憶在感嘆、恐懼和痛苦之中。」

如真回答說：「對啊，反過來說，如果一個人能先有『凡所有相皆是虛妄』的認識，生活就比較可以少一些迷惑和煩惱了，電影裡的鬼若真有相，也不必害怕，他必定也是虛妄不實，無法永遠存在，但是自己心中殘留的那隻鬼才是麻煩，是吧？陳伯，還有『大帥哥』和『禿頭大肚』其實也都是虛幻不實，未來搞不好還有『白髮、皺皮老頭』呢！難怪古詩有云：人面不知何處去，桃花依舊笑春風。」

陳伯笑著回答：「如真啊，再講下去，我們兩個會被你老爸追著跑喔，不過，了解虛妄最容易產生無明、妄想、煩惱和恐懼，是很重要的觀點和認識，只要我們看事、看物的觀點能提高一些層次，就比較不會被虛妄的『相』所迷惑，比較不會被自己的『想』所迷惑，凡是所有一切的『相』，都要明白它具有虛妄的特質，只要不去太執著它，就會產生清靜的智慧。」

這時如真站起來說：「嗯，所以說一切法離一切相，對吧？『凡所有相，皆是虛妄』並不是說一切的相都不存在，而是當我們在面對一切『相』時，應該了解它『虛妄不實』的特性，只有了解它、面對它，心中

你會喜歡 金剛經

的執著與想法才能少一些煩惱、迷惑與恐懼，對嗎？陳伯。」

陳伯也站了起來笑著說：「原來如真早有做功課啊，哈，哈。」

第九 一切有為法如夢幻泡影

🪷 水波與湖水

有一次，陳伯和如真帶著茶具和零食到郊外一個湖邊野餐，如真興奮地撿起小石頭，向著湖面玩起『打水飄』遊戲，如真在打出一次超過五個水飄時，問陳伯說：「陳伯，你最多能一次打出幾個？」

陳伯在湖邊桌上擺置好茶具說：「年少時好像有打出過八、九個的紀錄，現在可能比你還差吧？」

如真說：「那麼厲害，一次打出八、九個水飄，陳伯，那你有覺得自己很厲害嗎？」

陳伯笑著說：「很厲害？不會吧，不過是打幾個水飄，如真啊，你剛才打的那五個水飄還在嗎？」

如真轉過身來，走到輕便摺疊桌旁坐下對陳伯說：「好像不見了，陳伯。」

陳伯將熱茶倒滿兩個茶杯後對如真說：「沒錯啊，都不見了，人生的很多事就像這水飄一樣，當下也是辛辛苦苦、轟轟烈烈，大家拚死拚活，但過了一陣，什麼也沒剩下，忘了、模糊了、沒了，到最後，連究竟是不是真實都不重要了。」

如真問陳伯說：「這是為什麼呢？陳伯。」

陳伯拿起茶杯喝口茶對如真說：「來，先品嚐一下你爸爸從中國帶回來的普洱茶，如真啊，宇宙運作的道理其實是不變的，有、無生命他都如如不動，彷彿湖底下的水一般，然而人的心思則聚焦在湖面上，『我』掀

起了大波瀾，『我』成就了一番事業，『我』成功了，『我』終於……，『我』一定要……，人人都忙著在打水飄，人人都在湖邊觀看、紀錄、比較和談論，五個、七個，甚至有人創新紀錄，打出十四個……，只是，水飄和水波終將被推至湖邊，消逝的無影無蹤，就像所有人的生命終將殞滅一樣，存在的時間都好短暫。」

夢幻泡影

這時如真也喝口茶後問陳伯：「是啊，我想起小時候念書到現在，有好多事都已模糊而忘卻，但在那當下，也無法體驗自己好像在打水飄一樣，陳伯，難道世上沒有什麼永恆的事嗎？」

陳伯回答說：「嗯，凡世上一切事情、現象、事理、原則、物質……都是因緣所和合而成，這些因緣和合而成的所有事、理、物，我們都叫做『有為法』，佛陀說『一切有為法如夢、幻、泡、影』，就是說只要是緣生與緣滅的產物，『都不可能是永恆的』，都有如在作夢，說夢是假的，夢中卻也經常奔逃奮力，驚嚇連連，人在做夢時，夢中的一切當然是真的，但若說夢是真的，醒來後的現實情境卻又找不到；也有點像變魔術一般，命運和際遇的奇特感覺讓人經常好像看見魔術裡的幻像一般，看似真，實際卻不是這樣；當然也像是水中的泡泡，彷彿存在，但一浮出水面後，卻又不見了；也更像是影子一般，若有若無，有光線時，明明影子緊緊黏在旁邊，但光線一但從另一方向出現，或是太陽下山，影子卻又不見了；這些都是一切事情、現象、理則、物質的真實性質，好像夢、幻、泡、影。」

這時如真若有所思的說：「那對於生命與生活還是要持續的我們而言，我們要對於『一切有為法如夢、幻、泡、影』抱持何種態度呢？陳伯。」

陳伯又倒了第二次的茶後說：「如真啊，這倒是個很務實的問題，當年佛陀教化弟子時就這樣說：『一切有為法如夢、幻、泡、影，如露又

如電，應作如是觀』，這『應作如是觀』並不是消極地認為既然這樣，一切隨他去吧，而是每個人應該了解它、接受它、體驗它，明白一切有為法都是短暫的緣生緣滅，明白『實在的、永久的、獨存的、能夠讓你主宰的我』不可能存在，有這樣的認識，才不會讓自我因為水波而執著，因為夢、幻、泡、影而被迷惑。」

🪷 世上沒有任何事是理所當然的

如真聽完後吃了一塊餅乾，轉向陳伯說：「所以說，陳伯，我這樣說你聽聽看對不對，世上沒有任何事是理所當然的，我想絕對沒有，因此做任何事，工作『態度』當然是要『精進』不鬆懈，但對於可能發生結果，『心理』要儘量學習持有『無所住』，讓自性清淨圓滿，不要過多預期讓自己徒生煩惱，一切是非成敗，功過有無，都只是夢、幻、泡、影，無法永久存在。」

陳伯臉上露出滿意的笑容說：「如真講得真是不錯，正確認識『一切有為法』的真正性質，對一個人的價值觀和人生觀會產生很深、很大、很廣的視野，人生的挑戰從來就不可能有簡單的答案，或許，根本也不需要答案，但追求快樂和尋找生命的意義，卻仍是人生最古老的課題。」

陳伯接著說：「但在現今社會，手機和媒體已加速、加倍變成一般人眼、耳、意的主要訊息來源，很多人的大腦功能也逐漸被商業文化模式攻占和取代，喜、怒、哀、樂快要變成『罐頭式思維』，被片面標準化和侷限化，爭執和迴繞在夢、幻、泡、影之中，如真啊，放眼亘古宇宙，無論多少億兆歲月，甚至千古以來的書籍、名言、科學理論與定律、文章……，都比不過這一句名言『一切有為法如夢、幻、泡、影，如露又如電，應作如是觀』。」

兩人還在湖邊泡著茶、高興地談話著，湖面被一陣微風吹起了一波波漣漪，慢慢地推向湖邊。

讀經

《金剛經》各家譯本
與白話譯文對照

　　《金剛經》於公元前994年間（約當中國周穆王時期），成書於古印度，是描述佛陀與當時弟子須菩提長老的一場對話內容，而現今存在於「大藏經」上的中文翻譯本則有六種，分別是：

　　一、姚秦鳩摩羅什譯本
　　二、元魏菩提流支譯本
　　三、陳真諦譯本
　　四、隋達摩笈多譯本
　　五、唐玄奘譯本
　　六、唐義淨譯本

　　對中文翻譯本而言，由於古代中國與古印度在交通和語言、文字上，都存在著很大的隔閡及限制，因此即使是翻譯原文或梵文也都是一項艱難又艱鉅的大工程，加上當時造紙技術尚未發達的年代，華文又是以字數「精簡、少量」的「文言文」做主流，因此在經文原意表達上更是難上加難，尤其是將古印度完全不同於中國的思維體系，用幾個中文字簡單表達，確實精準度難以達到非常完美。

　　試看看這些佛經上的經常用字：苦、集、滅、道、色、相、空、蘊、法……，每一個字在中文意義上就都已經不是單純和清楚，透過這些「單一個字」而非「一整串的字或句」在描述佛陀這種「超越智慧的智慧」，

當然容易造成許多佛經內容好像艱澀難懂，反而是像般若、波羅蜜、菩薩……直接引用原文譯音，然後加以解釋，而非只用「單一中文字」，造成的語意困擾較少。

因此本書在白話文翻譯上，除參考以上六種譯本外，會加入英文及梵文直接及間接解釋，簡單表達出經文原意，避免文字糾纏，不太深入探討文言文的模糊定義；但由於此經文流傳已近二千年，說實在的，已沒有人能正確掌握和理解當年佛陀所表達的真實內容與真義，本書白話譯文只能說是作者個人整合各種版本後的自我看法而已。

在翻譯上，以下列四種譯本加上作者白話簡譯，依次序供讀者對照：

一、The Diamond Cutter —— Edward Conze（愛德華‧孔茲）依梵文版英譯

二、能斷金剛般若波羅蜜多經——唐玄奘譯

三、金剛般若波羅蜜多心經——姚秦鳩摩羅什譯

四、佛說能斷金剛般若波羅蜜多經——唐義淨譯

五、作者簡譯

至於段落還是採用較為大家慣用的昭明太子三十二分，方便讀者搜尋及比對。

 # 法會因由分

【The Diamond Cutter by Edward Conze】

Thus have I heard at one time. The Lord dwelt at Sravasti, in the Jeta Grove, in the garden of Anathapindika, together with a large gathering of monks, consisting of 1,250 monks, and with many Bodhisattvas, great beings. Early in the morning the Lord dressed, put on his cloak, took his bowl, and entered the great city of Sravasti to collect alms. When he had eaten and re-turned from his round, the Lord put away his bowl and cloak, washed his feet, and sat down on the seat arranged for him, crossing his legs, holding his body upright, and mindfully fixing his attention in front of him.

【唐玄奘譯本】

如是我聞。一時，薄伽梵在室羅筏，住誓多林給孤獨園，與大苾芻眾千二百五十人俱。爾時，世尊於日初分，整理裳服，執持衣鉢，入室羅筏大城乞食。時，薄伽梵於其城中行乞食已，出還本處。飯食訖，收衣鉢，洗足已，於食後時，敷如常座，結跏趺坐，端身正願，住對面念。

【姚秦鳩摩羅什譯本】

如是我聞：一時，佛在舍衛國，祇樹給孤獨園，與大比丘眾，千二百五十人俱。爾時，世尊，食時，著衣，持鉢，入舍衛大城乞食。於其城中，次第乞已，還至本處。飯食訖，收衣鉢。洗足已，敷座而坐。

【唐義淨譯本】

如是我聞。一時薄伽梵，在名稱大城，戰勝林施孤獨園，與大苾芻眾千二百五十人俱，及大菩薩眾。爾時，世尊於日初分時，著衣持鉢，入城乞食。次第乞已，還至本處。飯食訖，收衣鉢，洗足已，於先設座，跏趺

你會喜歡 金剛經

端坐，正念而住。

【作者簡譯】

　　這是我所聽到的教化：有一次，佛陀在舍衛國的祇樹給孤獨園，在一個包括一千二百五十名比丘和眾菩薩等的聚會。佛陀於上午時，整理並披上架裟，執持缽碗，進入到舍衛大城來化緣乞食，接著化緣完成，佛陀回至本處，用完餐食，收起衣缽，洗淨雙腳，鋪如常座在為他準備的位置，佛陀端正身體並盤坐，聚精會神專注於眼前。

 善現啟請分

【The Diamond Cutter by Edward Conze】

　　Then many monks approached to where the Lord was, saluted his feet with their heads, thrice walked round him to the right, and sat down on one side. At that time the Venerable Subhuti came to that assembly, and sat down. Then he rose from his seat, put his upper robe over one shoulder, placed his right knee on the ground, bent forth his folded hands towards the Lord, and said to the Lord: 'It is wonderful Lord, it is exceedingly wonderful, Well-Gone, how much the Bodhisattvas, the great beings, have been helped with the greatest help by the Tathagata, the Arhat, the Fully Enlightened One. It is wonderful, Lord, how much the Bodhisattvas, the great beings, have been favoured with the highest favour by the Tathagata, the Arhat, the Fully Enlightened One. How then, Lord, should a son or daughter of good family, who have set out in the Bodhisattva-vehicle, stand, how progress, how control their thoughts?

　　After these words the Lord said to the Venerable Subhuti: 'Well said, well said, Subhuti! So it is, Subhuti, so it is, as you say! The Tathagata, Subhuti, has helped the Bodhisattvas, the great beings with the greatest help, and he has favoured them with the highest favour. Therefore, 'Subhuti, listen well, and attentively! I will teach you how those who have set out in the Bodhisattva vehicle should stand, how progress, how control their thoughts.' 'So be it, Lord', replied the Venerable Subhuti and listened.

【唐玄奘譯本】

時，諸苾芻來詣佛所，到已頂禮世尊雙足，右遶三匝，退坐一面。具壽善現亦於如是眾會中坐。爾時，眾中具壽善現從座而起，偏袒一肩，右膝著地，合掌恭敬而白佛言：「希有！世尊！乃至如來、應、正等覺，能以最勝攝受，攝受諸菩薩摩訶薩；乃至如來、應、正等覺，能以最勝付囑，付囑諸菩薩摩訶薩。世尊！諸有發趣菩薩乘者，應云何住？云何修行？云何攝伏其心？」

作是語已。爾時，世尊告具壽善現曰：「善哉！善哉！善現！如是，如是。如汝所說。乃至如來、應、正等覺，能以最勝攝受，攝受諸菩薩摩訶薩；乃至如來、應、正等覺，能以最勝付囑，付囑諸菩薩摩訶薩。是故，善現！汝應諦聽，極善作意，吾當為汝分別解說。諸有發趣菩薩乘者，應如是住，如是修行，如是攝伏其心。」

具壽善現白佛言：「如是，世尊！願樂欲聞。」

【姚秦鳩摩羅什譯本】

時長老，須菩提，在大眾中，即從座起，偏袒右肩，右膝著地，合掌恭敬。而白佛言：「希有！世尊。如來善護念諸菩薩，善付囑諸菩薩。世尊！善男子、善女人，發阿耨多羅三藐三菩提心，云何應住？云何降伏其心？」

佛言：「善哉！善哉！須菩提！如汝所說，如來善護念諸菩薩，善付囑諸菩薩。汝今諦聽，當為汝說。善男子、善女人，發阿耨多羅三藐三菩提心，應如是住，如是降伏其心。」

「唯然！世尊！願樂欲聞。」

【唐義淨譯本】

　　時諸苾芻來詣佛所，頂禮雙足，右繞三匝，退坐一面。爾時，具壽妙生，在大眾中，承佛神力，即從座起，偏袒右肩，右膝著地，合掌恭敬白佛言：「希有！世尊！希有！善逝。如來應正等覺，能以最勝利益，益諸菩薩；能以最勝付囑，囑諸菩薩。世尊！若有發趣菩薩乘者，云何應住？云何修行？云何攝伏其心？」

　　佛告妙生：「善哉善哉！如是如是！如汝所說：如來以勝利益，益諸菩薩；以勝付囑，囑諸菩薩。妙生！汝應諦聽，極善作意，吾當為汝分別解說。若有發趣菩薩乘者，應如是住，如是修行，如是攝伏其心。」

　　妙生言：「唯然，世尊！願樂欲聞。」

【作者簡譯】

　　接著許多比丘來到佛陀的地方，向佛陀頂禮，在向右繞著佛陀三圈後找位置坐下。就在這個時候，長老須菩提從座位中站了起來，將僧袍撥向肩膀的一邊，袒露一肩，右膝蓋著地，雙手合掌向佛陀頂禮，恭敬地對佛陀說：「世尊啊！您是這麼的神奇美妙，多麼善於將高深的佛法護持顧念諸菩薩，多麼善於付囑教導諸菩薩，無論初學或久學菩薩眾都得到您最高的教誨和開悟，世尊，如果有世間的善男子、善女人發心走向菩薩道，應該如何自處？如何精進修行？如何降伏妄心？」

　　佛陀說：「問得好，問得好，須菩提，你問的這個問題太好了，正如你所說的，如來善於護持顧念諸菩薩，善於付囑教導諸菩薩，你現在就仔細聽，用心聽，我就為你解說，所有世間的善男子、善女人發心走向菩薩道，應該這樣自處、這樣精進修行、這樣降伏妄心。」

　　須菩提回答：「是的，世尊，我非常樂意仔細聆聽。」

大乘正宗分

【The Diamond Cutter by Edward Conze】

The Lord said: Here, Subhuti, someone who has set out in the vehicle of a Bodhisattva should produce a thought in this manner: 'As many beings as there are in the universe of beings, comprehended under the term "beings" egg-born, born from a womb, moisture-born, or miraculously born; with or without form; with perception, without perception, and with neither perception nor non-perception, as far as any conceivable form of beings is conceived: all these I must lead to Nirvana, into that Realm of Nirvana which leaves nothing behind. And yet, although innumerable beings have thus been led to Nirvana, no being at all has been led to Nirvana.'

And why? If in a Bodhisattva the notion of a 'being' should take place, he could not be called a 'Bodhi-being'. 'And why? He is not to be called a Bodhi-being, in whom the notion of a self or of a being should take place, or the notion of a living soul or of a person.'

【唐玄奘譯本】

佛言：「善現！諸有發趣菩薩乘者，應當發起如是之心：『所有諸有情，有情攝所攝：若卵生、若胎生、若濕生、若化生，若有色、若無色，若有想、若無想，若非有想非無想，乃至有情界施設所施設，如是一切，我當皆令於無餘依妙涅槃界而般涅槃。雖度如是無量有情令滅度已，而無有情得滅度者。』

何以故？善現！若諸菩薩摩訶薩有情想轉，不應說名菩薩摩訶薩。所以者何？善現！若諸菩薩摩訶薩不應說言有情想轉，如是命者想、士夫想、補特伽羅想、意生想、摩納婆想、作者想、受者想轉，當知亦爾。何以故？善現！無有少法名為發趣菩薩乘者。」

【姚秦鳩摩羅什譯本】

佛告須菩提：「諸菩薩摩訶薩，應如是降伏其心：所有一切眾生之類，若卵生、若胎生、若濕生、若化生；若有色、若無色；若有想、若無想；若非有想，若非無想，我皆令入無餘涅槃，而滅度之。如是滅度無量無數無邊眾生，實無眾生得滅度者。何以故？須菩提！若菩薩有我相、人相、眾生相、壽者相，即非菩薩。」

【唐義淨譯本】

佛告妙生：「若有發趣菩薩乘者，當生如是心：所有一切眾生之類，若卵生、胎生、濕生、化生，若有色、無色，有想、無想，非有想、非無想，盡諸世界所有眾生，如是一切，我皆令入無餘涅槃而滅度之。雖令如是無量眾生證圓寂已，而無有一眾生入圓寂者。

何以故？妙生！若菩薩有眾生想者，則不名菩薩。所以者何？由有我想、眾生想、壽者想、更求趣想故。」

【作者簡譯】

佛陀告訴須菩提：「須菩提，所有發願菩薩道的眾菩薩們，都應該以這樣的方式來思考：『所有一切有情眾生，無論是卵生、胎生、濕生或奇蹟化生，無論是有形體、沒有形體，無論是有思想覺知、沒有思想覺知，甚至既不是有思想覺知也不是沒有思想覺知，一切可以想像的任何形式眾生，我都將引導他們到無餘涅槃境界，那個什麼都沒留下的圓滿完美境界，然而，儘管有無數眾生都這樣被引導到涅槃境界，事實上，從自我認知的觀點來思維，卻沒有一個眾生被引導到涅槃境界。』

為什麼呢？須菩提，真正的菩薩引導眾生，並不能有任何眾生是被自己所引導的想法（不要認為你在幫助人們，不要認為你是一個偉大的幫助者，所有的自我都是虛假的、虛幻的），如果一個菩薩有自我的想法、有眾生的想法、有人的想法、有一種好像你會持續下去這種概念的想法，都

不能被稱為是一個真正的菩薩。」

04 妙行無住分

【The Diamond Cutter by Edward Conze】

Moreover, Subhuti, a Bodhisattva who gives a gift should not be supported by a thing, nor should he be supported anywhere. When he gives gifts he should not be supported by sight-objects, nor by sounds, smells, tastes, touchables, or mind-objects. For, Subhuti, the Bodhisattva, the great being should give gifts in such a way that he is not supported by the notion of a sign.

And why? Because the heap of merit of that Bodhi-being, who unsupported gives a gift, is not easy to measure. What do you think, Subhuti, is the extent of space in the East easy to measure?

Subhuti replied: No indeed, Lord. The Lord asked: In like manner, is it easy to measure the extent of space in the South, West or North, downwards, upwards, in the intermediate directions, in all the ten directions all round? Subhuti replied: No indeed, Lord.

The Lord said: Even so the heap of merit of that Bodhibeing who unsupported gives a gift is not easy to measure. That is why, Subhuti, those who have set out in the Bodhisattva-vehicle, should give gifts without being supported by the notion of a sign.

【唐玄奘譯本】

「復次，善現！菩薩摩訶薩不住於事應行布施，都無所住應行布施；不住於色應行布施，不住聲、香、味、觸、法應行布施。善現！如是菩薩摩訶薩如不住相想應行布施。何以故？善現！若菩薩摩訶薩都無所住而行布施，其福德聚不可取量。」

佛告善現：「於汝意云何？東方虛空可取量不？」善現答言：「不也，世尊！」

　　「善現！如是南西北方四維上下，周遍十方一切世界虛空可取量不？」善現答言：「不也，世尊！」

　　佛言：「善現！如是，如是。若菩薩摩訶薩都無所住而行布施，其福德聚不可取量，亦復如是。善現！菩薩如是如不住相想應行布施。」

【姚秦鳩摩羅什譯本】

　　復次：「須菩提！菩薩於法，應無所住，行於布施。所謂不住色布施，不住聲、香、味、觸、法布施。須菩提！菩薩應如是布施，不住於相。何以故？若菩薩不住相布施，其福德不可思量。須菩提！於意云何？東方虛空，可思量不？」「不也，世尊！」

　　「須菩提！南、西、北方、四維、上、下虛空，可思量不？」「不也。世尊！」

　　「須菩提！菩薩無住相布施，福德亦復如是，不可思量。須菩提！菩薩但應如所教住！」

【唐義淨譯本】

　　「復次，妙生！菩薩不住於事，應行布施。不住隨處，應行布施。不住色聲香味觸法，應行布施。妙生！菩薩如是布施，乃至相想，亦不應住。何以故？由不住施，福聚難量。妙生！於汝意云何？東方虛空可知量不？」

　　妙生言：「不爾，世尊！」「南西北方，四維上下，十方虛空，可知量不？」

　　妙生言：「不爾，世尊！」

　　「妙生！菩薩行不住施，所得福聚不可知量，亦復如是。」

【作者簡譯】

佛陀說：「還有，須菩提，做為一位菩薩，就不應該有將布施當成一件事或某種場所才行布施的想法，菩薩布施應該無所執著，不應該有任何理由和目的，菩薩布施時，不因為基於見到的景物，或聲音、氣味、味道、觸摸或心識有所差別才行布施，因為這樣，須菩提，菩薩在施行布施時，應該秉持著無所執著，『沒有任何理由和目的，沒有任何概念的支持與執著』這樣的態度在布施（支持意味著「我將會從它得到某些東西」，做為一個菩薩施行布施，不應該有任何預設立場和支持概念）。

為什麼呢？因為如果菩薩秉持著無所執著，『沒有任何理由和目的，沒有任何概念的支持與執著』這樣的態度在布施，那麼他累積的福德將無法衡量。你怎麼想，須菩提，東方的虛空可以衡量嗎？」

須菩提：「事實上無法衡量，世尊。」

佛陀接著問：「同樣的道理，南方、西方、北方、上方、下方虛空，周遍十方一切世界虛空可以衡量嗎？」

須菩提回答：「確實無法衡量，世尊。」

佛陀說：「正是如此，須菩提，一個菩薩秉持著無所執著，『沒有任何理由和目的，沒有任何概念的支持與執著』的態度去行布施，所累積的福德就像十方虛空世界，是無法衡量的，這就是為什麼，須菩提，對一個發心菩薩道的人，他應該秉持著這樣的態度去行布施。」

05 如理實見分

【The Diamond Cutter by Edward Conze】

The Lord continued: 'What do you think, Subhuti, can the Tathagata be seen by the possession of his marks?

Subhuti replied: 'No indeed, Lord. And why? What has been taught by the Tathagata as the possession of marks, that is truly a no-possession of no-marks.'

The Lord said: 'Wherever there is possession of marks, there is fraud, wherever there is no-possession of no-marks there is no fraud. Hence the Tathagata is to be seen from no marks as marks.'

【唐玄奘譯本】

佛告善現：「於汝意云何？可以諸相具足觀如來不？」

善現答言：「不也，世尊！不應以諸相具足觀於如來。何以故？如來說諸相具足，即非諸相具足。」

說是語已。佛復告具壽善現言：「善現！乃至諸相具足皆是虛妄，乃至非相具足，皆非虛妄，如是以相非相應觀如來。」

【姚秦鳩摩羅什譯本】

「須菩提！於意云何？可以身相見如來不？」

「不也，世尊！不可以身相得見如來。何以故？如來所說身相，即非身相。」

佛告須菩提：「凡所有相，皆是虛妄。若見諸相非相，即見如來。」

【唐義淨譯本】

「妙生！於汝意云何？可以具足勝相觀如來不？」

妙生言：「不爾，世尊！不應以勝相觀於如來。何以故？如來說勝相，即非勝相。」

「妙生！所有勝相，皆是虛妄。若無勝相，即非虛妄。是故應以勝相無相觀於如來。」

【作者簡譯】

佛陀繼續說：「你怎麼想，須菩提，如來可以藉著他所持有的外相和

特徵被看出來嗎？」

　　須菩提回答說：「不，世尊，不可以藉著他所持有的外相和特徵看出如來。為什麼呢？如來教導過我們，如來所持有的表徵其實是『根本沒有任何表徵』。」

　　佛陀接著告訴須菩提說：「所有一切的存在現象，都是虛妄不實的，不可以執著在表相上，無論在什麼地方，只有知道任何存在現象皆是虛妄不實的不斷生滅現象，不是永遠固定不變的真實存在現象，這樣才能理解如來，才能看到真正的如來。」

06 正信希有分

【The Diamond Cutter by Edward Conze】

Subhuti asked: Will there be any beings in the future period, in the last time, in the last epoch, in the last 500 years, at the time of the collapse of the good doctrine who, when these words of the Sutra are being taught, will understand their truth?

The Lord replied: Do not speak thus, Subhuti! Yes, even then there will be such beings. For even at that time, Subhuti, there will be Bodhisattvas who are gifted with good conduct, gifted, with virtuous qualities, gifted with wisdom, and who, when these words of the Sutra are being taught, will understand their truth. And these Bodhisattvas, Subhuti, will not be such as have honoured only one single Buddha, nor such as have planted their roots of merit under one single Buddha only. On the contrary, Subhuti, those Bodhisattvas who, when these words of the Sutra are being taught, will find even one single thought of serene faith, they will be such as have honoured many hundreds of thousands of Buddhas, such as have planted their roots of merit under many hundreds of thousands of Buddhas. Known they are, Subhuti, to the Tathagata through his

Buddha cognition, seen they are, Subhuti, by the Tathagata with his Buddha-eye, fully known they are, Subhuti, to the Tathagata. And they all, Subhuti, will beget and acquire an immeasurable and incalculable heap of merit.

And why? Because, Subhuti, in these Bodhisattvas （1） no perception of a self takes place, （2） no perception of a being, （3） no perception of a soul, （4） no perception of a person. Nor do these Bodhisattvas have （5） a perception of a dharma, or （6） a perception of a no-dharma. （7） No perception or （8） non-perception takes place in them.

And why? If, Subhuti, these Bodhisattvas should have a perception of either a dharma, or a no-dharma, they would thereby seize on a self, a being, a soul, or a person.

And why? Because a Bodhisattva should not seize on either a dharma or a no-dharma. Therefore this saying has been taught by the Tathagata with a hidden meaning: 'Those who know the discourse on dharma as like unto a raft, should forsake dharmas, still more so no-dharmas.'

【唐玄奘譯本】

說是語已。具壽善現復白佛言：「世尊！頗有有情於當來世，後時、後分、後五百歲，正法將滅時分轉時，聞說如是色經典句，生實想不？」

佛告善現：「勿作是說：『頗有有情於當來世，後時、後分、後五百歲，正法將滅時分轉時，聞說如是色經典句生實想不？』然復，善現！有菩薩摩訶薩於當來世，後時、後分、後五百歲，正法將滅時分轉時，具足尸羅，具德、具慧。復次，善現！彼菩薩摩訶薩非於一佛所承事供養，非於一佛所種諸善根。然復，善現！彼菩薩摩訶薩於其非一、百、千佛所承事供養，於其非一、百、千佛所種諸善根，乃能聞說如是色經典句，當得一淨信心。善現！如來以其佛智悉已知彼，如來以其佛眼悉已見彼。善現！如來悉已覺彼一切有情，當生無量無數福聚，當攝無量無數福聚。

何以故？善現！彼菩薩摩訶薩無我想轉，無有情想、無命者想、無士夫想、無補特伽羅想、無意生想、無摩納婆想、無作者想、無受者想轉。善現！彼菩薩摩訶薩無法想轉、無非法想轉，無想轉亦無非想轉。

所以者何？善現！若菩薩摩訶薩有法想轉，彼即應有我執、有情執、命者執、補特伽羅等執。若有非法想轉，彼亦應有我執、有情執、命者執、補特伽羅等執。

何以故？善現！不應取法，不應取非法。是故如來密意而說筏喻法門。諸有智者，法尚應斷，何況非法！」

【姚秦鳩摩羅什譯本】

須菩提白佛言：「世尊！頗有眾生，得聞如是言說章句，生實信不？」

佛告須菩提：「莫作是說！如來滅後，後五百歲，有持戒修福者，於此章句，能生信心，以此為實。當知是人，不於一佛、二佛、三四五佛，而種善根，已於無量千萬佛，所種諸善根。聞是章句，乃至一念生淨信者；須菩提！如來悉知悉見，是諸眾生，得如是無量福德。何以故？是諸眾生，無復我相、人相、眾生相、壽者相、無法相，亦無非法相。何以故？是諸眾生，若心取相，即為著我、人、眾生、壽者。若取法相，即著我、人、眾生、壽者。何以故？若取非法相，即著我、人、眾生、壽者。是故不應取法，不應取非法。以是義故，如來常說：汝等比丘！知我說法，如筏喻者；法尚應捨，何況非法？」

【唐義淨譯本】

妙生言：「世尊！頗有眾生，於當來世，後五百歲，正法滅時，聞說是經，生實信不？」

佛告妙生：「莫作是說：『頗有眾生，於當來世，後五百歲，正法滅時，聞說是經，生實信不？』妙生！當來之世，有諸菩薩，具戒具德具

慧，而彼菩薩，非於一佛承事供養，植諸善根；已於無量百千佛所，而行奉事，植諸善根。是人乃能於此經典生一信心。妙生！如來悉知是人，悉見是人，彼諸菩薩當生當攝，無量福聚。

何以故？由彼菩薩，無我想眾生想壽者想更求趣想。「彼諸菩薩，非法想，非非法想，非想，非無想。

何以故？若彼菩薩有法想，即有我執、有情執、壽者執、更求趣執。若有非法想，彼亦有我執有情執壽者執更求趣執。妙生！是故菩薩，不應取法，不應取非法。以是義故，如來密意宣說筏喻法門，諸有智者，法尚應捨，何況非法。」

【作者簡譯】

須菩提問：「世尊，在經過一段時間，在未來遙遠的年代，在如來滅度後第五個五百年後，在佛陀教義衰微的時代，這些經文被傳導教化時，會有人了解這樣的真理嗎？」

佛陀回答說：「須菩提，不要這樣說：『在經過一段時間，在未來遙遠的年代，在如來滅度後第五個五百年後，在佛陀教義衰微的時代，這些經文被傳導教化時，會有人了解這樣的真理嗎？』是的，即使在那樣的年代，當這些經文被教導時，還是會有人了解這樣的真理；因為，須菩提，即使在那樣的年代也會有菩薩，有著品德端正、深具慧根的天賦，而且，須菩提，那些菩薩不會只榮耀一個佛，也不會只在一個佛的影響下種下他們的善根，相反的，須菩提，當這些經文被教導的時候，那些菩薩會產生一個淨信心，那些菩薩將會被千千萬萬個佛所榮耀，將會在千千萬萬個佛所影響下，種下他們的善根。須菩提，如來透過佛的認知可以知道他們，如來透過佛的法眼可以看到他們，須菩提，如來可以完全知道他們，而他們都將會產生並獲得無法估量的福德。」

「這是為什麼呢？因為那些菩薩不會再有自我妄執的想法，不會有存在的想法、不會有靈魂永續的想法、不會有人的想法、不會有覺知的想

法、也不會有這不是覺知的想法、也不會有這是法或這不是法的分別想法。

為什麼呢？那些菩薩如果有這才是法或這不是法的想法，他們就會藉此來抓住一個執著，抓住一個虛妄的自我、一個存在的概念、一個靈魂永續的思維、一個人的執著之中。

為什麼呢？因為菩薩不應該被執著在一個這是法或這不是法的思維中（佛法只能透過自我的真實體驗去證悟，不是停留或執著在語言文字的道理論述），因此，如來的教導即有隱藏這樣的含義：『那些知道我對法的譬喻說明，就好比過河時必須使用木筏一樣』，但登達彼岸後，證悟覺知了真理的境界之後，木筏就跟法一樣應該拋棄，不應該再將木筏帶上岸，更何況那些這是法、這不是法的一切概念和想法。」

 無得無説分

【The Diamond Cutter by Edward Conze】

The Lord asked: What do you think, Subhuti, is there any dharma which the Tathagata has fully known as 'the utmost, right and perfect enlightenment, or is there any dharma which the Tathagata has demonstrated?

Subhuti replied: No, not as I understand what the Lord has said.And why? This dharma which the Tathagata has fully known or demonstrated it cannot be grasped, it cannot be talked about, it is neither a dharma nor a no-dharma. And why? Because an Absolute exalts the Holy Persons.

【唐玄奘譯本】

佛復告具壽善現言：「善現！於汝意云何？頗有少法，如來、應、正等覺證得阿耨多羅三藐三菩提耶？頗有少法，如來、應、正等覺是所說耶？」

你會喜歡 金剛經

善現答言：「世尊！如我解佛所說義者，無有少法，如來、應、正等覺證得阿耨多羅三藐三菩提；亦無有少法，是如來、應、正等覺所說。何以故？世尊！如來、應、正等覺所證、所說、所思惟法皆不可取，不可宣說，非法，非非法。何以故？以諸賢聖補特伽羅皆是無為之所顯故。」

【姚秦鳩摩羅什譯本】

「須菩提！於意云何？如來得阿耨多羅三藐三菩提耶？如來有所說法耶？」

須菩提言：「如我解佛所說義，無有定法，名阿耨多羅三藐三菩提；亦無有定法如來可說。何以故？如來所說法，皆不可取、不可說；非法、非非法。所以者何？一切賢聖，皆以無為法，而有差別。」

【唐義淨譯本】

「妙生！於汝意云何？如來於無上菩提有所證不？復有少法是所說不？」妙生言：「如我解佛所說義，如來於無上菩提實無所證，亦無所說。何以故？佛所說法，不可取，不可說，彼非法，非非法。何以故？以諸聖者，皆是無為所顯現故。」

【作者簡譯】

佛陀問說：「你怎麼想，須菩提，如來有得到任何最至高無上的、最正確的、最完美證悟的佛法嗎？或是如來有顯示或表露出任何無上正等正覺嗎？」

須菩提回答說：「沒有，世尊，就我了解，世尊所教導過的是沒有。為什麼呢？如來所證得或顯示的法都是完全不能夠被抓住，完全不能夠用談論來理解的，它既不是一般人概念中的法，也不是非法，為什麼呢？因為任何一位覺知的聖者所彰顯和表露的，都是一無所有，都沒有彰顯和表露出任何形式、概念或東西。」

08 依法出生分

【The Diamond Cutter by Edward Conze】

The Lord then asked: What do you think, Subhuti, if a son or daughter of good family had filled this world system of 1,000 million worlds with the seven precious things, and then gave it as a gift to the Tathagatas, Arhats, Fully Enlightened Ones, would they on the strength of that beget a great heap of merit?

Subbuti replied: Great, Lord, great, Well-Gone, would that heap of merit be! And why? Because the Tathagata spoke of the 'heap of merit' as a non-heap. That is how the Tathagata speaks of 'heap of merit'.

The Lord said: But if someone else were to take from this discourse on dharma but one stanza of four lines, and would demonstrate and illuminate it in full detail to others, then he would on the strength of that beget a still greater heap of merit, immeasurable and incalculable.

And why? Because from it has issued the utmost, right and perfect enlightenment of the Tathagatas, Arhats, Fully Enlightened Ones, and from it have issued the Buddhas, the Lords. And why? For the Tathagata has taught that the dharmas special to the Buddhas are just not a Buddha's special dharmas. That is why they are called 'the dharmas special to the Buddhas'.

【唐玄奘譯本】

佛告善現：「於汝意云何？若善男子或善女人，以此三千大千世界盛滿七寶持用布施，是善男子或善女人，由此因緣所生福聚寧為多不？」

善現答言：「甚多，世尊！甚多，善逝！是善男子或善女人，由此因緣所生福聚其量甚多。何以故？世尊！福德聚福德聚者，如來說為非福德聚，是故如來說名福德聚福德聚。」

佛復告善現言：「善現！若善男子或善女人，以此三千大千世界盛滿七寶持用布施。若善男子或善女人，於此法門乃至四句伽陀，受持、讀誦、究竟通利，及廣為他宣說、開示、如理作意，由是因緣所生福聚，甚多於前無量無數。

何以故？一切如來、應、正等覺阿耨多羅三藐三菩提皆從此經出，諸佛世尊皆從此經生。所以者何？善現！諸佛法諸佛法者，如來說為非諸佛法，是故如來說名諸佛法諸佛法。」

【姚秦鳩摩羅什譯本】

「須菩提！於意云何？若人滿三千大千世界七寶，以用布施。是人所得福德，寧為多不？」

須菩提言：「甚多。世尊！何以故？是福德，即非福德性。是故如來說福德多。」

「若復有人，於此經中，受持乃至四句偈等，為他人說，其福勝彼。何以故？須菩提！一切諸佛，及諸佛阿耨多羅三藐三菩提法，皆從此經出。須菩提！所謂佛法者，即非佛法。」

【唐義淨譯本】

「妙生！於汝意云何？若善男子善女人，以滿三千大千世界七寶持用布施，得福多不？」

妙生言：「甚多，世尊！何以故？此福聚者，則非是聚，是故如來說為福聚福聚。」

「妙生！若有善男子善女人，以滿三千大千世界七寶，持用布施；若復有人，能於此經乃至一四句頌，若自受持，為他演說，以是因緣所生福聚，極多於彼無量無數。

何以故？妙生！由諸如來無上等覺，從此經出；諸佛世尊，從此經生。是故妙生！佛、法者，如來說非佛、法，是名佛、法。」

佛陀接著問：「你覺得如何，須菩提，如果一個善男子或善女人用珍貴的七寶裝滿了千萬個世界來布施給如來、阿羅漢或完全開悟的人，他們因為此種因緣所得到的累積福德有多大呢？」

須菩提回答說：「很多，世尊，非常多，這樣因緣所累積的福德非常多，為什麼呢？因為如來所說的福德累積其實是指無法永久真實存在的福德，這就是如來為什麼說福德很多的原因。」

佛陀說：「但是，如果這樣一個善男子或善女人，用裝滿千萬個世界的七寶來布施，他們此一因緣所累計的福德，比起另外一個善男子或善女人向他人演說此一法門，甚至只是四句短偈，只要能夠對經文受持信解、讀誦、詳細為他人開示，並廣為發揚光大，這樣的因緣所產生的累積福德，還多於前面那一種，而且累積的福德還是無數無量，難以估計。

為什麼呢？因為這《金剛經》文是佛法至高無上、正確和完美的啟示，一切如來、阿羅漢和完全開悟的人，都是從此經文義理而獲得啟蒙與覺知，一切諸佛也是從此經文義理而覺悟成佛，為什麼這樣說呢？對諸佛和法的證悟而言，所謂諸佛、諸法，並非是語言文字的佛與法，對於某一種可以具體描述或具體可行的佛與法，其實根本就不存在，了解此前提，才知道如來所說的諸佛、諸法的真正涵義。」

09 一相無相分

【The Diamond Cutter by Edward Conze】

The Lord asked: What do you think, Subhuti, does it occur to the Stream-winner, 'by me has the fruit of a Streamwinner been attained'?

Subhuti replied: No indeed, Lord. And why? Because, Lord, he has not won any dharma. Therefore is he called a Stream-winner. No sight-object has been won, no sounds, smells, tastes, touchables, or objects of mind. That is why he is called a 'Streamwinner'. If, Lord, it would occur to a Streamwinner, 'by me has a Streamwinner's fruit been attained', then that would be in him a seizing on a self, seizing on a being, seizing on a soul, seizing on a person.

The Lord asked: What do you think, Subhuti, does it then occur to the Once-Returner, 'by me has the fruit of a Once-Returner been attained'?

Subhuti replied: No indeed, Lord. And why? Because there is not any dharma that has won Once-Returnership. That is why he is called a 'Once-Returner'.

The Lord asked: What do you think, Subhuti, does it then occur to the Never-Returner 'by me has the fruit of a Never-Returner been attained'?

Subhuti replied: No indeed, Lord. And why? Because there is not any dharma that has won Never Returnership. Therefore is he called a 'Never-Returner'.

The Lord asked: What do you think, Subhuti, does it then occur to the Arhat, 'by me has Arhatship been attained'? Subhuti: No indeed, Lord. And why? Because no dharma is called 'Arhat'. That is why he is called an Arhat. If, Lord, it would occur to an Arhat. 'by me has Arhatship been attained', then that would be in him a seizing on a self, seizing on a being, seizing on a soul, seizing on a person.

And why? I am, Lord, the one whom the Tathagata, the Arhat, the Fully Enlightened One has pointed out as the foremost of those who dwell in Peace. I am, Lord, an Arhat free from greed. And yet, Lord, it does not occur to me, 'an Arhat am I and free from greed'. If, Lord, it could occur to me that I have attained Arhatship, then the Tathagata would not have declared of me that 'Subhuti, this son of good family, who is the foremost of those who dwell in Peace, does not dwell anywhere; that is why he is called "a dweller in Peace, a dweller in Peace"'.

佛告善現：「於汝意云何？諸預流者頗作是念：『我能證得預流果』不？」

善現答言：「不也，世尊！諸預流者不作是念：『我能證得預流之果。』何以故？世尊！諸預流者無少所預，故名預流；不預色、聲、香、味、觸、法，故名預流。世尊！若預流者作如是念：『我能證得預流之果。』即為執我、有情、命者、士夫、補特伽羅等。」

佛告善現：「於汝意云何？諸一來者頗作是念：『我能證得一來果』不？」

善現答言：「不也，世尊！諸一來者不作是念：『我能證得一來之果。』何以故？世尊！以無少法證一來性，故名一來。」

佛告善現：「於汝意云何？諸不還者頗作是念：『我能證得不還果』不？」

善現答言：「不也，世尊！諸不還者不作是念：『我能證得不還之果。』何以故？世尊！以無少法證不還性，故名不還。」

佛告善現：「於汝意云何？諸阿羅漢頗作是念：『我能證得阿羅漢不』？」

善現答言：「不也，世尊！諸阿羅漢不作是念：『我能證得阿羅漢性。』何以故？世尊！以無少法名阿羅漢，由是因緣名阿羅漢。世尊！若阿羅漢作如是念：『我能證得阿羅漢性。』即為執我、有情、命者、士夫、補特伽羅等。所以者何？世尊！如來、應、正等覺說我得無諍住最為第一，世尊！我雖是阿羅漢，永離貪欲，而我未曾作如是念：『我得阿羅漢永離貪欲。』世尊！我若作如是念：『我得阿羅漢永離貪欲』者，如來不應記說我言：『善現善男子得無諍住最為第一。』以都無所住，是故如來說名無諍住無諍住。」

【姚秦鳩摩羅什譯本】

「須菩提！於意云何？須陀洹能作是念，我得須陀洹果不？」

須菩提言：「不也。世尊！何以故？須陀洹名為入流，而無所入；不入色、聲、香、味、觸、法。是名須陀洹。」

「須菩提！於意云何？斯陀含能作是念，我得斯陀含果不？」

須菩提言：「不也。世尊！何以故？斯陀含名一往來，而實無往來，是名斯陀含。」

「須菩提，於意云何？阿那含能作是念，我得阿那含果不？」

須菩提言：「不也。世尊！何以故？阿那含名為不來，而實無不來，是故名阿那含。」

「須菩提！於意云何？阿羅漢能作是念，我得阿羅漢道不？」

須菩提言：「不也。世尊！何以故？實無有法，名阿羅漢。世尊！若阿羅漢作是念，我得阿羅漢道，即為著我、人、眾生、壽者。世尊！佛說我得無諍三昧，人中最為第一，是第一離欲阿羅漢。世尊！我不作是念：『我是離欲阿羅漢。』世尊！我若作是念，我得阿羅漢道，世尊則不說須菩提是樂阿蘭那行者，以須菩提實無所行，而名須菩提是樂阿蘭那行。」

【唐義淨譯本】

「妙生！於汝意云何？諸預流者頗作是念：『我得預流果』不？」

妙生言：「不爾，世尊！何以故？諸預流者，無法可預，故名預流。不預色聲香味觸法，故名預流。世尊！若預流者作是念：『我得預流果』者，則有我執，有情壽者更求趣執。」

「妙生！於汝意云何？諸一來者頗作是念：『我得一來果』不？」

妙生言：「不爾，世尊！何以故？由彼無有少法證一來性，故名一來。」

「妙生！於汝意云何？諸不還者頗作是念：『我得不還果』不？」

妙生言：「不爾，世尊！何以故？由彼無有少法證不還性，故名不

還。」

「妙生！於汝意云何？諸阿羅漢頗作是念：『我得阿羅漢果』不？」

妙生言：「不爾，世尊！由彼無有少法名阿羅漢。世尊！若阿羅漢作是念：『我得阿羅漢果』者，則有我執，有情壽者更求趣執。世尊！如來說我得無諍住中最為第一。世尊！我是阿羅漢離於欲染，而實未曾作如是念：『我是阿羅漢。』世尊！若作是念，我得阿羅漢者，如來即不說我妙生得無諍住，最為第一。以都無所住，是故說我得無諍。」

【作者簡譯】

佛陀問須菩提：「你覺得如何，須菩提，對於那些已經達到證悟初級果位的須陀洹而言，他們能不能這樣宣稱：我已經證得須陀洹果位？」

須菩提回答說：「確實不行，世尊，須陀洹不會這樣宣稱：我已經證得須陀洹果位。為什麼呢？世尊，因為證得初級果位的須陀洹，他們已經不為知見上的煩惱所迷惑，不會對任何事與物產生自我的偏見與執著，才稱為須陀洹，不會對物質與形體、聲音、氣味、味道、感覺與心識，產生自我的偏見與執著，所以才稱為須陀洹，世尊，如果須陀洹這樣宣稱：我已經證得須陀洹，那他就是又被一個自我的執著、一個存在的執著、一個靈魂的執著和一個人的執著給抓住，而不可以稱為是一個須陀洹了。」

佛陀問須菩提：「須菩提，你覺得如何，對於證得二果的斯陀含能不能這樣宣稱：我已經證得斯陀含果位？」

須菩提回答說：「不行，世尊，斯陀含不會這樣宣稱：我已經證得斯陀含果位。為什麼呢？因為證得二果的斯陀含，雖名為入世一來，但其定力與修行已不會退失，對世俗財、色、食、名、睡與色、聲、香、味、觸都起了遠離的心，欲望與名想根本沒有，根本無所從來，才能稱為斯陀含，所以他不會這麼宣稱：我已經證得斯陀含果位。」

佛陀問須菩提：「須菩提，你覺得如何，證得三果的阿那含能不能這樣宣稱：我已經證得阿那含果位？」

須菩提回答說：「不行，世尊，阿那含不會這樣想：我已經證得阿那含果位。為什麼呢？因為證得第三果位阿那含的人，已斷除欲界所有的煩惱，永不來欲界受生，故名為不來果，既已斷除我見、疑見、貪欲、瞋恚等煩惱與疑惑，不再染著欲念，所以他不會這樣宣稱：我已經證得阿那含果位。」

佛陀問須菩提：「須菩提，你覺得如何，對於證得四果的阿羅漢能不能這樣宣稱：我已經證得阿羅漢道？」

須菩提回答說：「不行，世尊，阿羅漢不會這樣想：我已經證得阿羅漢道。為什麼呢？因為並沒有一種法叫做阿羅漢，證得阿羅漢即能夠斷色貪、無色貪、掉舉、慢、無明等，是能夠達到斷煩惱、離貪欲的修行者，才稱為阿羅漢，所以阿羅漢不會這麼想：我已經證得阿羅漢道。如果阿羅漢這麼宣稱：我能證得阿羅漢果位，那麼他又被一個自我、一個存在、一個靈魂或一個人的執著所抓住。所以說為什麼，如來說我是最能夠斷煩惱永離貪欲，是最沒有執著的弟子。世尊，我雖是阿羅漢，可以斷除煩惱，但我心中未曾有這樣的想法：我證得阿羅漢能永離貪欲，斷除煩惱。世尊，我若這樣宣稱：我證得阿羅漢能斷除煩惱，那我就又抓住了一個自我的執著念頭，如來就不會說我是最能夠斷煩惱、最無所執著的弟子。」

 莊嚴淨土分

【The Diamond Cutter by Edward Conze】

The Lord asked: What do you think, Subhuti, is there any dharma which the Tathagata has learned from Dipankara, the Tathagata, the Arhat, the Fully Enlightened One?

Subhuti replied: Not so, Lord, there is not.

The Lord said: If any Bodhisattva would say, 'I will create harmonious Buddhafields', he would speak falsely. And why? 'The harmonies of Buddhafields, the harmonies of Buddhafields', Subhuti, as no-harmonies have they been taught by the Tathagata. Therefore he spoke of 'harmonious Buddhafields'.

Therefore then, Subhuti, the Bodhisattva, the great being, should produce an unsupported thought, i.e. a thought which is nowhere supported, a thought unsupported by sights, sounds, smells, tastes, touchables or mind-objects.

Suppose, Subhuti, there were a man endowed with a body, a huge body, so that he had a personal existence like Sumeru, king of mountains. Would that, Subhuti, be a huge personal existence? Subhuti replied: Yes, huge, Lord, huge, Well-Gone, would his personal existence be. And why so? 'Personal existence, personal existence', as no-existence has that been taught by the Tathagata; for not, Lord, is that existence or non-existence. Therefore is it called 'personal existence'.

【唐玄奘譯本】

佛告善現：「於汝意云何？如來昔在然燈如來、應、正等覺所，頗於少法有所取不？」

善現答言：「不也，世尊！如來昔在然燈如來、應、正等覺所，都無少法而有所取。」

佛告善現：「若有菩薩作如是言：『我當成辦佛土功德莊嚴。』如是菩薩非真實語。何以故？善現！佛土功德莊嚴佛土功德莊嚴者，如來說非莊嚴，是故如來說名佛土功德莊嚴佛土功德莊嚴。

是故，善現！菩薩如是都無所住應生其心，不住於色應生其心，不住非色應生其心；不住聲、香、味、觸、法應生其心，不住非聲、香、味、觸、法應生其心，都無所住應生其心。」

佛告善現：「如有士夫具身大身，其色自體假使譬如妙高山王。善現！於汝意云何？彼之自體為廣大不？」善現答言：「彼之自體廣大！世尊！廣大！善逝！何以故？世尊！彼之自體，如來說非彼體故名自體，非

以彼體故名自體。」

【姚秦鳩摩羅什譯本】

佛告須菩提：「於意云何？如來昔在然燈佛所，於法有所得不？」

「不也，世尊！如來在燃燈佛所，於法實無所得。」

「須菩提！於意云何？菩薩莊嚴佛土不？」

「不也。世尊！何以故？莊嚴佛土者，即非莊嚴，是名莊嚴。」

「是故須菩提！諸菩薩摩訶薩，應如是生清淨心，不應住色生心，不應住聲、香、味、觸、法生心，應無所住，而生其心。須菩提！譬如有人，身如須彌山王，於意云何？是身為大不？」須菩提言：「甚大。世尊！何以故？佛說非身，是名大身。」

【唐義淨譯本】

「妙生！於汝意云何？如來昔在然燈佛所，頗有少法是可取不？」

妙生言：「不爾，世尊！如來於然燈佛所，實無可取。」

「妙生！若有菩薩作如是語：『我當成就莊嚴國土者。』此為妄語。何以故？莊嚴佛土者，如來說非莊嚴，由此說為國土莊嚴。

是故，妙生！菩薩不住於事，不住隨處，不住色聲香味觸法，應生其心；應生不住事心，應生不住隨處心，應生不住色聲香味觸法心。

「妙生！譬如有人，身如妙高山王，於意云何？是身為大不？」妙生言：「甚大，世尊！何以故？彼之大身，如來說為非身。以彼非有，說名為身。」

【作者簡譯】

佛陀問須菩提：「你認為如何？如來有從燃燈佛那裡得到任何有關成佛的教導嗎？」

「不，世尊，如來過去在燃燈佛那裡，沒有得到任何有關成佛的教

導。」

　　佛陀告訴須菩提說：「如果有菩薩說：我將創造一個莊嚴和諧的佛境，那麼他講的一定是不真實。為什麼呢？如來並沒有教導過任何有關莊嚴和諧佛境的概念，所以說我將創造一個莊嚴和諧的佛境，即是有所執著，如來說那不是創造一個莊嚴和諧的佛境，了解這個沒有分別、沒有執著的前提，才能了解如來說創造一個莊嚴和諧佛境的真正意涵。」

　　「所以說，須菩提，真正的菩薩引導眾生，應保持清靜心，不執著於任何目的和概念，思維和行事都不被物質和形體所執著，也不會被聲音、氣味、味道、感覺、心識和一切事理所執著，發心和行願都保持清淨心，沒有任何執著和概念支持。」

　　「須菩提，如果有一個人賦與了像須彌山那樣高大的身體，你覺得如何？他的身體很巨大嗎？」

　　須菩提回答：「是很巨大，世尊，是很巨大，就他個體存在而言是很巨大，為什麼呢？從清淨心來看，如來並不曾教導過任何身體巨不巨大的思維，因此對高大如須彌山身體的巨大執著並不存在，以這種無分別的清淨心做前提，才說他的身體是很巨大。」

⑪ 無為福勝分

【The Diamond Cutter by Edward Conze】

　　The Lord asked: What do you think, Subhuti, if there were as many Ganges rivers as there are grains of sand in the large river Ganges, would the grains of sand in them be many?

　　Subhuti replied: Those Ganges rivers would indeed be many, much more so the grains of sand in them.

　　The Lord said: This is what I announce to you, Subhuti, this is what I make known to you, if some woman or man had filled with the seven precious things as many world systems as there are grains of sand in those Ganges rivers, and would give them as a gift to the Tathagatas, Arhats, fully Enlightened Ones what do you think, Subhuti, would that woman or man on the strength of that beget a great heap of merit?

Subhuti replied: Great, Lord, great Well-Gone, would that heap of merit be, immeasurable and incalculable.

The Lord said: But if a son or daughter of good family had taken from this discourse on dharma but one stanza of four lines, and were to demonstrate and illuminate it to others, then they would on the strength of that beget a still greater heap of merit, immeasurable and incalculable.

【唐玄奘譯本】

佛告善現：「於汝意云何？乃至殑伽河中所有沙數，假使有如是沙等殑伽河，是諸殑伽河沙寧為多不？」

善現答言：「甚多，世尊！甚多，善逝！諸殑伽河尚多無數，何況其沙！」

佛言：「善現！吾今告汝，開覺於汝：假使若善男子或善女人，以妙七寶盛滿爾所殑伽河沙等世界，奉施如來、應、正等覺。善現！於汝意云何？是善男子或善女人，由此因緣所生福聚寧為多不？」

善現答言：「甚多，世尊！甚多，善逝！是善男子或善女人，由此因緣所生福聚其量甚多。」

佛復告善現：「若以七寶盛滿爾所沙等世界，奉施如來、應、正等覺。若善男子或善女人，於此法門乃至四句伽陀，受持、讀誦、究竟通利，及廣為他宣說、開示、如理作意，由此因緣所生福聚，甚多於前無量無數。」

「須菩提！如恆河中所有沙數，如是沙等恆河，於意云何？是諸恆河沙，寧為多不？」

須菩提言：「甚多。世尊！但諸恆河，尚多無數，何況其沙？」

「須菩提！我今實言告汝，若有善男子、善女人，以七寶滿爾所恆河沙數，三千大千世界，以用布施，得福多不？」

須菩提言：「甚多。世尊！」

佛告須菩提：「若善男子、善女人，於此經中，乃至受持四句偈等，為他人說，而此福德，勝前福德。」

【唐義淨譯本】

「妙生！於汝意云何？如殑伽河中所有沙數，復有如是沙等殑伽河，此諸河沙，寧為多不？」

妙生言：「甚多，世尊！河尚無數，況復其沙。」

「妙生！我今實言告汝，若復有人，以寶滿此河沙數量世界，奉施如來，得福多不？」

妙生言：「甚多，世尊！」

「妙生！若復有人，於此經中受持一頌，並為他說，而此福聚，勝前福聚無量無邊。」

【作者簡譯】

佛陀問須菩提：「你覺得如何，須菩提，假設恆河中每一顆砂粒又等於是一條恆河，那麼這些所有恆河的砂粒算多嗎？」須菩提回答：「當然很多，世尊，這樣一來光是恆河就已經是無法計數那麼多，更何況這麼多恆河中的每一粒沙。」

佛陀說：「須菩提，這是我要讓你們知道的，如果有善男子或善女人用像剛才所說那麼多恆河沙的珍貴七寶，裝滿了整個世界來布施予如來、

阿羅漢和完全證道的人，那麼須菩提，這個善男子或善女人由此因緣是否招致很大的福德？」

須菩提回答說：「很大很大，世尊，這善男子或善女人會由此因緣招致很大的福德，而且無數無量。」

佛陀說：「但是，須菩提，如果有善男子或善女人對此經文生淨信心，甚至只有短短四句偈文，能夠受持信解、讀誦或向他人宣說開示，這樣因緣所招致的福德，比前面無數無量的福德還要更多、更大，而且無法衡量、無法計算。」

 尊重正教分

【The Diamond Cutter by Edward Conze】

Moreover, Subhuti, that spot of earth where one has taken from this discourse on dharma but one stanza of four lines, taught or illumined it, that spot of earth will be a veritable shrine for the whole world with its gods, men and Asuras. What then should we say of those who will bear in mind this discourse on dharma in its entirety, who will recite, study, and illuminate it in full detail for others! Most wonderfully blest, Subhuti, they will be! And on that spot of earth, Subhuti, either the Teacher dwells, or a sage representing him.

【唐玄奘譯本】

「復次，善現！若地方所，於此法門乃至為他宣說，開示四句伽陀，此地方所尚為世間諸天及人、阿素洛等之所供養如佛靈廟，何況有能於此法門具足究竟、書寫、受持、讀誦、究竟通利，及廣為他宣說、開示、如理作意！如是有情成就最勝希有功德。此地方所，大師所住，或隨一一尊重處所，若諸有智同梵行者。」

復次：「須菩提！隨說是經，乃至四句偈等，當知此處，一切世間天、人、阿修羅，皆應供養，如佛塔廟。何況有人，盡能受持讀誦。須菩提！當知是人，成就最上第一希有之法；若是經所在之處，即為有佛，若尊重弟子。」

【唐義淨譯本】

「妙生！若國土中有此法門，為他解說，乃至四句伽陀，當知此地，即是制底，一切天人阿蘇羅等，皆應右繞而為敬禮；何況盡能受持讀誦，當知是人，則為最上第一希有。又此方所，即為有佛，及尊重弟子。」

【作者簡譯】

「還有，須菩提，如果有一個地方，在那裡經文被人宣說，甚至只有四句短偈被教導與推廣，那麼那個地方即變為一個名符其實的聖地，像佛寺、說法境地一樣，是一切世間天、人、阿修羅皆應供養之處，更何況如果有人對此經文能相信理解、書寫、奉持在心、研讀、以及廣為他人宣說，須菩提，像這樣的人即是成就世上最稀有功德，會受到奇妙的祝福，而那個宣說經文所在的地方，也就好像大師所住處所一樣，要受到極大的尊崇。」

⑬ 如法受持分

【The Diamond Cutter by Edward Conze】

Subhuti asked: What then, Lord, is this discourse on dharma, and how should I bear it in mind?

The Lord replied:This discourse on dharma, Subhuti, is called 'Wisdom which has gone beyond', and as such should you bear it in mind! And why? Just that which the Tathagata has taught as the wisdom which has gone beyond, just that He has taught as not gone beyond. Therefore is it called 'Wisdom which has gone beyond'.

What do you think, Subhuti, is there any dharma which the Tathagata has taught?

Subhuti replied: No indeed, Lord, there is not.

The Lord said: When, Subhuti, you consider the number of particles of dust in this world system of 1,000 million worlds-would they be many?

Subhuti replied: Yes, Lord.Because what was taught as particles of dust by the Tathagata, as no-particles that was taught by the Tathagata. Therefore are they called 'particles of dust'. And this world-system the Tathagata has taught as no-system. Therefore is it called a 'world system'.

The Lord asked: What do you think, Subhuti, can the Tathagata be seen by means of the thirty-two marks of the superman? Subhuti replied: No indeed, Lord.

And why? Because those thirty-two marks of the superman which were taught by the Tathagata, they are really no-marks. Therefore are they called 'the thirty-two marks of the superman'.

The Lord said: And again, Subhuti, suppose a woman or a man were to renounce all their belongings as many times as there are grains of sand in the river Ganges; and suppose that someone else, after taking from this discourse on Dharma but one stanza of four lines, would demonstrate it to others. Then this latter on the strength of that would beget a greater heap of merit, immeasurable and incalculable.

【唐玄奘譯本】

說是語已。具壽善現復白佛言：「世尊！當何名此法門？我當云何奉持？」

作是語已。佛告善現言：「具壽！今此法門名為能斷金剛般若波羅蜜多，如是名字汝當奉持。何以故？善現！如是般若波羅蜜多，如來說為非般若波羅蜜多，是故如來說名般若波羅蜜多。」

佛告善現：「於汝意云何？頗有少法如來可說不？」

善現答言：「不也，世尊！無有少法如來可說。」

佛告善現：「乃至三千大千世界大地微塵寧為多不？」

善現答言：「此地微塵甚多，世尊！甚多，善逝！」

佛言：「善現！大地微塵，如來說非微塵，是故如來說名大地微塵；諸世界，如來說非世界，是故如來說名世界。」

佛告善現：「於汝意云何？應以三十二大士夫相觀於如來、應、正等覺不？」善現答言：「不也，世尊！不應以三十二大士夫相觀於如來、應、正等覺。

何以故？世尊！三十二大士夫相，如來說為非相，是故如來說名三十二大士夫相。」

佛復告善現言：「假使若有善男子或善女人，於日日分捨施殑伽河沙等自體，如是經殑伽河沙等劫數捨施自體。復有善男子或善女人，於此法門乃至四句伽陀，受持、讀誦、究竟通利，及廣為他宣說、開示、如理作意，由是因緣所生福聚，甚多於前無量無數。」

【姚秦鳩摩羅什譯本】

爾時，須菩提白佛言：「世尊！當何名此經？我等云何奉持？」

佛告須菩提：「是經名為金剛般若波羅蜜，以是名字，汝當奉持。所以者何？須菩提！佛說般若波羅蜜，即非般若波羅蜜，是名般若波羅蜜。須菩提！於意云何？如來有所說法不？」

須菩提白佛言：「世尊！如來無所說。」

「須菩提！於意云何？三千大千世界，所有微塵，是為多不？」

須菩提言：「甚多。世尊！」

「須菩提！諸微塵，如來說非微塵，是名微塵。如來說世界，非世界，是名世界。須菩提，於意云何？可以三十二相見如來不？」

「不也。世尊！不可以三十二相得見如來。何以故？如來說三十二相，即是非相，是名三十二相。」「須菩提！若有善男子、善女人，以恆河沙等身命布施，若復有人，於此經中，乃至受持四句偈等，為他人說，其福甚多！」

【唐義淨譯本】

爾時，妙生聞說是經，深解義趣，涕淚悲泣而白佛言：「希有！世尊！我從生智已來，未曾得聞如是深經。世尊！當何名此經？我等云何奉持？」

佛告妙生：「此經名為般若波羅蜜多，如是應持。何以故？佛說般若波羅蜜多，則非般若波羅蜜多。」

「妙生！於汝意云何？頗有少法是如來所說不？」

妙生言：「不爾，世尊！無有少法是如來所說。」

「妙生！三千大千世界所有地塵，是為多不？」

妙生言：「甚多，世尊！何以故？諸地塵，佛說非塵，故名地塵。此諸世界，佛說非世界，故名世界。」

「妙生！於汝意云何？可以三十二大丈夫相觀如來不？」妙生言：「不爾，世尊！不應以三十二相觀於如來。何以故？三十二相，佛說非相，是故說為大丈夫相。」

「妙生！若有男子女人，以殑伽河沙等身命布施；若復有人，於此經中受持一頌，並為他說，其福勝彼無量無數。」

【作者簡譯】

佛陀說完這段話後，須菩提問：「世尊，我們怎樣稱呼這些經文呢？如何奉持這些教化呢？」

佛陀回答說：「這經文名叫能斷金剛般若波羅蜜多經，你們應該如此牢記在心，因為它已經超越了世俗的智慧，超越了自我，是連金剛都可以切斷的智慧，所以是超越智慧的智慧，名為能斷金剛般若波羅蜜多。」

佛陀問須菩提說：「你覺得如何？須菩提，如來有沒有教導過任何具體的佛法？」

須菩提回答說：「沒有，世尊。」

佛陀問須菩提說：「你覺得如何？須菩提，所有三千大千世界的微塵，是不是很多？」

須菩提回答說：「是很多，世尊。」

佛陀告訴須菩提說：「須菩提，所有微塵，以如來所教導的無常和無我觀點來看，如來不說是微塵，了解這種前提，才是如來所說的微塵。三千大千世界，以如來所教導的無常和無我來看，根本就沒有三千大千世界，了解這種觀點，才是三千大千世界。」

佛陀再問須菩提：「你覺得如何？須菩提，可以憑藉如來特有的三十二種外表相貌來看見如來嗎？」

須菩提回答說：「不能，世尊，不可以用如來特有的三十二種外表相貌來看見如來，為什麼呢？世尊，因為這三十二種外表相貌，以如來所教導，根本就沒有什麼是特有相貌，這才是三十二種外表相貌的真諦。」

佛陀告訴須菩提說：「須菩提，假設有善男子或善女人，一次又一次地捐獻像恆河中沙粒般那麼多的身體或生命在做布施，但若有人相信接受、奉持理解本經文，甚至只有用短短四句偈文向他人宣說開示，其所獲得的福德比前者還多，而且無法衡量、無法計算。」

14 離相寂滅分

【The Diamond Cutter by Edward Conze】

Thereupon the impact of Dharma moved the Venerable Subhuti to tears.

Having wiped away his tears, he thus spoke to the Lord: It is wonderful, Lord, it is exceedingly wonderful, Well-Gone, how well the Tathagata has taught this discourse on Dharma. Through it cognition has been produced in me. Not have I ever before heard such a discourse on Dharma. Most wonderfully blest will be those who, when this Sutra is being taught, will produce a true perception. And that which is true perception, that is indeed no perception.

Therefore the Tathagata teaches, 'true perception, true perceptions'. It is not difficult for me to accept and believe this discourse on Dharma when it is being taught. But those beings who will be in a future period, in the last time, in the last epoch, in the last 500 years, at the time of the collapse of the good doctrine, and who, Lord, will take up this discourse on Dharma, bear it in mind, recite it, study it, and illuminate it in full detail for others, these will be most wonderfully blest. In them, however, no perception of a self will take place, or of a being, a soul, or a person.And why? That, Lord, which is perception of self, that is indeed no perception. That which is perception of a being, a soul or a person, that is indeed no perception. And why? Because the Buddhas, the Lords have left all perceptions behind.

The Lord said: So it is, Subhuti. Most wonderfully blest will be those beings who, on hearing this Sutra, will not tremble, nor be frightened, or terrified.

And why? The Tathagata has taught this as the highest perfection . And what the Tathagata teaches as the highest perfection, that also the innumerable Blessed Buddhas do teach. Therefore is it called the 'highest perfection'.

Moreover, Subhuti, the Tathagata's perfection of patience is really no perfection.

And why? Because, Subhuti, when the king of Kalinga cut my flesh from every limb, at that time I had no perception of a self, of a being, of a soul, or a person.

And why? If, Subhuti, at that time I had had a perception of self, I would also have had a perception of ill-will at that time. And so, if I had had a perception of a being, of a soul, or of a person. With my superknowledge I recall that in the past I have for five hundred births led the life of a sage devoted to patience. Then also have I had no perception of a self, a being, a soul, or a person.

Therefore then, Subhuti, the Bodhi-being, the great being, after he has got rid of all perceptions, should raise his thought to the utmost, right and perfect enlightenment. He should produce a thought which is unsupported by forms, sounds, smells, tastes, touchables, or mind-objects, unsupported by dharma, unsupported by no-dharma, unsupported by anything. And why?

All supports have actually no support. It is for this reason that the Tathagata teaches: By an unsupported Bodhisattva should a gift be given, not by one who is supported by forms, sounds, smells, tastes, touchables, or mind-objects.

And further, Subhuti, it is for the weal of all beings that a Bodhisattva should give gifts in this manner. And why? This perception of a being, Subhuti, that is just a non-perception. Those all-beings of whom the Tathagata has spoken, they are indeed no-beings.

And why? Because the Tathagata speaks in accordance with reality, speaks the truth, speaks of what is, not otherwise. A Tathagata does not speak falsely.

But nevertheless, Subhuti, with regard to that dharma which the Tathagata has fully known and demonstrated, on account of that there is neither truth nor fraud.

In darkness a man could not see anything. Just so should be viewed a Bodhisattva who has fallen among things, and who, fallen among things, renounces a gift.

A man with eyes would, when the night becomes light and the sun has arisen, see manifold forms. Just so should be viewed a Bodhisattva who has not fallen among things, and who, without having fallen among things, renounces a gift.

Furthermore, Subhuti, those sons and daughters of good family who will take up this discourse on Dharma, will bear it in mind, recite, study, and illuminate it in full detail for others, they have been known, Subhuti, by the Tathagata with his Buddha-cognition, they have been seen, Subhuti, by the Tathagata with his Buddha-eye, they have been fully known by the Tathagata. All these beings, Subhuti, will beget and acquire an immeasurable and incalculable heap of merit.

【唐玄奘譯本】

爾時，具壽善現聞法威力悲泣墮淚，俛仰捫淚而白佛言：「甚奇希有！世尊！最極希有！善逝！如來今者所說法門，普為發趣最上乘者作諸義利，普為發趣最勝乘者作諸義利。世尊！我昔生智以來，未曾得聞如是法門。世尊！若諸有情聞說如是甚深經典生真實想，當知成就最勝希有。

何以故？世尊！諸真實想真實想者，如來說為非想，是故如來說名真實想真實想。世尊！我今聞說如是法門，領悟、信解未為希有。若諸有情於當來世，後時、後分、後五百歲，正法將滅時分轉時，當於如是甚深法門，領悟、信解、受持、讀誦、究竟通利，及廣為他宣說、開示、如理作意，當知成就最勝希有。何以故？世尊！彼諸有情無我想轉，無有情想、無命者想、無士夫想、無補特伽羅想、無意生想、無摩納婆想、無作者想、無受者想轉。

所以者何？世尊！諸我想即是非想，諸有情想、命者想、士夫想、補特伽羅想、意生想、摩納婆想、作者想、受者想即是非想。何以故？諸佛

世尊離一切想。」

　　作是語已。爾時，世尊告具壽善現言：「如是，如是。善現！若諸有情聞說如是甚深經典，不驚、不懼、無有怖畏，當知成就最勝希有。何以故？善現！如來說最勝波羅蜜多，謂般若波羅蜜多。善現！如來所說最勝波羅蜜多，無量諸佛世尊所共宣說，故名最勝波羅蜜多。如來說最勝波羅蜜多即非波羅蜜多，是故如來說名最勝波羅蜜多。

　　復次，善現！如來說忍辱波羅蜜多即非波羅蜜多，是故如來說名忍辱波羅蜜多。

　　何以故？善現！我昔過去世曾為羯利王斷肢節肉，我於爾時都無我想、或有情想、或命者想、或士夫想、或補特伽羅想、或意生想、或摩納婆想、或作者想、或受者想，我於爾時都無有想亦非無想。

　　何以故？善現！我於爾時若有我想，即於爾時應有恚想；我於爾時若有有情想、命者想、士夫想、補特伽羅想、意生想、摩納婆想、作者想、受者想，即於爾時應有恚想。

　　何以故？善現！我憶過去五百生中，曾為自號忍辱仙人，我於爾時都無我想、無有情想、無命者想、無士夫想、無補特伽羅想、無意生想、無摩納婆想、無作者想、無受者想，我於爾時都無有想亦非無想。是故，善現！菩薩摩訶薩遠離一切想，應發阿耨多羅三藐三菩提心，不住於色應生其心，不住非色應生其心；不住聲、香、味、觸、法應生其心，不住非聲、香、味、觸、法應生其心，都無所住應生其心。

　　何以故？善現！諸有所住則為非住。是故如來說諸菩薩應無所住而行布施，不應住色、聲、香、味、觸、法而行布施。

　　復次，善現！菩薩摩訶薩為諸有情作義利故，應當如是棄捨布施。何以故？善現！諸有情想即是非想；一切有情，如來即說為非有情。善現！如來是實語者、諦語者、如語者、不異語者。

　　復次，善現！如來現前等所證法、或所說法、或所思法，即於其中非諦非妄。

　　善現！譬如士夫入於暗室，都無所見，當知菩薩若墮於事，謂墮於事而行布施，亦復如是。

　　善現！譬如明眼士夫，過夜曉已，日光出時，見種種色，當知菩薩不墮於事，謂不墮事而行布施，亦復如是。

　　復次，善現！若善男子或善女人於此法門受持、讀誦、究竟通利，及廣為他宣說、開示、如理作意，則為如來以其佛智悉知是人，則為如來以其佛眼悉見是人，則為如來悉覺是人，如是有情一切當生無量福聚。」

【姚秦鳩摩羅什譯本】

　　爾時，須菩提，聞說是經，深解義趣，涕淚悲泣，而白佛言：「希有！世尊。佛說如是甚深經典，我從昔來，所得慧眼，未曾得聞如是之經。世尊！若復有人，得聞是經，信心清淨，即生實相。當知是人，成就第一希有功德。世尊！是實相者，則是非相，是故如來說名實相。

　　世尊！我今得聞如是經典，信解受持，不足為難，若當來世，後五百歲，其有眾生，得聞是經，信解受持，是人則為第一希有。何以故？此人無我相、人相、眾生相、壽者相，所以者何？我相，即是非相；人相、眾生相、壽者相，即是非相。何以故？離一切諸相，則名諸佛。」

　　佛告須菩提：「如是，如是！若復有人，得聞是經，不驚、不怖、不畏，當知是人，甚為希有。何以故？須菩提！如來說第一波羅蜜，即非第一波羅蜜，是名第一波羅蜜。須菩提！忍辱波羅蜜，如來說非忍辱波羅蜜，是名忍辱波羅蜜。

　　何以故？須菩提！如我昔為歌利王割截身體，我於爾時，無我相、無人相、無眾生相，無壽者相。何以故？我於往昔節節支解時，若有我相、人相、眾生相、壽者相，應生瞋恨。須菩提！又念過去，於五百世，作忍辱仙人，於爾所世，無我相、無人相、無眾生相、無壽者相。是故，須菩提！菩薩應離一切相，發阿耨多羅三藐三菩提心，不應住色生心，不應住聲、香、味、觸、法生心，應生無所住心。若心有住，即為非住。

是故佛說菩薩心，不應住色布施。須菩提！菩薩為利益一切眾生故，應如是布施。如來說一切諸相，即是非相；又說一切眾生，即非眾生。須菩提！如來是真語者、實語者、如語者、不誑語者、不異語者。須菩提！如來所得此法，此法無實無虛。

　　須菩提！若菩薩心住於法，而行布施，如人入闇，則無所見。若菩薩心不住法，而行布施，如人有目，日光明照，見種種色。須菩提！當來之世，若有善男子、善女人，能於此經，受持讀誦，則為如來，以佛智慧，悉知是人，悉見是人，皆得成就，無量無邊功德。」

【唐義淨譯本】

　　「世尊！若復有人，聞說是經生實想者，當知是人最上希有。世尊！此實想者，即非實想，是故如來說名實想實想。世尊！我聞是經，心生信解，未為希有。若當來世，有聞是經，能受持者，是人則為第一希有。何以故？彼人無我想眾生想壽者想更求趣想。所以者何？世尊！我想眾生想壽者想更求趣想，即是非想。所以者何？諸佛世尊離諸想故。」

　　「妙生！如是如是！若復有人，得聞是經，不驚不怖不畏，當知是人第一希有。何以故？妙生！此最勝波羅蜜多，是如來所說諸波羅蜜多。如來說者，即是無邊佛所宣說，是故名為最勝波羅蜜多。」

　　「妙生！如來說忍辱波羅蜜多，即非忍辱波羅蜜多。何以故？如我昔為羯陵伽王割截支體時，無我想眾生想壽者想更求趣想。我無是想，亦非無想。

　　所以者何？我有是想者，應生瞋恨。

　　妙生！又念過去於五百世，作忍辱僊人，我於爾時，無如是等想。是故應離諸想，發趣無上菩提之心，不應住色聲香味觸法，都無所住而生其心；不應住法，不應住非法，應生其心。

　　何以故？若有所住，即為非住。是故佛說菩薩應無所住而行布施。妙生！菩薩為利益一切眾生，應如是布施。

此眾生想，即為非想；彼諸眾生，即非眾生。何以故？諸佛如來離諸想故。妙生！如來是實語者，如語者，不誑語者，不異語者。妙生！如來所證法及所說法，此即非實非妄。

妙生！若菩薩心，住於事而行布施，如人入闇，則無所見。若不住事而行布施，如人有目，日光明照，見種種色，是故菩薩不住於事應行其施。妙生！若有善男子善女人。能於此經受持讀誦，為他演說，如是之人，佛以智眼悉知悉見，當生當攝無量福聚。」

【作者簡譯】

在那時，須菩提聽聞佛陀深奧佛法的衝擊後，掉下了眼淚，於是須菩提在擦去了眼淚後向佛陀說：「太奇妙、太稀有了，世尊，如來今天所為我們宣說的法門，實在是發願學習大乘佛法中最至上的心法，實在是發心菩薩道中最上乘的心法啊，世尊，我從過去開始學習智識至今，從未聽聞過如此深奧的佛法，世尊，如果有人聽聞此經文內容，能信解奉持，能生清淨心，那麼這個人必當成就至高而且稀有的功德。為什麼呢？世尊，因為所有所謂真實的覺知，其實就是不帶有任何的執著和概念，任何具有執著和概念的覺知，都不是真正的覺知，這才是如來所說的真實覺知。

世尊，我今天聽聞如此高深佛法，不難接受、相信和奉持，在未來、在千百年後，在佛法衰頹的年代，若有眾生聽聞此經時，也能夠相信、理解、接受和奉持，那麼這個人將是最稀有殊勝的人，會得到完美的福德。為什麼呢？因為這個人已經沒有執著自我的想法，沒有存在的想法、沒有人的想法、沒有一種好像自己會持續下去這種概念的想法、沒有眾生的想法，怎麼說呢？那些自我的執著都是不真實的想法，人的想法、眾生的想法也都是不真實的想法。為什麼呢？因為諸佛菩薩都拋離一切不真實的想法。」

須菩提說完這段話後，佛陀接著說：「正是如此啊，須菩提，未來若有人聽聞如此高深經典內容，能不驚訝害怕、不顫抖、不感覺恐怖畏懼，

那麼必須知道這個人將會成就最稀有的殊勝。為什麼呢？須菩提，如來說最至高無上的智慧即是超越所有智慧的智慧，即是般若智慧，須菩提，如來所說最至高無上的智慧，也是諸佛世尊所共說的智慧，如來所說最高的智慧即是沒有自我、超越一般世俗智慧的智慧，所以如來說是最高的智慧。

　　為什麼呢？須菩提，我曾在過去的某前世裡被歌利王斷肢截肉，我在那個時候完全沒有自我的想法，沒有人的想法、沒有眾生的想法、也沒有一種好像自己會持續下去這種概念的想法。為什麼呢？我若在那前世被斷肢截肉時有自我的想法、人的想法、眾生的想法、好像自己會持續下去的想法，就會有自我的執著，升起瞋恨之心。

　　須菩提，我回憶過去五百世中，曾經自號為忍辱仙人，我在當時都沒有自我的想法、人的想法、眾生的想法、好像自己會持續下去的想法，所以說，須菩提，做為一個菩薩應該擺脫所有的想法，這樣才能引導思想到達無比的極致、正確和完美的境界，應該秉持一種不執著於任何物質與形體的覺知，也不執著於聲音、氣味、味道、感覺、事理的覺知，不執著於佛法，也不執著於非佛法的覺知，應該產生一種不執著於任何事物的覺知。

　　為什麼呢？須菩提，所有的執著都不是安住，所以如來才說做為一位菩薩，在發心布施的時候，不應該執著於任何事物，不應該執著於任何聲音、氣味、味道、感覺和事理而行布施。進一步說，須菩提，菩薩為造福一切有情眾生，應當秉持著這種完全沒有自我的態度在行布施。為什麼呢？須菩提，一切帶有自我的想法其實都不是真正的自我，一切有情眾生，如來說事實上都不是有情眾生。

　　為什麼呢？因為如來講的都是實話、真話，都是事實、真理，而不是相反，如來不講假話。但是儘管如此，須菩提，如來所證悟及宣說的佛法，既不是真實，也不是虛假。

　　譬如一個人進入暗室，什麼也看不見，如果一位菩薩在布施時，執著

於事務，心墮於人和事務之間，就會如同進入暗室一樣，什麼也看不見。當夜晚變成白天，當陽光升起之時，他自然可以看見種種東西，當一位菩薩在布施時，不執著於事務，心思不墮入於人和事務之間，那麼他自然就會看見各種東西。

　　還有，須菩提，若有善男子、善女人，對此經文能奉持、接受、讀誦，並廣為他人宣說、詳盡深入開示細節，他們將會完全被知曉、被看見，須菩提，如來透過佛的智慧可以看見他們，如來透過佛眼可以完全知曉他們，並且這些有情眾生，也都會獲得不可計量和無法衡量的福德。」

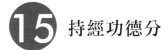 **持經功德分**

【The Diamond Cutter by Edward Conze】

And if, Subhuti, a woman or man should renounce in the morning all their belongings as many times as there are grains of sand in the river Ganges, and if they should do likewise at noon and in the evening, and if in this way they should renounce all their belongings for many hundreds of thousands of millions of milliards of aeons; and someone else, on hearing this discourse on Dharma, would not reject it; then the latter would on the strength of that beget a greater heap of merit, immeasurable and incalculable. What then should we say of him who, after writing it, would learn it, bear it in mind, recite, study and illuminate it in full detail for others?

Moreover, Subhuti, unthinkable and incomparable is this discourse on Dharma. The Tathagata has taught it for the weal of beings who have set out in the best, in the most excellent vehicle. Those who will take up this discourse on Dharma, bear it in mind, recite, study and illuminate it in full detail for others, the Tathagata has known them with his Buddha-cognition, the Tathagata has seen them with his Buddha-eye, the Tathagata has fully known them. All these beings, Subhuti, will be blest with an immeasurable heap of merit, they will be blest with a heap of merit unthinkable, incomparable, measureless and illimitable. All these beings, Subhuti, will carry along an equal share of enlightenment.

And why? Because it is not possible, Subhuti, that this discourse on Dharma could be heard by beings of inferior resolve, nor by such as have a self in view, a being, a soul, or a person. Nor can beings who have not taken the pledge of Bodhi-beings either hear this discourse on Dharma, or take it up, bear it in mind, recite or study it. That cannot be.

Moreover, Subhuti, the spot of earth where this Sutra will be revealed, that spot of earth will be worthy of worship by the whole world with its Gods, men and Asuras, worthy of being saluted respectfully, worthy of being honored by circumambulation, like a shrine will be that spot of earth.

【唐玄奘譯本】

「復次,善現!假使善男子或善女人,日初時分以殑伽河沙等自體布施,日中時分復以殑伽河沙等自體布施,日後時分亦以殑伽河沙等自體布施,由此法門,經於俱胝那庾多百千劫以自體布施。若有聞說如是法門,不生誹謗,由此因緣所生福聚,尚多於前無量無數,何況能於如是法門具足畢竟、書寫、受持、讀誦、究竟通利,及廣為他宣說、開示、如理作意!」

「復次,善現!如是法門不可思議、不可稱量,應當希冀不可思議所感異熟。善現!如來宣說如是法門,為欲饒益趣最上乘諸有情故,為欲饒益趣最勝乘諸有情故。善現!若有於此法門受持、讀誦、究竟通利,及廣為他宣說、開示、如理作意,即為如來以其佛智悉知是人,即為如來以其佛眼悉見是人,則為如來悉覺是人。如是有情一切成就無量福聚,皆當成

就不可思議、不可稱量無邊福聚。善現！如是一切有情，其肩荷擔如來無上正等菩提。

何以故？善現！如是法門非諸下劣信解有情所能聽聞，非諸我見、非諸有情見、非諸命者見、非諸士夫見、非諸補特伽羅見、非諸意生見、非諸摩納婆見、非諸作者見、非諸受者見所能聽聞。此等若能受持、讀誦、究竟通利，及廣為他宣說、開示、如理作意，無有是處。

復次，善現！若地方所聞此經典，此地方所當為世間諸天及人、阿素洛等之所供養、禮敬、右遶如佛靈廟。」

【姚秦鳩摩羅什譯本】

「須菩提！若有善男子、善女人，初日分，以恆河沙等身布施；中日分，復以恆河沙等身布施；後日分，亦以恆河沙等身布施，如是無量百千萬億劫，以身布施。若復有人，聞此經典，信心不逆，其福勝彼。何況書寫、受持、讀誦、為人解說。

須菩提！以要言之，是經有不可思議，不可稱量，無邊功德，如來為發大乘者說，為發最上乘者說，若有人能受持讀誦、廣為人說，如來悉知是人、悉見是人，皆得成就不可量、不可稱、無有邊、不可思議功德，如是人等，即為荷擔如來，阿耨多羅三藐三菩提。

何以故？須菩提！若樂小法者，著我見、人見、眾生見、壽者見，則於此經，不能聽受、讀誦、為人解說。須菩提！在在處處，若有此經，一切世間，天、人、阿修羅，所應供養，當知此處，則為是塔，皆應恭敬，作禮圍遶，以諸華香而散其處。」

【唐義淨譯本】

「妙生！若有善男子善女人，初日分以殑伽河沙等身布施，中日分復以殑伽河沙等身布施，後日分亦以殑伽河沙等身布施，如是無量百千萬億劫，以身布施。若復有人，聞此經典，不生毀謗，其福勝彼，何況書寫受

持讀誦，為人解說。

妙生！是經有不可思議不可稱量無邊功德，如來為發大乘者說，為發最上乘者說。若有人能受持讀誦，廣為他說，如來悉知悉見是人，皆得成就不可量不可稱不可思議福業之聚。當知是人，則為以肩荷負如來無上菩提。

何以故？妙生！若樂小法者，則著我見眾生見壽者見更求趣見，是人若能讀誦受持此經，無有是處。

妙生！所在之處，若有此經，當知此處，則是制底，一切世間天人阿蘇羅，所應恭敬，作禮圍繞，以諸香華供養其處。」

【作者簡譯】

須菩提，若有善男子、善女人，在上午的時候捐獻他所有的財產去布施，次數像恆河中所有沙粒那麼多次，下午時候，又是恆河沙粒那麼多次數在布施，晚上時刻，也是次數像恆河沙粒那麼多次在布施，如此將自己所有財產在無法計量的百千億劫中，每天都用此種方式在布施，另有一個人，聽聞此經典時，能接受而不會拒絕，那麼這個人的福報要勝過剛才那種無量布施。更何況如果有人能書寫、學習、緊記在心、讀誦、研究、詳為他人宣說、開示。

還有，須菩提，這部經典有不可思議和無量無邊功德，是如來為發願成就最上乘的菩薩、為發願成就最殊勝的菩薩所宣說，須菩提，如果有人能奉持此經典並且牢記在心、背誦、學習，並廣為他人詳說細節，如來以他的佛智慧會知道他們，如來以他的佛眼會看到他們，如來會完全了解他們，這些人會成就無量福德，皆會獲得無法計量、不可思議、無邊無量的福德，而這些人也都好像肩負著啟蒙般若無上智慧的重擔。

為什麼呢？須菩提，這些經文是不可能被低俗信解的人所聽到，也不可能被有自我想法的人、有存在想法的人、有好像自己會持續下去想法的人、有人想法的人所了解，這些人不可能對這些經文奉持信解，甚至書

寫、採用、牢記在心、背誦、研究，並廣為他人宣說、開示，這些都是不可能的。

　　還有，須菩提，在任何聽聞到此經典的地方，這個地方即是一切諸天、神、人、阿修羅所應該恭敬之處，這地方即應該像塔廟一般，值得被行禮供養，值得被榮耀圍繞。」

 能淨業障分

【The Diamond Cutter by Edward Conze】

And yet Subhuti, those sons and daughters of good family, who will take up these very Sutras, and will bear them in mind, recite and study them, they will be humbled, well humbled they will be!

And why? The impure deeds which these beings have done in their former lives, and which are liable to lead them into the states of woe, in this very life they will, by means of that humiliation, annul those impure deeds of their former lives, and they will reach the enlightenment of a Buddha.

With my superknowledge, Subhuti, I recall that in the past period, long before Dipankara, the Tathagata, Arhat, fully Enlightened One, during incalculable, quite incalculable aeons, I gave satisfaction by loyal service to 84,000 million milliards of Buddhas, without ever becoming again estranged from them. But the heap of merit, Subhuti, from the satisfaction I gave to those Buddhas and Lords without again becoming estranged from them compared with the heap of merit of those who in the last time, the last epoch, the last five hundred years, at the time of the collapse of the good doctrine, will take up these very Sutras, bear them in mind, recite and study them, and will illuminate them in full detail for others, it does not approach one hundredth part, not one thousandth part, nor a one hundred thousandth part, not a ten millionth part, nor a one hundred millionth part, nor a 100,000 millionth part. It does not bear number, nor fraction, nor counting, nor similarity, nor comparison, nor resemblance.

If moreover, Subhuti, I were to teach, the heap of merit of those sons and daughters of good family, and how great a heap of merit they will at that time beget and acquire, beings would become frantic and confused. Since, however, Subhuti, the Tathagata has taught this discourse on Dharma as unthinkable, so just an unthinkable karma result should be expected from it.

【唐玄奘譯本】

「復次，善現！若善男子或善女人於此經典受持、讀誦、究竟通利，及廣為他宣說、開示、如理作意，若遭輕毀、極遭輕毀。

所以者何？善現！是諸有情宿生所造諸不淨業應感惡趣，以現法中遭輕毀故，宿生所造諸不淨業皆悉消盡，當得無上正等菩提。

何以故？善現！我憶過去於無數劫復過無數，於然燈如來、應、正等覺先，復過先，曾值八十四俱胝那庾多百千諸佛，我皆承事。既承事已，皆無違犯。善現！我於如是諸佛世尊皆得承事，既承事已，皆無違犯；若諸有情，後時、後分、後五百歲，正法將滅時分轉時，於此經典受持、讀誦、究竟通利，及廣為他宣說、開示、如理作意。善現！我先福聚於此福聚，百分計之所不能及，如是千分、若百千分、若俱胝百千分、若俱胝那庾多百千分、若數分、若計分、若算分、若喻分、若鄔波尼殺曇分亦不能及。

善現！我若具說當於爾時是善男子或善女人所生福聚，乃至是善男子或善女人所攝福聚，有諸有情則便迷悶，心或狂亂。是故，善現！如來宣說如是法門不可思議、不可稱量，應當希冀不可思議所感異熟。」

【姚秦鳩摩羅什譯本】

復次：「須菩提！善男子、善女人，受持、讀誦此經，若為人輕賤，是人先世罪業，應墮惡道。以今世人輕賤故，先世罪業，則為消滅，當得阿耨多羅三藐三菩提。

須菩提！我念過去無量阿僧祇劫，於燃燈佛前，得值八百四千萬億那由他諸佛，悉皆供養承事，無空過者。若復有人，於後末世，能受持、讀誦此經，所得功德，於我所供養諸佛功德，百分不及一，千萬億分，乃至算數譬喻所不能及。

須菩提！若善男子、善女人，於後末世，有受持、讀誦此經，所得功德，我若具說者，或有人聞，心則狂亂，狐疑不信。須菩提！當知是經義不可思議，果報亦不可思議。」

【唐義淨譯本】

「妙生！若有善男子善女人，於此經典受持讀誦演說之時，或為人輕辱。何以故？妙生！當知是人，於前世中造諸惡業，應墮惡道，由於現在得遭輕辱，此為善事，能盡惡業，速至菩提故。

妙生！我憶過去過無數劫，在然燈佛先，得值八十四億那庾多佛，悉皆供養承事，無違背者。若復有人，於後五百歲正法滅時，能於此經受持讀誦，解其義趣，廣為他說，所得功德，以前功德比此功德，百分不及一，千萬億分算分勢分比數分因分，乃至譬喻亦不能及。

妙生！我若具說受持讀誦此經功德，或有人聞，心則狂亂，疑惑不信。妙生！當知是經不可思議，其受持者，應當希望不可思議所生福聚。」

【作者簡譯】

還有，須菩提，如果有人重視此經文，銘記在心、背誦和研究此經文，卻還是遭人輕視和屈辱，這是為什麼呢？因為這些眾生在他的前世

裡，做了一些不潔淨的事蹟，而這些不潔淨的事蹟會榮辱與共地跟隨著他們，因此藉由被輕視和屈辱回報在今世中而沒有墮入極惡報應，但他們前世裡所做的一些不潔淨的事蹟，也都因此被滅除了，並且得到佛法的深深啟示。

須菩提，我以佛的智慧回想起我的過去生，在無數、無量的億萬年中，我曾於燃燈佛前，忠實地供養服侍八百四十億無數量佛，從不曾疏忽懈怠，但是須菩提，比起未來、或五百年後、更久遠的未來、甚至佛法教義崩潰的年代，如果有人能對此經書寫、學習、銘記在心、讀誦、研究、詳為他人宣說、開示經文細節，那麼即使是我那樣的功德，還不及此人功德的百分之一、千分之一、十萬分之一、千萬分之一、億萬分之一、千億萬分之一，甚至沒有辦法計算，沒有任何相似之處，也完全無從比較。

還有，須菩提，我若將此善男子、善女人因受持信解此經，並廣為他人宣說、開示，所會招致、獲得的福報詳盡說明，恐怕眾生會變得瘋狂、迷亂而無法相信，可是，須菩提，如來所宣說教導的這部經文教義，確實是不可思議，會使人獲得的福報也真的不可思議。」

17 究竟無我分

【The Diamond Cutter by Edward Conze】

Subhuti asked: How, Lord, should one set out in the Bodhisattva-vehicle stand, how progress, how control his thoughts?

The Lord replied: Here, Subhuti, someone who has set out in the Bodhisattva-vehicle should produce a thought in this manner: 'all beings I must lead to Nirvana, into that Realm of Nirvana which leaves nothing behind; and yet, after beings have thus been led to Nirvana, no being at all has been led to Nirvana'.

And why? If in a Bodhisattva the notion of a 'being' should take place, he could not be called a 'Bodhi-being'. And likewise if the notion of a soul, or a person should take place in him. And why? He who has set out in the Bodhisattva-vehicle he is not one of the dharmas.

What do you think Subhuti, is there any dharma by which the Tathagata, when he was with Dipankara the Tathagata, has fully known the utmost, right and perfect enlightenment?

Subhuti replied: There is not any dharma by which the Tathagata, when he was with the Tathagata Dipankara, has fully known the utmost, right and perfect enlightenment.

The Lord said: It is for this reason that the Tathagata Dipankara then predicted of me: 'You, young Brahmin, will be in a future period a Tathagata, Arhat, fully Enlightened, by the name of Shakyamuni!'

And why? 'Tathagata', Subhuti, is synonymous with true Suchness .And whosoever, Subhuti, were to say, 'The Tathagata has fully known the utmost, right and perfect enlightenment', he would speak falsely. And why? There is not any dharma by which the Tathagata has fully known the utmost, right and perfect enlightenment. And that dharma which the Tathagata has fully known and demonstrated, on account of that there is neither truth nor fraud.

Therefore the Tathagata teaches, all dharmas are the Buddha's own and special dharmas'. And why? 'All-dharmas', Subhuti, have as no-dharmas been taught by the Tathagata. Therefore all dharmas are called the Buddha's own and special dharmas.

Just as a man, Subhuti, might be endowed with a body, a huge body. Subhuti said: That man of whom the Tathagata spoke as 'endowed with a body, a huge body', as a no-body he has been taught by the Tathagata. Therefore is he called, 'endowed with a body, a huge body'.

The Lord said: So it is, Subhuti. The Bodhisattva who would say, I will lead beings to Nirvana', he should not be called a 'Bodhi-being'.

And why? Is there, Subhuti, any dharma named 'Bodhi-being'? Subhuti replied: No indeed, Lord. The Lord said: Because of that the Tathagata teaches, 'selfless are all dharmas, they have not the character of living beings, they are without a living soul, without personality'.

If any Bodhisattva should say, 'I will create harmonious Buddhafields', he likewise should not be called a Bodhi-being.

And why? 'The harmonies of Buddhafields, the harmonies of Buddhafields', Subhuti, as no-harmonies have they been taught by the Tathagata. Therefore he spoke of 'harmonious Buddhafields'. The Bodhisattva, however, Subhuti, who is intent on 'without self are the dharmas, without self are the dharmas', him the Tathagata, the Arhat, the fully Enlightened One has declared to be a Bodhi-being, a great being.

【唐玄奘譯本】

爾時，具壽善現復白佛言：「世尊！諸有發趣菩薩乘者，應云何住？云何修行？云何攝伏其心？」

佛告善現：「諸有發趣菩薩乘者，應當發起如是之心：『我當皆令一切有情，於無餘依妙涅槃界而般涅槃，雖度如是一切有情，令滅度已，而無有情得滅度者。』何以故？善現！若諸菩薩摩訶薩有情想轉，不應說名菩薩摩訶薩。所以者何？若諸菩薩摩訶薩不應說言有情想轉，如是命者想、士夫想、補特伽羅想、意生想、摩納婆想、作者想、受者想轉，當知亦爾。何以故？善現！無有少法名為發趣菩薩乘者。」

佛告善現：「於汝意云何？如來昔於然燈如來、應、正等覺所，頗有少法能證阿耨多羅三藐三菩提不？」

作是語已。具壽善現白佛言：「世尊！如我解佛所說義者，如來昔於然燈如來、應、正等覺所，無有少法能證阿耨多羅三藐三菩提。」說是語

已。佛告具壽善現言：「如是，如是。善現！如來昔於然燈如來、應、正等覺所，無有少法能證阿耨多羅三藐三菩提。

何以故？善現！如來昔於然燈如來、應、正等覺所，若有少法能證阿耨多羅三藐三菩提者，然燈如來、應、正等覺不應授我記言：『汝摩納婆於當來世，名釋迦牟尼如來、應、正等覺。』善現！以如來無有少法能證阿耨多羅三藐三菩提，是故然燈如來、應、正等覺授我記言：『汝摩納婆於當來世，名釋迦牟尼如來、應、正等覺。』所以者何？善現！言如來者，即是真實、真如增語；言如來者，即是無生、法性增語；言如來者，即是永斷道路增語；言如來者，即是畢竟不生增語。何以故？善現！若實無生，即最勝義。

善現！若如是說如來、應、正等覺能證阿耨多羅三藐三菩提者，當知此言為不真實。所以者何？善現！由彼謗我起不實執。何以故？善現！無有少法，如來、應、正等覺能證阿耨多羅三藐三菩提。

善現！如來現前等所證法，或所說法，或所思法，即於其中非諦非妄，是故如來說一切法皆是佛法。善現！一切法一切法者，如來說非一切法，是故如來說名一切法一切法。」

佛告善現：「譬如士夫具身大身。」

具壽善現即白佛言：「世尊！如來所說士夫具身大身，如來說為非身，是故說名具身大身。」

佛言：「善現！如是，如是。若諸菩薩作如是言：『我當滅度無量有情。』是則不應說名菩薩。何以故？善現！頗有少法名菩薩不？」

善現答言：「不也，世尊！無有少法名為菩薩。」佛告善現：「有情有情者，如來說非有情，故名有情，是故如來說一切法無有有情、無有命者、無有士夫、無有補特伽羅等。

善現！若諸菩薩作如是言：『我當成辦佛土功德莊嚴。』亦如是說。

何以故？善現！佛土功德莊嚴佛土功德莊嚴者，如來說非莊嚴，是故如來說名佛土功德莊嚴佛土功德莊嚴。善現！若諸菩薩於無我、法無我、

法深信解者，如來、應、正等覺說為菩薩菩薩。」

【姚秦鳩摩羅什譯本】

爾時，須菩提白佛言：「世尊，善男子、善女人，發阿耨多羅三藐三菩提心，云何應住？云何降伏其心？」

佛告須菩提：「善男子、善女人，發阿耨多羅三藐三菩提心者，當生如是心：我應滅度一切眾生；滅度一切眾生已，而無有一眾生實滅度者，何以故？須菩提，若菩薩有我相、人相、眾生相、壽者相，則非菩薩。所以者何？須菩提！實無有法，發阿耨多羅三藐三菩提心者。

須菩提！於意云何？如來於燃燈佛所，有法得阿耨多羅三藐三菩提不？」

「不也。世尊！如我解佛所說義，佛於燃燈佛所，無有法得阿耨多羅三藐三菩提。」

佛言：「如是！如是！須菩提！實無有法，如來得阿耨多羅三藐三菩提。

須菩提！若有法如來得阿耨多羅三藐三菩提者，燃燈佛即不與我授記：『汝於來世，當得作佛，號釋迦牟尼。』以實無有法，得阿耨多羅三藐三菩提，是故燃燈佛與我授記，作是言：『汝於來世，當得作佛，號釋迦牟尼。』何以故？如來者，即諸法如義。若有人言：如來得阿耨多羅三藐三菩提，須菩提！實無有法，佛得阿耨多羅三藐三菩提。須菩提！如來所得阿耨多羅三藐三菩提，於是中無實無虛。是故如來說一切法，皆是佛法。

須菩提！所言一切法者，即非一切法，是故名一切法。須菩提！譬如人身長大。」

須菩提言：「世尊！如來說人身長大，則為非大身，是名大身。」

「須菩提！菩薩亦如是。若作是言：『我當滅度無量眾生。』則不名菩薩。何以故？須菩提！實無有法，名為菩薩。是故佛說：『一切法，無

我、無人、無眾生、無壽者。』

　　須菩提！若菩薩作是言：『我當莊嚴佛土。』是不名菩薩。何以故？如來說莊嚴佛土者，即非莊嚴，是名莊嚴。須菩提！若菩薩通達無我法者，如來說名真是菩薩。」

【唐義淨譯本】

　　復次，妙生白佛言：「世尊！若有發趣菩薩乘者。應云何住？云何修行？云何攝伏其心？」

　　佛告妙生：「若有發趣菩薩乘者，當生如是心：我當度脫一切眾生，悉皆令入無餘涅槃。雖有如是無量眾生證於圓寂，而無有一眾生證圓寂者。

　　何以故？妙生！若菩薩有眾生想者，則不名菩薩。所以者何？妙生！實無有法，可名發趣菩薩乘者。

　　妙生！於汝意云何？如來於然燈佛所，頗有少法是所證不？」

　　妙生言：「如來於然燈佛所，無法可證，而得菩提。」

　　佛言：「如是，如是。妙生！實無有法，如來於然燈佛所，有所證悟，得大菩提。若證法者，然燈佛則不與我授記：『摩納婆！汝於來世，當得作佛，號釋迦牟尼。』以無所得故，然燈佛與我授記，當得作佛，號釋迦牟尼。何以故？妙生！言如來者，即是實性真如之異名也。

　　妙生！若言如來證得無上正等覺者，是為妄語。何以故？實無有法如來證得無上正覺。妙生！如來所得正覺之法，此即非實非虛。是故佛說，一切法者，即是佛法。

　　妙生！一切法、一切法者，如來說為非法，是故如來說一切法者，即是佛法。

　　妙生！譬如丈夫，其身長大。」

　　妙生言：「世尊！如來說為大身者，即說為非身，是名大身。」

　　佛告妙生：「如是，如是。若菩薩作是語：『我當度眾生令寂滅

者。』則不名菩薩。妙生！頗有少法名菩薩不？」

答言：「不爾，世尊！」「妙生！是故如來說一切法，無我無眾生無壽者無更求趣。

妙生！若有菩薩言：『我當成就佛土嚴勝、佛土嚴勝者，如來說為非是嚴勝，是故如來說為嚴勝。妙生！若有信解一切法無性、一切法無性者，如來說名真是菩薩菩薩。』」

【作者簡譯】

這時，須菩提問佛陀：「所以說，世尊，如果有世間的善男子、善女人發心走向菩薩道，應該如何自處？如何精進修行？如何降伏妄心？」

佛陀告訴須菩提：「所有世間的善男子、善女人發心走向菩薩道，應該生起這樣的心：我應該渡化一切有情眾生到無餘涅槃的境界，然而當一切有情眾生都被渡化到無餘涅槃的境界時，在自我的認知上，事實上並沒有眾生被渡化到無餘涅槃的境界。

為什麼呢？如果一個菩薩有自我的想法，就不能被稱為一個真正的菩薩。同樣地，菩薩也不應該有存在的想法、好像自己會持續下去的想法、有人的想法、有眾生的想法，為什麼呢？須菩提，世上並沒有什麼真理法則叫做行菩薩道。

你覺得如何，須菩提，如來過去在燃燈佛那裡，有得到什麼真理法則可以證得無上正等正覺的佛法嗎？」

須菩提回答：「沒有，世尊，就我所理解佛陀的教說，世上並沒有什麼特別方法、法則，可以證得無上正等正覺的佛法。」（如來所證得或顯示的法都是不能夠被抓住，不能夠用談論來理解的，他只是需要放棄自我的執著，需要自己去自我覺知，而不是一種『得到』。）

佛陀說：「正是如此，須菩提，我過去在燃燈佛那裡，並沒有學到什麼特別方法，可以直接證得無上正等正覺的佛法。如果真有特別方法可以讓如來直接證得無上正等正覺的佛法，燃燈佛就不會預說：『你將於來

世做佛，法號釋迦牟尼』，確實是沒有什麼真理法則或特別方法，可以讓人直接證得無上正等正覺的佛法，所以燃燈佛才會預說：『你將於來世做佛，法號釋迦牟尼』。

為什麼這樣說呢？須菩提，所謂如來，本不能用言語或文字來言說，但為方便舉例譬喻，如來就是真實如是的方便說；所謂如來，就是無從生起、本自俱在的方便說；所謂如來，就是勇斷自我存在想法的方便說；所謂如來，就是自性本無生滅的方便說。怎麼說呢？須菩提，如實的本性，清靜無為，不被任何執著所抓住，就是如來最貼近的義理。

若有人說：如來證得至高無上的、最正確的、最完美的覺悟，這是不真實的言語，須菩提，實在沒有什麼方法如來能證得至高無上的、最正確的、最完美的覺悟。

須菩提，先前如來所證得、所說的至高無上的、最正確的、最完美的覺悟，其實都是言辭方便的說明，就如來自性而言，既不是真實，也不是虛妄，所以如來說：一切法都可以成就佛法。須菩提，言說所謂的一切法，如來說都不是真正的一切法，理解這點，才是如來說的一切法。須菩提，譬如說一個人具有高大身體……」

須菩提此時回應佛陀說：「世尊，對一個人具有高大身體來說，其實本質是緣起性空，虛妄不實，這才是如來說一個人具有高大身體的真意。」

佛陀說：「正是啊，須菩提，若有菩薩這樣說：『我當度化無量的有情眾生到涅槃的境界』，如此就不能稱為菩薩，為什麼呢？須菩提，你覺得有什麼具體的真理法則，可以稱做為菩薩的嗎？」

須菩提回答：「沒有，世尊，確實沒有什麼具體的真理法則可以稱為菩薩。」

佛陀告訴須菩提說：「所以說一切法都不應該存有執著自我的想法、存在的想法、好像自己會持續下去的想法、人的想法、佛法的想法、非佛法的想法、覺知或非覺知的想法。

須菩提，如果菩薩這樣說：『我將會創造出莊嚴和諧的佛境』，那一定是講的不真實，為什麼呢？如來並沒有教導過任何的莊嚴和諧，可以用言語形容的所謂莊嚴和諧佛境，都不是莊嚴和諧的佛境，須菩提，如果有菩薩身深刻了解一切法無我的真實意義，如來會說這是名真正的菩薩。」

18 一體同觀分

【The Diamond Cutter by Edward Conze 】

What do you think, Subhuti, does the fleshly eye of the Tathagata exist? Subhuti replied: So it is, Lord, the fleshly eye of the Tathagata does exist.

The Lord asked: What do you think, Subhuti, does the Tathagata's heavenly eye exist, his wisdom eye, his Dharma-eye, his Buddha-eye? Subhuti replied: So it is, Lord, the heavenly eye of the Tathagata does exist, and so does his wisdom eye, his Dharma-eye and his Buddha-eye.

The Lord said: What do you think, Subhuti, has the Tathagata used the phrase, 'as many grains of sand as there are in the great river Ganges'?

Subhuti replied: So it is, Lord, so it is, Well-Gone! The Tathagata has done so.

The Lord asked: What do you think, Subhuti, if there were as many Ganges rivers as there are grains of sand in the great river Ganges, and if there were as many world systems as there are grains of sand in them, would those world systems be many? Subhuti replied: So it is, Lord, so it is, Well-Gone, these world systems would be many.

The Lord said: As many beings as there are in these world systems, of them I know, in my wisdom, the manifold trends of thought. And why? 'Trends of thought, trends of thought', Subhuti, as no trends have they been taught by the Tathagata. Therefore are they called 'trends of thought'. And why? Past thought is not got at; future thought is not got at; present thought is not got at.

【唐玄奘譯本】

佛告善現：「於汝意云何？如來等現有肉眼不？」

善現答言：「如是，世尊！如來等現有肉眼。」

佛言：「善現！於汝意云何？如來等現有天眼不？」

善現答言：「如是，世尊！如來等現有天眼。」

佛言：「善現！於汝意云何？如來等現有慧眼不？」

善現答言：「如是，世尊！如來等現有慧眼。」

佛言：「善現！於汝意云何？如來等現有法眼不？」

善現答言：「如是，世尊！如來等現有法眼。」

佛言：「善現！於汝意云何？如來等現有佛眼不？」

善現答言：「如是，世尊！如來等現有佛眼。」

佛告善現：「於汝意云何？乃至殑伽河中所有諸沙，如來說是沙不？」

善現答言：「如是，世尊！如是，善逝！如來說是沙。」

佛言：「善現！於汝意云何？乃至殑伽河中所有沙數，假使有如是等殑伽河，乃至是諸殑伽河中所有沙數，假使有如是等世界。是諸世界寧為多不？」

善現答言：「如是！世尊！如是！善逝！是諸世界其數甚多。」

佛言：「善現！乃至爾所諸世界中所有有情，彼諸有情各有種種，其心流注我悉能知。何以故？善現！心流注心流注者，如來說非流注，是故如來說名心流注心流注。所以者何？善現！過去心不可得，未來心不可得，現在心不可得。」

【姚秦鳩摩羅什譯本】

「須菩提！於意云何？如來有肉眼不？」「如是，世尊！如來有肉

眼。」

　　「須菩提！於意云何？如來有天眼不？」「如是，世尊！如來有天眼。」

　　「須菩提！於意云何？如來有慧眼不？」「如是，世尊！如來有慧眼。」

　　「須菩提！於意云何？如來有法眼不？」「如是，世尊！如來有法眼。」

　　「須菩提！於意云何？如來有佛眼不？」「如是，世尊！如來有佛眼。」

　　「須菩提！於意云何？如恆河中所有沙，佛說是沙不？」「如是，世尊！如來說是沙。」

　　「須菩提！於意云何？如一恆河中所有沙，有如是沙等恆河，是諸恆河所有沙數佛世界，如是寧為多不？」「甚多。世尊！」

　　佛告須菩提：「爾所國土中，所有眾生，若干種心，如來悉知。何以故？如來說諸心，皆為非心，是名為心。所以者何？須菩提！過去心不可得，現在心不可得，未來心不可得。」

【唐義淨譯本】

　　「妙生！於汝意云何？如來有肉眼不？」

　　「妙生言：「如是，世尊！如來有肉眼。」

　　「如來有天眼不？」

　　「如是，世尊！如來有天眼。」

　　「如來有慧眼不？」

　　「如是，世尊！如來有慧眼。」

　　「如來有法眼不？」

　　「如是，世尊！如來有法眼。」

　　「如來有佛眼不？」

「如是，世尊！如來有佛眼。」

「妙生！於汝意云何？如殑伽河中所有沙數，復有如是沙等殑伽河，隨諸河沙，有爾所世界，是為多不？」

妙生言：「甚多，世尊！」

「妙生！此世界中所有眾生，種種性行，其心流轉，我悉了知。

何以故？妙生！心陀羅尼者，如來說為無持，由無持故，心遂流轉。何以故？妙生！過去心不可得，未來心不可得，現在心不可得。」

【作者簡譯】

佛陀問：「你覺得如何？須菩提，如來有肉眼嗎？」「是的，如來有肉眼。」

佛陀問：「你覺得如何？須菩提，如來有天眼嗎？」「是的，如來有天眼（可千里觀遠，黑夜觀物……）。」

佛陀問：「你覺得如何？須菩提，如來有法眼嗎？」「是的，如來有法眼（能見三世，能觀一切因緣所生之事與物）。」

佛陀問：「你覺得如何？須菩提，如來有慧眼嗎？」「是的，如來有慧眼（能照見五蘊皆空，諸法皆空）。」

佛陀問：「你覺得如何？須菩提，如來有佛眼嗎？」「是的，如來有佛眼（能見一切法）。」

佛陀問須菩提：「你覺得如何？須菩提，恆河中的所有砂粒，你覺得很多嗎？」「是的，世尊，是很多。」

佛陀再問須菩提說：「你覺得如何？須菩提，如果這些恆河中的每一粒砂，都等於是一條恆河，而這些恆河的每一粒沙又都是一個世界，你覺得這樣的宇宙世界是很多嗎？」

須菩提回答說：「是的，世尊，這樣的世界確實是很多。」

佛陀告訴須菩提說：「須菩提，這麼多的世界國土中，所有有情眾生各式各樣心識的變動流轉，我都能夠知道。為什麼呢？如來說這些有情眾

生各式各樣的心識，都是虛妄而流變不定的，都不是永久真實的想法，須菩提，一個人的心如何能抓住？所有過去的心已經逝去，如何能抓住？而現在的心又在此刻立即變成過去，根本也抓不住；至於未來的心，也是虛幻而不存在，更無法抓住。（你想降服妄心，但你必須知道，你所謂的心根本就是虛妄而流變不定，根本就不存在，如何抓住？如何降服？）」

19 法界通化分

【The Diamond Cutter by Edward Conze 】

What do you think, Subhuti, if a son or daughter of good family had filled this world system of 1,000 million worlds with the seven precious things, and then gave it as a gift to the Tathagatas, the Arhats, the fully Enlightened Ones, would they on the strength of that beget a great heap of merit?

Subhuti replied: they would, Lord, they would, Well-Gone!

The Lord said: So it is, Subhuti, so it is. On the strength of that this son or daughter of good family would beget a great heap of merit, immeasurable and incalculable. But if, on the other hand, there were such a thing as a heap of merit, the Tathagata would not have spoken of a 'heap of merit'.

【唐玄奘譯本】

佛告善現：「於汝意云何？若善男子或善女人，以此三千大千世界盛滿七寶奉施如來、應、正等覺，是善男子或善女人，由是因緣所生福聚寧為多不？」

善現答言：「甚多，世尊！甚多，善逝！」

佛言：「善現！如是，如是。彼善男子或善女人，由此因緣所生福聚其量甚多。何以故？善現！若有福聚，如來不說福聚福聚。」

【姚秦鳩摩羅什譯本】

「須菩提！於意云何？若有人滿三千大千世界七寶，以用布施，是人以是因緣，得福多不？」

「如是，世尊！此人以是因緣，得福甚多。」

「須菩提！若福德有實，如來不說得福德多，以福德無故，如來說得福德多。」

【唐義淨譯本】

「妙生。於汝意云何？若人以滿三千大千世界七寶布施，是人得福多不？」

妙生言：「甚多，世尊！」

「妙生！若此福聚是福聚者，如來則不說為福聚福聚。」

【作者簡譯】

佛陀問：「須菩提，你覺得如何？如果有人將珍貴七寶裝滿整個三千大千世界來布施給如來，這樣因緣所產生的福德多不多？」

須菩提回答：「是的，世尊，這樣因緣所產生的福德非常多。」

佛陀告訴須菩提說：「須菩提，如果福德是真實的、不變的、永久的，那麼如來不會說：會有很多的福德，因為福德並不是真實的，是虛幻而且是經常性在變動的，因此，如來才會說這個人會有很多、很多的福德。」

 離色離相分

【The Diamond Cutter by Edward Conze】

What do you think, Subhuti, is the Tathagata to be seen by means of the accomplishment of his form-body?

Subhuti replied: No indeed, Lord, the Tathagata is not to be seen by means of the accomplishment of his form-body. And why? 'Accomplishment of his form-body, accomplishment of his form-body', this, Lord, has been taught by the Tathagata as no-accomplishment. Therefore is it called 'accomplishment of his form-body'.

The Lord asked: What do you think, Subhuti, is the Tathagata to be seen through his possession of marks?

Subhuti replied: No indeed, Lord. And why? This possession of marks, Lord, which has been taught by the Tathagata, as a no-possession of no-marks this has been taught by the Tathagata. Therefore is it called 'possession of marks'.

【唐玄奘譯本】

佛告善現：「於汝意云何？可以色身圓實觀如來不？」

善現答言：「不也，世尊！不可以色身圓實觀於如來。何以故？世尊！色身圓實色身圓實者，如來說非圓實，是故如來說名色身圓實色身圓實。」

佛告善現：「於汝意云何？可以諸相具足觀如來不？」

善現答言：「不也，世尊！不可以諸相具足觀於如來。何以故？世尊！諸相具足諸相具足者，如來說為非相具足，是故如來說名諸相具足諸相具足。」

【姚秦鳩摩羅什譯本】

「須菩提！於意云何？佛可以具足色身見不？」

「不也，世尊！如來不應以具足色身見。何以故？如來說具足色身，即非具足色身，是名具足色身。」

「須菩提！於意云何？如來可以具足諸相見不？」

「不也，世尊！如來不應以具足諸相見。何以故？如來說諸相具足，即非諸相具足，是名諸相具足。」

【唐義淨譯本】

「妙生！於汝意云何？可以色身圓滿觀如來不？」

「不爾，世尊！不應以色身圓滿觀於如來。何以故？色身圓滿色身圓滿者，如來說非圓滿，是故名為色身圓滿。」

「妙生！可以具相觀如來不？」

「不爾，世尊！不應以具相觀於如來。何以故？諸具相者，如來說非具相，是故如來說名具相。」

【作者簡譯】

佛陀問：「須菩提，你覺得如何？可以用具備色身圓滿這一點來辨識如來嗎？」

須菩提回答：「不可以，世尊，如來不可以只憑具備色身圓滿這一點來辨識，因為如來教導：『圓實完滿的身相概念，其實並非真實如是，所以不可以只憑具備圓實完滿的身相來辨識如來。』」

佛陀問：「須菩提，你覺得如何？如來可以用他外表具足的各種相徵來辨識嗎？」

須菩提回答：「不可以，世尊，如來不可以用他外表具足的各種相徵來辨識，因為如來教導的具足相徵，就是沒有任何相徵，這才是外表具足各種相徵的真意。」

21 非說所說分

【The Diamond Cutter by Edward Conze】

The Lord asked: What do you think, Subhuti, does it occur to the Tathagata, 'by me has Dharma been demonstrated'? Whosoever, Subhuti, would say, 'the Tathagata has demonstrated Dharma', he would speak falsely, he would misrepresent me by seizing on what is not there. And why? 'Demonstration of dharma, demonstration of dharma', Subhuti, there is not any dharma which could be got at as a demonstration of dharma.

Subhuti asked: Are there, Lord, any beings in the future, in the last time, in the last epoch, in the last 500 years, at the time of the collapse of the good doctrine who, on hearing such dharmas, will truly believe?

The Lord replied: They, Subhuti, are neither beings nor no-beings. And why? 'Beings, beings', Subhuti, the Tathagata has taught that they are all no-beings. Therefore has he spoken of 'all beings'.

【唐玄奘譯本】

佛告善現：「於汝意云何？如來頗作是念：我當有所說法耶？善現！汝今勿當作如是觀。何以故？善現！若言如來有所說法，即為謗我，為非善取。何以故？善現！說法說法者，無法可說，故名說法。」

爾時，具壽善現白佛言：「世尊！於當來世後時、後分、後五百歲，正法將滅時分轉時，頗有有情聞說如是色類法已能深信不？」

佛言：「善現！彼非有情、非不有情。何以故？善現！一切有情者，如來說非有情，故名一切有情。」

【姚秦鳩摩羅什譯本】

「須菩提！汝勿謂如來作是念：我當有所說法。莫作是念！何以故？若人言，如來有所說法，即為謗佛，不能解我所說故。須菩提！說法者，無法可說，是名說法。」

爾時，慧命須菩提白佛言：「世尊！頗有眾生，於未來世，聞說是法，生信心不？」

佛言：「須菩提！彼非眾生，非不眾生。何以故？須菩提！眾生，眾生者，如來說非眾生，是名眾生。」

【唐義淨譯本】

「妙生！於汝意云何？如來作是念：我說法耶？汝勿作是見。若言如來有所說法者，則為謗我。何以故？言說法說法者，無法可說，是名說法。」

妙生白佛言：「世尊！於當來世，頗有眾生，聞說是經，生信心不？」

佛告妙生：「有生信者。彼非眾生，非非眾生。何以故？眾生眾生者，如來說非眾生，是名眾生。」

【作者簡譯】

佛陀告訴須菩提：「你覺得如何？須菩提，如來有這樣想：我有教導或顯露示任何佛法嗎？須菩提，你們不要有這樣的想法。為什麼呢？須菩提，如果有人說：如來教導我們如何證悟佛法，那他所說的一定是虛假的，他經由那種不存在的概念與執著把我誤傳，就像是在毀謗我一樣，所謂證悟佛法其實是無法用語言文字來教導和說明的，無法用一些不存在的概念來抓住的，佛法只是將原本具足的自性覺知發掘出來、覺悟出來，並不需要再加入任何教導和說明，真正的佛法是無法被某一種概念抓住，無法用教導和說明來達成的。」

這時，須菩提問佛陀說：「世尊，在經過一段歲月，在未來遙遠的年代，甚至在佛陀教義衰微的時代，這些經文被教導時，會有眾生深切相信這樣的說法嗎？」

佛陀回答說：「須菩提，他們並不是什麼眾生或不眾生。為什麼呢？須菩提，真如本性，緣起性空，無所從來，也無所從去，所以如來說眾生，其實根本也不是眾生，只有秉持這種不為眾生概念所執著的想法，才是如來所謂的眾生。」

22 無法可得分

【The Diamond Cutter by Edward Conze】

What do you think, Subhuti, is there any dharma by which the Tathagata has fully known the utmost, right and perfect enlightenment?

Subhuti replied: No indeed, Lord, there is not any dharma by which the Tathagata has fully known the utmost, right and perfect enlightenment.

The Lord said: So it is, Subhuti, so it is. Not even the least dharma is there found or got at. Therefore is it called 'utmost , right and perfect enlightenment'.

【唐玄奘譯本】

佛告善現：「於汝意云何？頗有少法，如來、應、正等覺現證無上正等菩提耶？」

具壽善現白佛言：「世尊！如我解佛所說義者，無有少法，如來、應、正等覺現證無上正等菩提。」

佛言：「善現！如是！如是！於中少法無有無得，故名無上正等菩提。」

【姚秦鳩摩羅什譯本】

須菩提白佛言：「世尊！佛得阿耨多羅三藐三菩提，為無所得耶？」

佛言：「如是！如是！須菩提！我於阿耨多羅三藐三菩提，乃至無有少法可得，是名阿耨多羅三藐三菩提。」

【唐義淨譯本】

「妙生！於汝意云何？佛得無上正等覺時，頗有少法所證不？」

妙生言：「實無有法是佛所證。」

佛告妙生：「如是，如是！此中無有少法可得，故名無上正等菩提。」

【作者簡譯】

　　佛陀問須菩提：「你覺得如何？須菩提，如來證得無上正等正覺，有得到任何東西或有顯示出任何概念嗎？」

　　須菩提回答佛陀說：「世尊，就我所了解，如來證得無上正等正覺，並沒有得到與顯示任何東西或概念。」

　　佛陀說：「須菩提，正是如此，正是如此啊，如來證得無上正等正覺，確實是沒有得到任何東西或顯示出任何概念，都是一無所有，所以才叫做無上正等正覺。」

23 淨心行善分

【The Diamond Cutter by Edward Conze】

Furthermore, Subhuti, self-identical is that dharma, and nothing is therein at variance. Therefore is it called 'utmost, right and perfect enlightenment'. Self-identical through the absence of a self, a being, a soul, or a person, the utmost, right and perfect enlightenment is fully known as the totality of all the wholesome dharmas. 'Wholesome dharmas, wholesome dharmas', Subhuti yet as no-dharmas have they been taught by the Tathagata. Therefore are they called 'wholesome dharmas'.

【唐玄奘譯本】

　　「復次，善現！是法平等，於其中間無不平等，故名無上正等菩提。以無我性、無有情性、無命者性、無士夫性、無補特伽羅等性平等，故名無上正等菩提。一切善法無不現證，一切善法無不妙覺。善現！善法善法者，如來一切說為非法，是故如來說名善法善法。」

復次：「須菩提！是法平等，無有高下，是名阿耨多羅三藐三菩提。以無我、無人、無眾生、無壽者，修一切善法，則得阿耨多羅三藐三菩提。須菩提！所言善法者，如來說即非善法，是名善法。」

【唐義淨譯本】

「妙生！是法平等，無有高下，故名無上正等菩提。以無我無眾生無壽者無更求趣性，其性平等，故名無上正等菩提。一切善法皆正覺了，故名無上正等正覺。妙生！善法者，如來說為非法，故名善法。」

【作者簡譯】

佛陀接著說：「還有，須菩提，所謂最高的自覺與證悟是沒有任何差異的，是完全平等的，所以才叫做無上正等正覺，只有透過沒有自我、沒有存在、沒有一種持續概念、沒有人、沒有法、沒有非法的所有概念與執著，努力修持一切善法，即可獲致無上正等正覺。須菩提，如來所說一切善法，只能透過自我的自覺才能發掘出來，並不是可以被教導的，如來根本就沒有善法的這種『概念』可以教導或傳授，這才是如來所謂一切善法的真意。」

24 福智無比分

【The Diamond Cutter by Edward Conze】

And again, Subhuti, if a woman or man had piled up the seven precious things until their bulk equaled that of all the Sumerus, kings of mountains, in the world system of 1,000 million worlds, and would give them as a gift; and if, on the other hand, a son or daughter of good family would take up from this Prajnaparamita, this discourse on Dharma, but one stanza of four lines, and demonstrate it to others, compared with his heap of merit the former heap of merit does not approach one hundredth part, etc., until we come to, it will not bear any comparison.

【唐玄奘譯本】

　　「復次，善現！若善男子或善女人集七寶聚量等三千大千世界其中所有妙高山王，持用布施。若善男子或善女人，於此般若波羅蜜多經中乃至四句伽陀，受持、讀誦、究竟通利，及廣為他宣說、開示、如理作意。善現！前說福聚於此福聚，百分計之所不能及，如是千分、若百千分、若俱胝百千分、若俱胝那庾多百千分、若數分、若計分、若算分、若喻分、若鄔波尼殺曇分亦不能及。」

【姚秦鳩摩羅什譯本】

　　「須菩提！若三千大千世界中，所有諸須彌山王，如是等七寶聚，有人持用布施。若人以此般若波羅蜜經，乃至四句偈等，受持讀誦，為他人說，於前福德，百分不及一，百千萬億分，乃至算數譬喻所不能及。」

【唐義淨譯本】

　　「妙生！若三千大千世界中，所有諸妙高山王，如是等七寶聚，有人持用布施。若復有人，於此經中，乃至一四句頌，若自受持，及為他說。以前福聚比此福聚，假令分此以為百分，彼亦不能及一分，或千分億分算分勢分數分因分，乃至譬喻亦不能及一。」

【作者簡譯】

　　「須菩提，如果有善男子、善女人在每三千大千世界中，都將珍貴的七寶堆積成像須彌山那麼高的體積用來做布施，另一方面，如果有善男子、善女人對此經文，甚至只是簡短的四句偈文，能夠書寫、學習、

銘記在心、讀誦、研究、詳為他人宣說、開示經文細節，那麼，須菩提，前面所說的福德，都不及這樣福德的百分之一、千分之一、百千萬億分之一……等等，甚至根本沒有辦法去比較。」

 **化無所化分**

【The Diamond Cutter by Edward Conze】

What do you think, Subhuti, does it occur to a Tathagata, 'by me have beings been set free'? Not thus should you see it, Subhuti!

And why? There is not any being whom the Tathagata has set free. Again, if there had been any being whom the Tathagata had set free, then surely there would have been on the part of the Tathagata a seizing of a self, of a being, of a soul, of a person. 'Seizing of a self', as a no-seizing, Subhuti, has that been taught by the Tathagata. And yet the foolish common people have seized upon it. 'Foolish common people', Subhuti, as really no people have they been taught by the Tathagata. Therefore are they called 'foolish common people'.

【唐玄奘譯本】

佛告善現：「於汝意云何？如來頗作是念：我當度脫諸有情耶？善現！汝今勿當作如是觀。何以故？善現！無少有情如來度者。善現！若有有情如來度者，如來即應有其我執、有有情執、有命者執、有士夫執、有補特伽羅等執。善現！我等執者，如來說為非執，故名我等執，而諸愚夫異生強有此執。善現！愚夫異生者，如來說為非生，故名愚夫異生。」

【姚秦鳩摩羅什譯本】

「須菩提！於意云何？汝等勿謂如來作是念：『我當度眾生。』須菩提！莫作是念！何以故？實無有眾生如來度者。若有眾生如來度者，如來

即有我、人、眾生、壽者。須菩提！如來說有我者，則非有我，而凡夫之人，以為有我。須菩提！凡夫者，如來說則非凡夫，是名凡夫。」

【唐義淨譯本】

「妙生！於汝意云何？如來度眾生不？汝莫作是見：『如來度眾生。』何以故？曾無有一眾生是如來度者。若有眾生是如來度者，如來則有我見眾生見壽者見更求趣見。妙生！我等執者，如來說為非執，而諸愚夫妄為此執。妙生！愚夫眾生，如來說為非生，故名愚夫眾生。」

【作者簡譯】

「你以為如何？須菩提！如來會這樣想嗎：我當渡化有情眾生？你不可以這樣想，須菩提。為什麼呢？實在是沒有任何眾生被如來所渡化，如果有任何眾生是被如來所渡化，那麼如來就陷入抓住一個自我、一個存在、一個持續的概念、一個人等等的執著；須菩提，如來說：執著一個自我的想法，其實根本也無法抓住任何東西，但一般平凡之人都還是陷在抓住『有一個自我存在』的執著；須菩提，就像現在我說『一般平凡之人』一樣，其實根本也沒有始終不變的『一般平凡之人』，從緣起性空的角度來看，『一般平凡之人』也有可能變成聖者或證悟的人，這就是我在表達『一般平凡之人』的意思。」

26 法身非相分

【The Diamond Cutter by Edward Conze】

What do you think, Subhuti, is the Tathagata to be seen by means of his possession of marks ?

Subhuti replied: No indeed, Lord. The Lord said: If, Subhuti, the Tathagata could be recognized by his possession of marks, then also the universal monarch would be a Tathagata. Therefore the Tathagata is not to be seen by means of his possession of marks.

Subhuti then said: As I, Lord, understand the Lord's teaching, the Tathagata is not to be seen through his possession of marks.

Further the Lord taught on that occasion the following stanzas:

Those who by my form did see me,

And those who followed me by voice

Wrong the efforts they engaged in,

Me those people will not see.

From the Dharma should one see the Buddhas,

From the Dharmabodies comes their guidance.

Yet Dharma's true nature cannot be discerned,

And no one can be conscious of it as an object.

【唐玄奘譯本】

佛告善現：「於汝意云何？可以諸相具足觀如來不？」

善現答言：「如我解佛所說義者，不應以諸相具足觀於如來。」

佛言：「善現！善哉！善哉！如是，如是。如汝所說。不應以諸相具足觀於如來。善現！若以諸相具足觀如來者，轉輪聖王應是如來，是故不應以諸相具足觀於如來，如是應以諸相非相觀於如來。」

爾時，世尊而說頌曰：

「諸以色觀我，以音聲尋我，

　彼生履邪斷，不能當見我。

　應觀佛法性，即導師法身；

　法性非所識，故彼不能了。」

【姚秦鳩摩羅什譯本】

「須菩提！於意云何？可以三十二相觀如來不？」

須菩提言：「如是！如是！以三十二相觀如來。」

佛言：「須菩提！若以三十二相觀如來者，轉輪聖王即是如來。」

須菩提白佛言：「世尊！如我解佛所說義，不應以三十二相觀如來。」

爾時，世尊而說偈言：「若以色見我，以音聲求我，是人行邪道，不能見如來。」

【唐義淨譯本】

「妙生！於汝意云何？應以具相觀如來不？」

「不爾，世尊！不應以具相觀於如來。」

「妙生！若以具相觀如來者，轉輪聖王應是如來，是故不應以具相觀於如來，應以諸相非相觀於如來。」

爾時，世尊而說頌曰：

「若以色見我　以音聲求我

　是人起邪觀　不能當見我

　應觀佛法性　即導師法身

　法性非所識　故彼不能了」

【作者簡譯】

「須菩提！你以為如何？如來可以用外表特有的徵象看出來嗎？」

須菩提回答：「就我所了解，不可以用外表特有的徵象看出如來。」

佛陀說：「正是如此，須菩提，如來不可以用外表特有的徵象來看出來，如果只是外表的特有徵象，那麼同樣是具足如來三十二種相好徵象的轉輪聖王也會是如來，所以不可以用外表特有的徵象來看如來，應該以『沒有任何表徵才是真正的表徵』這樣的想法才能見到如來。」

說到這裡，佛陀說了這麼一段偈語：

「那些藉著我的外表徵相在看我的人，

那些藉著聲音來跟隨我的人，

他們所做的努力都是錯誤的，

這些人都見不到我。

只有透過法性，才能見到真佛，

只有透過法性才能現前導引他們。

然而真如法性並無法用肉眼看出端倪，

因此沒有一個執著於自我的心識能覺知到它。」

 無斷無滅分

【The Diamond Cutter by Edward Conze】

What do you think, Subhuti, has the Tathagata fully known the utmost, right and perfect enlightenment through his possession of marks? Not so should you see it, Subhuti. And why? Because the Tathagata could surely not have fully known the utmost, right and perfect enlightenment through his possession of marks.

Nor should anyone, Subhuti, say to you, 'those who have set out in the Bodhisattva-vehicle have conceived the destruction of a dharma, or its annihilation'. Not so should you see it, Subhuti! For those who have set out in the Bodhisattva-vehicle have not conceived the destruction of a dharma, or its annihilation.

【唐玄奘譯本】

佛告善現：「於汝意云何？如來、應、正等覺以諸相具足現證無上正等覺耶？善現！汝今勿當作如是觀。何以故？善現！如來、應、正等覺不

以諸相具足現證無上正等菩提。」

「復次，善現！如是發趣菩薩乘者，頗施設少法若壞若斷耶？善現！汝今勿當作如是觀。諸有發趣菩薩乘者，終不施設少法若壞若斷。」

【姚秦鳩摩羅什譯本】

「須菩提！汝若作是念：『如來不以具足相故，得阿耨多羅三藐三菩提。』須菩提！莫作是念：『如來不以具足相故，得阿耨多羅三藐三菩提。』須菩提！汝若作是念，發阿耨多羅三藐三菩提心者，說諸法斷滅。莫作是念！何以故？發阿耨多羅三藐三菩提心者，於法不說斷滅相。」

【唐義淨譯本】

「妙生！諸有發趣菩薩乘者，其所有法是斷滅不？汝莫作是見。何以故？趣菩薩乘者，其法不失。」

【作者簡譯】

「須菩提，你以為如何？如來是因為他外表特有的徵象，而證悟到無上正等正覺嗎？你不要有這樣的看法，須菩提，如來不是因為他外表特有的徵象而證得無上正等正覺。

還有，須菩提，對發心走向菩薩道的人，也不可以認為：既然是這樣，至高無上的諸法根本已是毀壞和破滅；也不要有這樣的想法，須菩提，對發心走向菩薩道的人而言，也不應該有法已毀壞和破滅的消極想法。」

28 不受不貪分

【The Diamond Cutter by Edward Conze】

And again, Subhuti, if a son or daughter of good family had filled with the seven precious things as many world systems as there are grains of sand in the river Ganges, and gave them as a gift to the Tathagatas, Arhats, fully Enlightened Ones, and if on the other hand a Bodhisattva would gain the patient acquiescence in dharmas which are nothing of themselves and which fail to be produced, then this latter would on the strength of that beget a greater heap of merit, immeasurable and incalculable. Moreover, Subhuti, the Bodhisattva should not acquire a heap of merit.

Subhuti said: Surely, Lord, the Bodhisattva should acquire a heap of merit?

The Lord said: 'Should acquire', Subhuti, not 'should seize upon.' Therefore is it said, 'should acquire'.

【唐玄奘譯本】

「復次，善現！若善男子或善女人，以殑伽河沙等世界盛滿七寶，奉施如來、應、正等覺，若有菩薩於諸無我，無生法中獲得堪忍，由是因緣所生福聚甚多於彼。「復次，善現！菩薩不應攝受福聚。」

具壽善現即白佛言：「世尊！云何菩薩不應攝受福聚？」

佛言：「善現！所應攝受，不應攝受，是故說名所應攝受。」

【姚秦鳩摩羅什譯本】

「須菩提！若菩薩以滿恆河沙等世界七寶，持用布施。若復有人，知一切法無我，得成於忍。此菩薩勝前菩薩所得功德。何以故？須菩提！以諸菩薩不受福德故。」

須菩提白佛言：「世尊！云何菩薩，不受福德？」

「須菩提！菩薩所作福德，不應貪著，是故說：不受福德。」

【唐義淨譯本】

　　「妙生！若有男子女人，以滿殑伽河沙世界七寶布施。若復有人，於無我理、不生法中，得忍解者，所生福聚，極多於彼無量無數。妙生！菩薩不應取其福聚。」

　　妙生言：「菩薩豈不取福聚耶？」

　　佛告妙生：「是應正取，不應越取，是故說取。」

【作者簡譯】

　　「還有，須菩提，如果有善男子、善女人，用珍貴七種寶物裝滿了像恆何沙粒那麼多的世界來做布施，而另一方面，有人覺知到諸法無我，並從內心中得到耐心的體認，那麼這種因緣所生的福德還勝過前面那種。還有，須菩提，做為一個菩薩，不應該攝受福德。」

　　須菩提問佛陀：「世尊，為什麼說菩薩不應該攝受福德呢？」

　　佛陀回答：「須菩提，福德是應該正取獲致，但不能貪著，自我不能被福德緊緊抓住，所以才說做為一個菩薩，不應該攝受福德。」

 威儀寂靜分

【The Diamond Cutter by Edward Conze】

　　Whosoever says that the Tathagata goes or comes, stands, sits or lies down, he does not understand the meaning of my teaching. And why? 'Tathagata' is called one who has not gone anywhere, nor come from anywhere. Therefore is he called 'the Tathagata, the Arhat, the fully Enlightened One'.

【唐玄奘譯本】

　　「復次，善現！若有說言如來若去、若來、若住、若坐、若臥，是人不解我所說義。何以故？善現！言如來者即是真實、真如增語，都無所

去、無所從來，故名如來、應、正等覺。」

【姚秦鳩摩羅什譯本】

「須菩提！若有人言：『如來若來、若去；若坐、若臥。』是人不解我所說義。何以故？如來者，無所從來，亦無所去，故名如來。」

【唐義淨譯本】

「妙生！如有說言，如來若來若去若坐若臥者，是人不解我所說義。何以故？妙生！都無去來，故名如來。」

【作者簡譯】

「還有，須菩提，如果有人說：如來來了、如來走了、如來站著、如來躺著，這些人都是不了解我的說法內涵。為什麼呢？須菩提，所謂如來（就好像是天上的天空），不來自任何地方，也沒有要去任何地方（他一直都在那裡，而虛妄執著的自我，就像來來去去的雲朵，雲飄來了，雲飄走了，但天空始終不曾離開過）。真如自性本來就存在每個人心中（是每個人心中的那個空，那個天空），只須去發掘出來，不需要再添加什麼，也沒有什麼來去，所以才稱為如來。」

㉚ 一合理相分

【The Diamond Cutter by Edward Conze】

And again, Subhuti, if a son or daughter of good family were to grind as many world systems as there are particles of dust in this great world system of 1,000 million worlds, as finely as they can be ground with incalculable vigour, and in fact reduce them to something like a collection of atomic quantities, what do you think, Subhuti, would that be an enormous collection of atomic quantities?

Subhuti replied: So it is, Lord, so it is, Well-Gone, enormous would that collection of atomic quantities be!

And why? If, Lord, there had been an enormous collection of atomic quantities, the Lord would not have called it an 'enormous collection of atomic quantities'. And why? What was taught by the Tathagata as a 'collection of atomic quantities', as a no-collection that was taught by the Tathagata. Therefore is it called a 'collection of atomic quantities'.

And what the Tathagata taught as 'the world system of 1,000 million worlds', that he has taught as a no-system. Therefore is it called 'the world system of 1,000 million worlds'.

And why? If, Lord, there had been a world system, that would have been a case of seizing on a material object, and what was taught as 'seizing on a material object' by the Tathagata, just as a no-seizing was that taught by the Tathagata. Therefore is it called 'seizing on a material object'.

The Lord added: And also, Subhuti, that 'seizing on a material object' is a matter of linguistic convention, a verbal expression without factual content. It is not a dharma nor a no-dharma. And yet the foolish common people have seized upon it.

【唐玄奘譯本】

「復次,善現!若善男子或善女人,乃至三千大千世界大地極微塵量等世界,即以如是無數世界色像為量如極微聚。善現!於汝意云何?是極微聚寧為多不?」

善現答言:「是極微聚甚多,世尊!甚多,善逝!何以故?世尊!若極微聚是實有者,佛不應說為極微聚。所以者何?如來說極微聚即為非聚,故名極微聚。如來說三千大千世界即非世界,故名三千大千世界。何

以故？世尊！若世界是實有者，即為一合執，如來說一合執即為非執，故名一合執。」

佛言：「善現！此一合執不可言說，不可戲論，然彼一切愚夫異生強執是法。何以故？」

【姚秦鳩摩羅什譯本】

「須菩提！若善男子、善女人，以三千大千世界，碎為微塵；於意云何？是微塵眾，寧為多不？」

須菩提言：「甚多。世尊！何以故？若是微塵眾實有者，佛則不說是微塵眾。所以者何？佛說微塵眾，即非微塵眾，是名微塵眾。世尊！如來所說三千大千世界，則非世界，是名世界。何以故？若世界實有者，即是一合相；如來說一合相，則非一合相，是名一合相。」

「須菩提！一合相者，則是不可說，但凡夫之人，貪著其事。」

【唐義淨譯本】

「妙生！若有男子女人，以三千大千世界土地碎為墨塵。妙生！於汝意云何？是極微聚，寧為多不？」

妙生言：「甚多，世尊！何以故？若聚性是實者，如來不說為極微聚極微聚。

何以故？極微聚者，世尊說為非極微聚，故名極微聚。世尊！如來所說三千大千世界，說為非世界，故名三千大千世界。何以故？若世界實有，如來則有聚執。佛說聚執者，說為非聚執，是故說為聚執。」

「妙生！此聚執者，是世言論，然其體性，實無可說，但是愚夫異生之所妄執。」

【作者簡譯】

「還有，須菩提，如果有善男子、善女人將整個三千大千世界磨碎成

像灰塵那樣極細微的粉塵，而且盡可能地以不可估量的力量去磨成極細、極微，你覺得如何，須菩提，那會是數量龐大的粉塵嗎？」

須菩提回答說：「是數量龐大的粉塵，世尊，是數量龐大的粉塵。為什麼呢？如果那些數量龐大的粉塵是能永久真實存在的話，如來就不會說那是數量龐大的粉塵。怎麼說呢？如來說數量龐大的粉塵，就是粉塵的本性並非永遠實有存在，所以如來才說是數量龐大的粉塵。如來說三千大千世界，就是沒有真實永久存在的三千大千世界，所以才稱為三千大千世界。

為什麼這樣說呢？世尊，如果世界是實有存在的話，那就有了被一個具體實有聚合物抓住的想法，而如來說這一種具體不變的具體實有物，根本不會永遠存在，只是一種執著與想法而已，這就是如來表達的世界具體實有的意義。」

佛陀補充說：「還有，須菩提，所謂一個具體實有物，其實是一種我們語言上的表達慣例，就真實本性而言，是不能用言語描述的（就像我們口中談起宇宙，這句宇宙根本不是真正的宇宙），但一般人都喜歡執著於其上論說。」

㉛ 知見不生分

【The Diamond Cutter by Edward Conze】

And why? Because whosoever would say that the view of a self has been taught by the Tathagata, the view of a being, the view of a living soul, the view of a person, would he, Subhuti, be speaking right?

Subhuti replied: No indeed, Lord, no indeed, Well-Gone, he would not be speaking right. And why? That which has been taught by the Tathagata as 'view of self', as a no-view has that been taught by the Tathagata. Therefore is it called 'view of self'.

The Lord said: It is thus, Subhuti, that someone who has set out in the Bo-dhisattva-vehicle should know all dharmas, view them, be intent on them. And he should know, view and be intent on them in such a way that he does not set up the perception of a dharma. And why? 'Perception of dharma, perception of dharma, 'Subhuti, as no-perception has this been taught by the Tathagata. Therefore is it called 'perception of dharma'.

【唐玄奘譯本】

「善現！若作是言：『如來宣說我見、有情見、命者見、士夫見、補特伽羅見、意生見、摩納婆見、作者見、受者見。』於汝意云何？如是所說為正語不？」

善現答言：「不也，世尊！不也，善逝！如是所說非為正語。所以者何？如來所說我見、有情見、命者見、士夫見、補特伽羅見、意生見、摩納婆見、作者見、受者見，即為非見，故名我見乃至受者見。」

佛告善現：「諸有發趣菩薩乘者，於一切法應如是知，應如是見，應如是信解，如是不住法想。何以故？善現！法想法想者，如來說為非想，是故如來說名法想法想。」

【姚秦鳩摩羅什譯本】

「須菩提！若人言：『佛說我見、人見、眾生見、壽者見。』須菩提！於意云何？是人解我所說義不？」

「不也，世尊！是人不解如來所說義。何以故？世尊說我見、人見、眾生見、壽者見，即非我見、人見、眾生見、壽者見，是名我見、人見、眾生見、壽者見。」

「須菩提！發阿耨多羅三藐三菩提心者，於一切法，應如是知、如是見、如是信解，不生法相。須菩提！所言法相者，如來說即非法相，是名法相。」

【唐義淨譯本】

「妙生！如有說云：佛說我見眾生見壽者見求趣見者，是為正說為不正耶？」

妙生言：「不爾，世尊！何以故？若有我見如來說者，即是非見，故名我見。」

「妙生！諸有發趣菩薩乘者，於一切法，應如是知，如是見，如是解。如是解者，乃至法想亦無所住。何以故？妙生！法想法想者，如來說為非想，故名法想法想。」

【作者簡譯】

「須菩提，若是有人這麼說：『如來教導我們，有關自我的想法、存在的想法、好像自我會持續下去的想法、人的想法。』你覺得如何，須菩提，這種說法正確嗎？」

須菩提回答說：「不正確，世尊，這些說法並不正確。為什麼呢？世尊提及這些自我的想法、存在的想法、好像自我會持續下去的想法、人的想法，其實就是要我們去領悟『沒有自我』的想法，這才是世尊所教導的自我想法。」

佛陀告訴須菩提說：「正是如此，須菩提，一個發心菩薩道的人，對一切諸法都應該這樣去認知、這樣去做看待、這樣去信奉和理解，不要執著在法的認知上，所謂法的認知就是沒有任何執著、沒有任何概念的認知，這才是如來教導法認知的真正涵義。」

32 應化非真分

【The Diamond Cutter by Edward Conze】

And finally, Subhuti, if a Bodhisattva, a great being had filled world-systems immeasurable and incalculable with the seven precious things, and gave them as a gift to the Tathagatas, the Arhats, the fully Enlightened Ones, and if, on the other hand, a son or daughter of good family had taken from this Prajnaparamita, this discourse on Dharma, but one stanza of four lines, and were to bear it in mind, demonstrate, recite and study it, and illuminate it in full detail for others, on the strength of that this latter would beget a greater heap of merit, immeasurable and incalculable. And how would he illuminate it? So as not to reveal. Therefore is it said, 'he would illuminate'.

As stars, a fault of vision, as a lamp,

A mock show, dew drops, or a bubble,

A dream, a lightning flash, or cloud,

So should one view what is conditioned.

Thus spoke the Lord. Enraptured, the Elder Subhuti, the monks and nuns, the pious laymen and laywomen, and the Bodhisattvas, and the whole world with its Gods, men, Asuras and Gandharvas rejoiced in the Lord's teaching. - This completes the Diamond-Cutter of Perfect Wisdom.

【唐玄奘譯本】

「復次,善現!若菩薩摩訶薩以無量無數世界盛滿七寶,奉施如來、應、正等覺。若善男子或善女人,於此般若波羅蜜多經中乃至四句伽陀,受持、讀誦、究竟通利、如理作意,及廣為他宣說、開示,由此因緣所生福聚,甚多於前無量無數。云何為他宣說、開示?如不為他宣說、開示,故名為他宣說、開示。」

爾時,世尊而說頌曰:

「諸和合所為,如星翳燈幻,

露泡夢電雲,應作如是觀。」

時,薄伽梵說是經已,尊者善現及諸苾芻、苾芻尼、鄔波索迦、鄔波斯迦,並諸世間天、人、阿素洛、健達縛等,聞薄伽梵所說經已,皆大歡

喜，信受奉行。

【姚秦鳩摩羅什譯本】

「須菩提！若有人以滿無量阿僧祇世界七寶，持用布施。若有善男子、善女人，發菩提心者，持於此經，乃至四句偈等，受持讀誦，為人演說，其福勝彼。云何為人演說？不取於相，如如不動。何以故？一切有為法，如夢幻泡影，如露亦如電，應作如是觀。」

佛說是經已，長老須菩提，及諸比丘、比丘尼、優婆塞、優婆夷，一切世間，天、人、阿修羅，聞佛所說，皆大歡喜，信受奉行。

【唐義淨譯本】

「妙生！若有人以滿無量無數世界七寶，持用布施。若復有人，能於此經，乃至受持讀誦四句伽陀，令其通利，廣為他人正說其義，以是因緣所生福聚，極多於彼無量無數。云何正說？無法可說，是名正說。」爾時，世尊說伽陀曰：

「一切有為法　　如星翳燈幻
　露泡夢電雲　　應作如是觀」

爾時，薄伽梵說是經已，具壽妙生，及諸菩薩摩訶薩、苾芻、苾芻尼、鄔波索迦、鄔波斯迦、一切世間天人阿蘇羅等，皆大歡喜，信受奉行。

【作者簡譯】

「最後，須菩提，如果一個菩薩用珍貴七寶填滿無量無邊的世界來布施予如來，而另一方面，有善男子、善女人對此經文，甚至只是簡短的四句偈文，能夠書寫、學習、銘記在心、讀誦、研究，並且詳為他人宣說、開示經文細節，那麼，這樣的福德還勝過前面那種，並且會累積出無數、無量的不可思議福德。那麼如何為人宣說、照亮他人呢？不揭示任何相的

存在，如如不動，就是真正的揭示。」

　　這時世尊說了以下這一段：「一切由因緣和合所產生的物質與現象，都像星星、像幻影、像燈火、像魔術秀、像露珠、像水中的氣泡、像做夢、像閃電、像雲一樣，一個人應該抱持這樣的觀點去觀照自我的內心。」

　　佛陀說到了這裡，須菩提長老和所有的比丘、比丘尼、善男、信女，以及眾菩薩、諸世界的天神、人、阿修羅等，在聽完佛陀所說後，均生起了大歡喜心，並且相信、接受、奉行這《金剛經》的完美智慧。

你會喜歡

金剛經

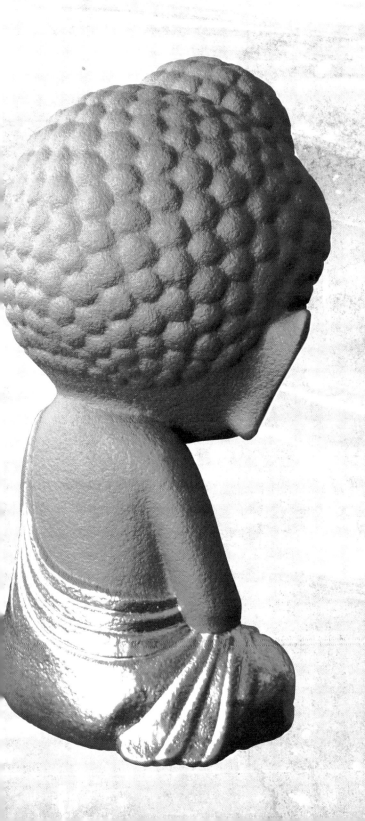

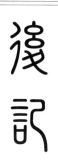

第一 為什麼
印度人說《金剛經》
是世上最奇妙的一本書

　　《金剛經》是世上最奇妙的一本書，它的奇妙在於內容超出古今中外所有的書籍所描述，它的奇妙在於它對生命的理解與態度超出人類智慧的領域，無怪乎稱為「超越智慧的智慧」，讓我們摘要來欣賞它的不可思議內容：

《金剛經》一語道破生命的形式

　　對宇宙生命的形式，三千多年前的佛陀就有這樣描述：所有一切生命有太多種的的形式，有的是卵生的、有的是胎生……，有的有具體的物質形態可辨認，但也有生命並不具有物質形態；有些生命有覺知的能力，也有些生命並沒有覺知的能力；有的生命有思想，也有沒有思想的生命形態，更有一些生命形態既不是有思想，也不是沒有思想……；由此可見，現有人類科學對看不見形體的生命還是難以理解之時，《金剛經》卻早已在二千五百多年前清楚描繪：人類對宇宙生命的理解其實是相當有限，太過於用狹隘的人類思維在看宇宙，而《金剛經》則一語道破廣角的、多元的生命觀點。

　　《金剛經》經文：「所有一切眾生之類，若卵生、若胎生、若濕生、

你會喜歡 金剛經

若化生；若有色、若無色；若有想、若無想；若非有想，若非無想……」
（第三分）

《金剛經》將宇宙推至虛無，又將宇宙碎成微塵

　　對現今真實宇宙的探索，幾千年來的科學家都遠遠不及佛陀的描繪，佛陀對宇宙的認識早在二千五百多年前，就不曾有局限的「上為天、下為地」有限認識，從一開始佛陀就清楚描繪宇宙虛空的無窮無盡，超大、超遠的無盡虛空，根本無法用人類心識來思維，所以佛說：「東方虛空，不可思量，南、西、北方、四維、上、下虛空，也不可思量。」

　　而描繪宇宙世界之大，佛陀更是直接、明確地將「約當現今世界」比擬一個「小世界」，然後合此一千個「小世界」名為「小千世界」，再合此一千個「小千世界」，名為「中千世界」，再合此一千個「中千世界」，名為「大千世界」，如此三千大千世界，僅是佛陀敲開世人認識的第一步而已，佛對世界描繪始終都是用「無量無邊」在敘述，絕不是現今科學家所認識，宇宙只有一個，形成於138億年前的大爆炸，「無量無邊」的世界清楚描繪現今我們知悉的宇宙之外，還有億兆個我們還無法知道的宇宙；佛陀甚至用「一粒沙一世界」來揭開宇宙的奧妙與神祕，一句話揭開黑洞與宇宙的極端大小的強烈並存對比！

　　不僅如此，佛陀對事情的比喻也都是曠古未聞，又將所有三千大千世界，碎為微塵，這種超震撼、超現實的認知與比喻思維，在人類史上僅僅出現過佛陀這麼一人。

　　《金剛經》經文：「須菩提！於意云何？東方虛空，可思量不？……南、西、北方、四維、上、下虛空，可思量不？……」（第四分）

　　「須菩提！若善男子、善女人，以三千大千世界，碎為微塵；於意云何？是微塵眾，寧為多不？」……（第十三分）

　　「若有人以滿無量阿僧祇世界七寶持用布施……」（第三十二分）

🪷 《金剛經》肯定斷言幾千年後，依舊有人奉持佛法，持戒修福

須菩提向佛陀請法，佛陀講了簡短三段之後，須菩提已經是極度震撼而難以立即消化與接受，心想：「這樣震撼的佛法，就目前情境而言，我們是最幸運的一群，與佛陀生活在一起，與佛陀化緣在一起，可以坐在佛陀面前，當面聽佛陀講話，但以後沒有這樣機會的眾生，沒有佛陀當面親自宣說佛法，會有人相信這些經文的內容嗎？」

佛陀卻告訴須菩提：「不要這樣說！須菩提，不要這樣說！如來離世後，佛法依舊有人奉持，經文依舊有人信解讀誦。」現在回到我們這個時代，來印證佛陀離世約二千五百多年後的今天，的確如此，佛法更廣泛被世人研究和接受；須菩提雖然身為佛陀弟子中的長者與佼佼者，才聽完佛陀三段話，竟然立即產生疑慮，然而，佛陀卻明確的告訴他，須菩提，你不用擔心，你也不要這樣說，二千五百多年後，佛法依舊有人信解受持。

佛陀的智慧早已知悉未來的世界，佛陀明確告訴須菩提，沒有問題，未來佛法依舊有人奉持，而且這些人如來透過佛的智慧都可以知道他們，都可以看見他們！佛陀只差沒告訴須菩提：「二千五百多年後的世界，人們擁有經典的方便性與普遍性比你們現在更幸運，沉浸佛法的廣度與深度也未必會在你們之下呢！」

《金剛經》經文：「須菩提白佛言：『世尊！頗有眾生，得聞如是言說章句，生實信不？』佛告須菩提：『莫作是說！如來滅後，後五百歲，有持戒修福者，於此章句，能生信心，以此為實。當知是人，不於一佛、二佛、三四五佛，而種善根，已於無量千萬佛，所種諸善根。聞是章句，乃至一念生淨信者；須菩提！如來悉知悉見……，』」（第六分）

《金剛經》一句話「一切有為法如夢幻泡影」揭開人世間一切情、事、物的實相

佛陀用一句話就揭開人世間一切情、事、物的真理，而且千百年來沒有一句話、一篇文章可以挑戰這樣的人生觀、這樣的徹底觀照、這樣的偉大洞見！佛陀說：「一切有為法，如夢幻泡影，如露亦如電。」

宇宙的所有存在現象，都是因為短暫而奇妙的因緣和合而成，了解如是觀點，看待世間一切情、事、物，人心自然罣礙少，隨順多。緣起緣滅都是永遠處於經常性的變動，成功與失敗、得到與失去、成長與衰老、獲獎不獲獎、當選不當選、獲利或虧損……都應該以像在做夢、像閃電、像水中氣泡……的觀點去坦然面對與接受，沒有什麼情、事、物是永遠的、是能夠讓我們完全掌控的、是可以不變動的，人世間的一切情、事、物，非但會變動，而且還是經常性的變動！

《金剛經》經文：「一切有為法，如夢幻泡影，如露亦如電，應作如是觀。」（第三十二分）

《金剛經》一句話「應無所住而生其心」，總持人生的一切自持與處事態度

須菩提問佛陀，善男子、善女人若發心、發願做一件事情，心態上應該如何自處？如何調理？如何使內心安定？

須菩提這問題問得實在太好、太妙了，彷彿一方面問企管顧問對執行某企劃案的方向與策略，一方面又問心理醫生在執行這些企畫時的心理建設與自處之道；奇妙的是佛陀就是能一語總結，一語點破！

佛陀告訴須菩提人世間的事都是因緣短暫和合，無法固定不變，因此任何人都無法掌握事情可能的發展方向與結果，但是人又不能不發心、不計畫作一大堆的事，因此對於發「心」與心理自處的安「住」之道就是：

「應無所住而生其心」。

　　住是「執著」的意思，做事的計畫與目標當然一定要有，而且做事的態度不能消極，要積極保持「精進」的心態，但對於事情可能會產生的結局則不要太預期、太執著，因為我們根本掌握不住、控制不了，因此佛告訴須菩提處事的心態就是「無所住」，不要成天掛念著會不會成功？會不會得獎？能不能獲利？有沒有成長？有沒有錄取？有沒有風險？⋯⋯凡事只要盡全力去做即可，對於結局不必去執著與擔心，擔心與執著對事情根本毫無助益與意義，只會徒生煩惱，只要不執著，清淨心自然升起，人生的煩惱罣礙也就消失大半了。

　　《金剛經》經文：「須菩提：『善男子、善女人，發阿耨多羅三藐三菩提心，云何應住？云何降伏其心？』佛言：『⋯⋯須菩提！菩薩於法，應無所住，⋯⋯』」（第四分）

　　「是故須菩提！諸菩薩摩訶薩，應如是生清淨心，不應住色生心，不應住聲、香、味、觸、法生心，應無所住，而生其心。」（第十分）

　　「須菩提！菩薩應離一切相，發阿耨多羅三藐三菩提心，不應住色生心，不應住聲、香、味、觸、法生心，應生無所住心。」（第十四分）

❀ 《金剛經》以色、聲、香、味、觸、法歸納一切存在與真實的意義

　　現今21世紀的科學家，一方面竭盡所能地想揭開宇宙的更深一層面紗，另一方面卻又微細專精地在探索人類大腦運作思考、存在和真實的心靈意義，愈是探索，問題的層次卻愈來愈複雜，科學家企圖以百分之百的科學實證來解開兩個人類千百年來的謎題，甚至不惜擺脫所有的哲學與心理模型來做分析，但答案依舊是困惑與神祕。

　　然而幾千年前的《金剛經》，卻早已清楚地描繪這二個問題的真實本質，人所有的思考、存在和對真實世界的心靈意義，其實都只是因為眼

睛、耳朵、鼻腔、口舌、身體和意念（眼、耳、鼻、舌、身、意）這些辨識工具的感受經驗累積而成，這些經驗與資訊反應成物質、聲音、氣味、味道、感覺和心識（色、聲、香、味、觸、法），這些資訊與經驗儲存於大腦的記憶也形成了「大腦的意識」，形成了每個人「主觀上的自我」，而每個人所有的思考、存在和對真實世界的心靈意義也因此而產生，當然，這些辨識工具與內心世界的資訊其實都是一直處於經常性的學習、修正與變動狀態，這就是人運作思考、存在和真實的心靈意義本質。

佛陀更指出這些經常性的變動與主觀上的自我，經常在「自以為是」的思惟模式中產生了不必要的執著、分別和妄想，而這些執著、分別和妄想更與煩惱、痛苦、罣礙、恐懼……緊緊相連，因此，做為一個菩薩在做布施甚至做任何事情時，都應該以「沒有任何概念支持」的清淨心來做為心理自處準則，色、聲、香、味、觸、法是一種經常性的變動，都是若有若無的短暫因緣組合，都不是真正的自我，不必太過於執著。

這就是《金剛經》！三千多年前就直接破題：人的大腦運作所有思考、存在和真實的心靈意義本質，就是色受想行識，如果人類使用眼睛的極限改變，例如發明了更高倍數的望遠鏡得以觀看更遙遠的宇宙，那麼人對宇宙看法就通通會改變，人類對所謂真理的認知與意義也同時會改變；又例如有人不幸生來就眼盲，那麼無論你用怎樣的形容詞為他描述這個世界，他的思考模式與對世界的認知也一樣是那麼無助和不完整，這都是自我的眼、耳、鼻、舌、身、意感受經驗而已，換個時代、加些工具、改變個地方……，色、聲、香、味、觸、法的答案就改變，沒有什麼是人類認知裡所謂的永遠的真理與意義。

現今的科學家已在更嚴謹的探討實驗中發現，人之所以思考、存在和所謂真實意義的答案，竟然和三千年前的《金剛經》的經文描述「主觀上的自我」完全吻合，而《金剛經》的這些描述名詞：眼、耳、鼻、舌、身、意與色、聲、香、味、觸、法，更是完全相符合的出現在Discovery、國家地理頻道的最新科學研究「自我是否存在？」與「自我意識」之中，

後記　第一　為什麼印度人說《金剛經》是世上最奇妙的一本書

那是三千多年前佛陀早已覺知的智慧。

《金剛經》經文：「須菩提！菩薩於法，應無所住，行於布施。所謂不住色布施，不住聲、香、味、觸、法布施。須菩提！菩薩應如是布施，不住於相。」（第四分）

🪷 《金剛經》四個字：福德無實，洞穿人們妄生欲望的不必要性

須菩提向佛陀請法時談及福德與福報，但人生活在世上，延續生命及生活所需要的現實資源，畢竟還是稀有、短少，因此每個人對於房產、金錢、職位……的「資源爭奪競爭」，難免還是激烈頻繁，想獲取更多生命及生活資源的渴望與結果被總結成「福報」二字，但佛陀卻以四個字「福德無實」，洞穿人類欲望的不必要性、不可得性，而且不必貪著。

宇宙的所有存在現象，既然都是因為短暫而奇妙的因緣合和而成，既然結果都不是任何人可以掌握與預期，那麼「得到的福報」也都只是處於經常性的變動，具備「若有若無」的不實在性質，例如全球股票、地產的價格，誰能預料？金融風暴或自然災難造成的損害，誰能躲避？遭遇意外與非法行為的傷害，誰能知曉？政治的起起落落誰能預知？因此過度寄望福報，其實正是煩惱生起的源頭，佛陀並不鼓勵心存福報的前提去發心和做事，因此佛陀說：「應無所住而生其心。」連「福德」也不要「住」，因為「福德無實」故。

《金剛經》經文：「須菩提！於意云何？若有人滿三千大千世界七寶，以用布施，是人以是因緣，得福多不？」「如是，世尊！此人以是因緣，得福甚多。」「須菩提！若福德有實，如來不說得福德多，以福德無故，如來說得福德多。」（第十九分）

須菩提白佛言：「世尊！云何菩薩，不受福德？」「須菩提！菩薩所作福德，不應貪著，是故說：不受福德。」（第二十八分）

《金剛經》經以「生清靜心」 讓所有眾生的心得以安住

　　須菩提在《金剛經》裡向佛陀請法，佛陀說：「善哉！善哉！須菩提！」因為佛陀知道透過須菩提的這次發問，佛陀可以藉此說法機會，明確的、清楚的、正確的、超智慧的指引出一種人生觀給世人做參考，那就是一個人應該抱持怎樣的基本人生心態呢？佛陀說：生「清靜心」即可。

　　凡事不要將我們的「心」執著在物體表相，執著在直覺，執著在是非抉擇，執著在意念裡頭……，應該保持清靜無為的心，就不會煩惱叢生，就不會心念雜亂、無法平靜。

　　心有所住，就看不出名牌包本身只是個包包，並無差別，是你的心起了大差別。

　　心有所住，就看不出名位權勢都只是個工作，並無分別，是你的心起了大分別。

　　心有所住，就看不出豪宅多擁有幾棟，並無實際功能，是你的心以為會多出功能。

　　心有所住，就看不出名聞利養都是無常，執著也沒用，是你的心加倍在妄想。

　　心有所住，就看不出是與非並不需要存在或討論，但你的心偏偏先以為「此是而彼非」，然後奮力去想說服別人。

　　心有所住，就看不出很多儀式和知識，都只是人云亦云，但你的心卻若有「恐懼」地在迎拒。

　　……

　　《金剛經》卻是要所有眾生安心，讓所有眾生以「生清靜心」來看流行、看財富、看時尚、看生命、看美醜、看權勢、看因緣、看福報、看苦厄、看病苦……，以「沒有想法的想法」去看一切，以「沒有態度的態度」去總持一切。如果福德有實，如果心想就可以事成，如果因緣可以操

後記

第一

為什麼印度人說《金剛經》是世上最奇妙的一本書

之在我……，那人要生怎樣的心都可以，事實上，面對亙古不變的事實：緣起性空、諸行無常、諸法無我、福德本無實……，只有「生清靜心」才可能「生無住心」，才可以「自在」，而世上也無任何人、任何概念、任何言語可以取代這超越智慧的智慧。

《金剛經》經文：「是故須菩提！諸菩薩摩訶薩，應如是生清淨心，不應住色生心，不應住聲、香、味、觸、法生心，應無所住，而生其心。」（第二十八分）

❀ 《金剛經》的「無我」讓世人第一次洞見宇宙真理

須菩提向佛陀請法，結果卻讓自己悲泣涕零，哭成一團，原因無他，實在是內容太震撼、太前衛了，其中有一項就是佛陀揭示「無我」的人生觀。

「自我是否存在」的問題在科技進步的今天，科學家才開始從大腦、意識、醫學、哲學、生物……的各種角度與證據，深入去探討和研究，哪裡知道約二千五百年前，《金剛經》就以「因緣」來解釋每個生命的「環境」條件排列組合，清楚描述每個人從眼、耳、鼻、舌、身、意所吸收和學習的片段「資訊、記憶和經驗」，在大腦中組合成「自我」，「自我」其實就像是隨身碟中的「資料」一樣。

但《金剛經》卻指出：世上並無永恆不變、獨立存在之實體或主宰，人也是一樣，都是依靠著眼、耳、鼻、舌、身、意，不停地在接受、分析和判斷，然後才產生自以為會永遠存在的「自我」和「自我意識」；但其實這些都只是相對而且短暫的生理和心理現象，都是因緣和合的短暫表現，「一種具有獨立自主、永恆不變、能夠自己主宰」那才叫做「我」或「自我」，佛陀認為這種「我」或「自我」根本不可能永久存在，所以說「諸法無我」。

這神奇的經文，讓世人知道自我的渺小和無知，人的渺小和無知，如果我們能了解自我並不永恆存在時，當然就可以了解相對地你、你們、他、他們也都是一樣，都是緣起性空的短暫和合；而持有正確認識的人，對於自我與他人、眾人的相對關係就比較可以存有另一種慈悲、諒解的態度與觀點，對於「自我」的煩惱、欲望和執著，就會有了另一個層次的觀點。

《金剛經》經文：「須菩提！若菩薩有我相、人相、眾生相、壽者相，即非菩薩。」（第三章）

是故佛說：「一切法，無我、無人、無眾生、無壽者。」（第十七章）

❀ 《金剛經》錄影佛陀的思行典範

每個人或多或少都在尋找和學習一種生命典範、生活典範、思想典範、人生觀典範，但無論你怎麼尋找都有所失落，不是神格化人物難以學習，就是立論完美說得很有道理，但實際卻曲高和寡、窒礙難行，尤其活在現今競爭激烈、貧富懸殊的社會，人的徬徨和迷惘可以想見。

如果有一個活生生的言行典範可以參考，讓智愚貧富都可以知曉人生如何自持？如何生活？如何擁有自在快樂的精神狀態？那無疑就是世上最偉大的傳授，《金剛經》就是這樣一本經典，他記錄了佛陀的言行，紀錄了一個對人生完美覺悟的人，他如何自持、如何生活、如何自在快樂。

佛陀很多時候的生活是這樣：在上午快接近當時僧侶用餐時刻，他整理並披上架裟，執持缽碗，進入到舍衛大城去化緣乞食，在不分貧富化緣幾家完成後，佛陀回到住處進食，當用完餐食後，佛陀收起衣缽，洗淨雙腳，鋪如常座在為他準備的位置，端正身體並盤坐，聚心會神專注於眼前。

就這樣，佛陀是當時世人傳頌的覺悟者，一大堆的國王、相侯、貴

族、富豪……想要長期供養，想要奉膳添服，想要一親德澤，但佛陀卻是選擇如常地走著，如常地親自乞食，簡衣輕食，躬親平凡；乞食豐盛，他心境如水，大雨泥濘，他也心境如水，無論走到何種因緣的境地，無論碰到何種因緣的際遇，他都始終如如不動，法喜充滿內心，佛陀告訴世人：我什麼都沒有，我甚至每天都需要去乞食，即使是這樣，我還能如此如如不動，內心如此平靜，你們都比我有的更多，你們也都可以做到跟我一樣。

這位內心不曾恐懼、罣礙、貪戀的覺者，事實上是身無分文，沒有捷運卡，沒有零用金，沒有投資房地產，也沒有購買任何海外基金和保險，沒有名牌衣，更沒有穿金戴銀，毫無疑問，他比當時和現今世上的絕大多數人都要窮，但他的內心卻是如此平靜、滿足，《金剛經》就這樣告訴世人，這個這麼快樂的覺悟者，他的生存和經濟條件遠遠不及任何人，但卻活生生地讓大家看到：他是如此自持，如此生活，如此自在快樂。

這部經典神奇地揭露：一個人的內心世界與外在環境和條件，根本沒有任何關係，人會不快樂，都是自己的所見、所聞、所學「執著」了自己，讓自己在沒有必要的分別、執著和妄想中，忘記已擁有的，苦惱還沒有的、不必要的、不可能的、虛妄的一切。

《金剛經》經文：「爾時，世尊，食時，著衣，持缽，入舍衛大城乞食。於其城中，次第乞已，還至本處。飯食訖，收衣缽。洗足已，敷座而坐。」（第一分）

這就是《金剛經》，在最喜愛鑽研人思想的印度，被稱為是世上最奇妙的一本書，是的，它的確是。

第二 為什麼《金剛經》 那麼難懂

✿ 為什麼《金剛經》那麼難懂

《金剛經》和《心經》是廣泛流傳於華人地區的二部般若經典，其中又以《金剛經》更受人喜愛和鑽研，但流傳於一般民間的鳩摩羅什《金剛經》譯本，約略完成於西元400年左右，全書字數不多，但總是常讓人有艱澀難懂的感覺，讀起來無法像地藏經、佛說阿彌陀經那麼白話和簡易，更有許多人因為翻不到幾頁就難以理解而擱下經本，這《金剛經》為什麼和其他佛經這麼不同？這麼難懂呢？這原因有四：

1. 《金剛經》譯文精彩流暢、聲韻優美，但用字過於精簡，很難從字面上立即理解
2. 經書相隔年代太久，考證不易
3. 《金剛經》經文超越一般邏輯概念，語言文字不易精確表達
4. 《金剛經》描述主題凡人並無經驗，難以體會

✿ 中文《金剛經》譯本甚是言簡意賅

鳩摩羅什人師的《金剛經》譯本雖然「文約義豐，精妙暢達，至理圓彰」，被尊稱中文佛經「譯神」，但大師為保持精簡風格，文質並重，對《金剛經》的翻譯，採取了相當大的「自主性」，將繁重原文刪去，變易

為文辭流暢、精美簡約的中文，也因此，留下了很多謎團；因為浩瀚廣博的中文，有很多字都擁有「多種解釋」，佛陀在世時的「說法」，應該是很簡單的白話對談，但為何翻譯成中文的《金剛經》，卻是那麼「精簡」而讓人覺得深奧而難窺其妙。特別是「中文單字」，用單單一個中文字來表達印度人的複雜思想，著實不易。

舉例來說，《金剛經》中經常出現許多的重要詞字：色、法、相、心、空、住、見……，而這些字都有很多種意思，對於將佛教傳承最賣力、廣泛的廣大華文世界，因為這些中文字本身的奧妙多元反而深感其苦，舉例來說，看看這個「相」字，它可以是：

posture：姿勢、體態。

photo：相片、圖片。

appearance：外形、外貌。

image：圖像。

bearing：儀態、風度。

phase：相。

cogitation：思維、思想。

……

但經書上的「相」字如果是指「想」字的話，那它解釋就變成是：

want：想、要。

mind：頭腦、精神、心神。

think：思考、認為。

wish：願望、希望。

suppose：假設、假使。

cogitation：思維、思想。

believe：相信。

……

這「相」字與「想」字在意義上雖然相去甚多，但在《金剛經》的譯

本中，同樣一句經文，鳩摩羅什譯成：「須菩提！若菩薩有我相、人相、眾生相、壽者相，即非菩薩。」而玄奘譯成：「善現！若諸菩薩摩訶薩有情想轉，不應說名菩薩摩訶薩。」義淨則譯成：「妙生！若菩薩有眾生想者，則不名菩薩。」從翻譯年代與校正來看，這句經文應是「想」字比較接近梵文原意，意思是說作為一個菩薩，不應該執著於自我的「想法」；由此可見，用一個「單一的中文字」來描繪印度人的思想，雖然簡單，但不容易從字面上直接理解。

　　但這還不是最難的，像空、色、法、蘊……等字，用單單一個中文字在表達梵文經本原意，更有點超越原中文單字可以立即理解程度。難怪初讀經文的人，總是先被這些中文「單字」搞得一團迷霧，比起去理解梵文譯音的「菩薩」、「般若」還要困難，也因為這樣，古德先進講解《金剛經》時就好像是在講易經或論語，逐字逐字解，逐句逐句說，而我們也愈聽愈玄妙、愈聽愈迷糊。

經書相隔年代太久，考證不易

　　佛陀說法的年代距今不下二千五百年，而佛陀在世的時候並沒有留下任何文字、書卷，也就是說，所有的佛經都是佛陀過世後，弟子經過幾次集結集體創作完成，有點像論語的寫作模式，這些經文「沒有經過佛陀過目或校閱」，因此《金剛經》的經文原意，無法在佛陀在世時求得精確原意是不爭的事實，雖然整體經義在其他佛學經典都可以互通和一再出現，但對單字、單句的經文探索，就很難在經過中文翻譯之後，還表現出精確的梵文原意了。

　　因此相對而言，中文本《金剛經》比起任何一本佛學經典擁有更多的紀錄，最多人讀誦、最多人鑽研、最多人註解、最多人困惑、最多人討論、最多人偏愛、最多人不解……，這些最多的空前紀錄，是否是因為翻譯精簡不易理解而表現出特別的奧妙與深度，就不得而知了。

《金剛經》經文超越一般邏輯概念，語言文字不易精確表達

　　《金剛經》文中最常出現的內容就是對存在（being）和真實（reality）意義的探討，特別是探討的高度與層次是超越「我」的立場，不是站在「我」或是「人」的角度在探討「存在」和「真實」，而是站在「我」不是永久的，「我」只是隨機的，「我」只是各種變數的排列組合，「我」可以被看穿的，「我」不值得那麼被吹捧的；這種超震撼的探討角度與層次，粉碎了一般人的邏輯概念，因此，《金剛經》文不容易被理解自然可以想像。

　　在般若思想中，每一個人心識中的「我」，其實就像在吃到飽自助餐中的那個餐盤，每個人拿著自己的大餐盤，這裡夾一點，那裡夾一點，在色、受、想、行、識的「程序」中，累積了自己的文化、經濟、生活、價值、規範……的各種經驗與智識，也就形成了所謂「我」的心識；這些像隨身碟中的資料其實並不是永恆的、真實的，並不應該是「我」的主宰，相反的，自我的自持心態、安住心態應該是要站在更高的層次，超越「我」的層次，然後俯瞰這些心識，看出它的片面和隨機，看出它的空洞和虛妄，所以心經上說：「照見五蘊皆空」，也就是照見「自我」是空，照見我們以為的「存在」是空，照見「真實」是空，照見「我思故我在」也是空。

　　所謂天堂，一般都只是人類苦厄現狀的「改良版」與「期待版」，畢竟還是以人的想法在設計，並不考慮昆蟲和飛鳥；所謂超人，企圖跨越現有人類的價值與道德思維，但畢竟還是停留在我的想法在設計，終究還是我的進階版；所謂仁義道德，還是強調自我與眾人間的互動範疇，都只是在我的思維中打轉。

　　唯獨《金剛經》中的「無我」概念，一舉帶走了一切，連「我」也一起帶走，因此在超越「自我」、超越「五蘊」的觀照層次上，向下俯瞰一

切時，世界非世界，微塵非微塵，第一個世界是自我的世界，第二個世界則是超越「自我」的世界、以「無我」觀照五蘊後的世界，因此，世界非世界，微塵非微塵。

但在邏輯上，本來A就是A，B就是B，但《金剛經》裡的A不是A，B不是B，會讓一般人難以理解，這應該不是邏輯問題，而是語言文字表達的「操作性定義」問題，可惜的是佛陀已離世太久，一切都難以印證了。

《金剛經》描述主題凡人並無經驗，難以體會

以下是文字、語言在描繪眼睛、耳朵、鼻子、舌頭、身體上的感受出現的問題：

1. 當一個女人在身上噴了一點Dior香水時，我們能否用語言文字形容出香味嗎？
2. 當一個人看到日落的晚霞時，我們能否用語言文字形容出飄逸變幻的霞光萬丈嗎？
3. 當一個人聽到美妙的音樂時，我們能否用語言文字形容出飄逸優美的各種樂器聲音和音符嗎？
4. 當一個人嚐到一道美食時，我們能夠用語言文字形容出各種食材和香料、酌料的絕妙搭配嗎？
5. 當一個人走在秋高氣爽的森林中，我們能用語言文字形容出那種清爽冷冽的空氣和秋意的氛圍嗎？

不能，當然不能，言者言之，聽者聽之，除非親身經歷，否則所有眼睛、耳朵、鼻子、舌頭、身體上的各種感受，都難以用語言文字來完整表達。

還有，有人知道「死亡」是什麼感受嗎？有人看過屍體，有人看過別人死亡，但事實上卻是：沒有人經歷過死亡，當然，也沒有人可以正確描述死亡，即使真的有人經歷了，我想這個經歷死亡的人當時已經沒有了眼

睛、耳朵、鼻子、舌頭、身體上的各種感受，他絕對沒有辦法只用語言文字來形容死亡。

　　這就是《金剛經》的難處，經文中所描述的主要內容像「涅槃」、「阿耨多羅三藐三菩提」，實際上除佛陀本人外並無人經歷過，因此要如何叫不是佛陀的後人用語言文字來描述「涅槃」、「阿耨多羅三藐三菩提」、「空」的境界、「無我」的境界？這就是《金剛經》難懂的第四個原因。

　　不過即便如此，我們還是可以依照佛陀的其他經文，拼湊出大般若智慧的概括意涵，畢竟，經文的受用遠比經文的被爭議與考證來得更重要些。

第三 玄奘大師《金剛經》譯本

玄奘《金剛經》譯本

廣泛流傳於華語地區的鳩摩羅什《金剛經》譯本，完成於約西元400年左右，當時處東晉十六國時期，距離西元629年玄奘西去天竺取經，相去約230年；貞觀十九年也就是西元645年，玄奘從印度載譽歸國，將657部佛經帶回中土大唐時，受到唐太宗的熱情接待，並奉詔再次翻譯《金剛經》。

然而玄奘大師重譯《金剛經》時，鳩摩羅什《金剛經》譯本早已在當時中土流傳近250年，因此玄奘重新翻譯梵文本《金剛經》必會展現出其必要性與差異性，其中對鳩摩羅什《金剛經》譯本過於精簡是重新翻譯主因，也因為這樣，玄奘版本的《金剛經》從鳩摩羅什的5180字，變成了8208個字，而且不少還以「具存原文」及「音譯」來表現出經文原意。

我相、人相、眾生相、壽者相

也因為如此，兩本《金剛經》中文譯本，在翻譯精神和詞句上就有著明顯不同的特徵，而且差距還滿大的，再舉上一節那句最常出現的經文為例：

「若菩薩有我相、人相、眾生相、壽者相，即非菩薩。」

玄奘重譯《金剛經》時，就明確將「相」字翻譯成「想」字，將經文譯成：

「若諸菩薩摩訶薩有情想轉，不應說名菩薩摩訶薩。」

從梵文及英文上解讀，此「相」字的意思比較接近「概念、主張、想法」，比較接近「notion」的意思，玄奘翻譯成「想」字應該比較接近原意；當然也有人說古代中文「相」與「想」字通用，但若對照鳩摩羅什心經上的譯文「非色異空，非空異色，色即是空，空即是色，受想行識亦如是」來看，鳩摩羅什就明確有使用過「想」字，可見這兩個字的確應有分別才是，在此處經文中，玄奘將此「相」字翻譯成「想」字，若從梵文版、孔茲英文版、真諦譯文、義淨譯文……各譯本來看，用「想」字代替「相」字，個人也覺得確實較為精確且恰當，也就是經文原意較偏向：「若菩薩有我想、人想、眾生想、壽者想，即非菩薩。」

凡所有相，皆是虛妄。
若見諸相非相，則見如來

再看看比較同樣是「相」字的另幾句經文，鳩摩羅什譯本為：

「須菩提！於意云何？可以身相見如來不？」

「不也，世尊！不可以身相得見如來。何以故？如來所說身相，即非身相。」

佛告須菩提：「凡所有相，皆是虛妄。若見諸相非相，則見如來。」

而玄奘的譯本在此幾句經文中，就保留了和鳩摩羅什譯本一樣的「相」字，他這麼翻譯：

佛告善現：「於汝意云何？可以諸相具足觀如來不？」

善現答言：「不也，世尊！不應以諸相具足觀於如來。何以故？如來說諸相具足，即非諸相具足。」

說是語已。佛復告具壽善現言：「善現！乃至諸相具足皆是虛妄，乃至非相具足，皆非虛妄，如是以相非相應觀如來。」

由此可見，玄奘重新翻譯《金剛經》文時的字字斟酌與嚴謹，將

你會喜歡金剛經

「相」與「想」字做出了明顯差異。

從精簡到音譯

但千古以來，玄奘《金剛經》譯本為何在華人地區較鳩摩羅什譯本較不普遍流行呢？因為玄奘《金剛經》譯本採取了「具存原文」及「音譯」來表現經文原意，但也因此多出了許多後人較難理解的「譯音」，讓初學者反而更難理解，例如以下這句經文中，兩位大師的經文翻譯：

鳩摩羅什譯本：「須菩提！若菩薩有我相、人相、眾生相、壽者相，即非菩薩。」

玄奘譯本：「若諸菩薩摩訶薩不應說言有情想轉，如是命者想、士夫想、補特伽羅想、意生想、摩納婆想、作者想、受者想轉，當知亦爾。何以故？善現！無有少法名為發趣菩薩乘者。」

玄奘譯本中將「四相」變成「七想」，內容雖然增多，並且較接近梵文原本，但卻也出現了補特伽羅、摩納婆、意生、命者……一般人難以理解的梵文譯音與新譯，讓初學者有時更難以簡單閱讀，這就是從精簡到音譯的兩種不同風格表現。

概略而言，但若從通俗好讀、言簡意賅、疏朗流暢、押韻對仗的角度來看，的確，鳩摩羅什是堪稱「佛經譯神」，連玄奘大師本人亦佩服之至，但玄奘在要兼顧「尊崇鳩摩羅什大師」及「辭義完整，避免誤解杜撰」之下，新譯的《金剛經》只好，從「通俗好讀」變成部分重要文字「音譯原文」，從「工整對仗」變成部分「艱澀生硬」；在唐朝當時，玄奘可以藉由講經與弟子傳述將「音譯原文」加以清楚說明，但經過近一千多年後的我們，沒有了「音譯原文」的說法時，讀此經文，難免更添謎惑，例如上段經文中的補特伽羅想、摩納婆想……，就會有不知道怎麼去理解的困擾。

🪷 玄奘譯經其實也都是言簡意賅

不過如果單就翻譯文采而言，玄奘翻譯佛經當然也有十足的能力表現出「言簡意賅」，這可以從他翻譯的「心經」現今仍廣受華人區流傳可以看見，我們比較心經的幾句經文翻譯即可得知：

鳩摩羅什譯本：「觀世音菩薩，行深般若波羅蜜，照見五陰空，度一切苦厄。舍利弗，色空故無惱壞相，受空故無受相，相空故無知相，行空故無作相，識空故無覺相。何以故？舍利弗，非色異空，非空異色，色即是空，空即是色，受想行識亦如是。」

玄奘譯本：「觀自在菩薩，行深般若波羅蜜多時，照見五蘊皆空，度一切苦厄。舍利子，色不異空，空不異色；色即是空，空即是色。受、想、行、識，亦復如是。」

鳩摩羅什用了85字，玄奘只用了52字，而且文字之精簡、傳神，可以清楚看出玄奘大師譯經有能力達到「言簡意賅」的境界。

再舉玄奘大師一本廣為流傳的「藥師琉璃光如來本願功德」一經為例，玄奘譯文所採文體：「爾時、世尊讚曼殊室利童子言：『善哉！善哉！曼殊室利！汝以大悲，勸請我說諸佛名號，本願功德，為拔業障所纏有情，利益安樂像法轉時諸有情故。汝今諦聽！極善思惟！當為汝說』。曼殊室利言：『唯然，願說！我等樂聞！』」譯文也是白話簡潔，流暢無礙。

由此可見，奉詔重譯的玄奘，在兼顧「尊崇鳩摩羅什大師譯本」及「辭義完整，避免誤解杜撰」雙重考慮下，「能斷金剛般若波羅蜜多經」著實為此些「音譯原文」背負了許多不解，但對於有興趣窺探經文原意的人而言，玄奘譯本絕對是研讀《金剛經》重要而不可或缺的參考。

第四 有我與無我

《金剛經》裡最令人震撼的哲理之一就是「無我」的概念，「我」最深的核心是由空無所組成的，事實上並沒有自我。然而對絕大多數人而言，開車闖紅燈、碰觸燒燙的開水，明明是致命的風險與可怕的疼痛，怎麼會是「無我」呢？投資失利，甚至繳不起昂貴房貸，身心折磨至極，怎會是「無我」呢？佛陀是個如實的「真語」者，不可能闡述讓人無法理解的哲理，這問題出在哪呢？

我的真相與空的真義

以一座森林為例，森林中有老樹、小花、蜘蛛、飛鳥、昆蟲、青蛙、香菇、爬藤……，那麼以人的生命比喻來看，你覺得我們生命的本來性質是什麼呢？是像森林中的一隻猴子呢？還是一隻蝴蝶？有生有死，有來有去呢？

佛陀告訴我們都不是，我們以為由眼、耳、鼻、舌、身、意所累積的大腦「記憶」，像隨身碟裡的資料和檔案就是「自我」，佛陀告訴我們根本不是，森林裡的猴子不是我們生命的本質，森林各種生命的「生生不息」才是；樹木不是生命的本質，樹木的「生長」才是；森林中的河流不是生命的本質，河流的「流動」才是。

錯誤的自我概念像一間空屋裡擠滿的東西，沙發、電視、冰箱、拖鞋、櫃子、桌椅……，人把屋裡的空間全部擠滿了，生命和自我的本質其實是那一間房子的「空」，「那個空」才是我們生命的真正本質，「那個

空」才是真正的「自我」，沙發不是，電視也不是，而我們只需要搬出雜亂的家具，只需去發掘出那個「空」，就可以找回真正的自我；我們只需去清除屋內的那些堆積物，「空」就會自己跑出來，自然就會被我們覺知到。

所以，來來去去的白雲，不是自我，只是夢幻泡影、只是生命的假象，白雲不是真正的自我本性，白雲跟房子中的沙發、電視一樣，都是生命的幻象，白雲背後的那個「天空」才是真正的自我，才是我們需要去覺知的「我」，因此佛陀說：「如來者，無所從來，無所從去」，因為自我不是白雲，是那個空，所以白雲來了，天空並沒有離開，白雲走了，天空也還在那裡，天空「不來也不去」，天空「本自存在」，天空「不生也不滅」。

因此六祖惠能描述自我的本性時，他這樣說：

菩提自性，本來清靜

但用此心，直了成佛

何其自性，本自清靜

何其自性，本不生滅

何其自性，本自具足

何其自性，本無動搖

何其自性，能生萬法

那個什麼都沒有的「天空」才是「自性」，才是真正的「自我」，那個「空」會以各種形式在演譯生命，白雲、黑雲、各種形狀的雲都是，但我們就是要去覺知，那些都是我們錯看的生命幻象，能生萬法的「天空」才是「自性」。

所以，「海浪」碰到岸邊時，「浪花」會破滅，但是浪花不是生命，浪花不是自我，「海」才是你的自性，才是真正的「你」，浪花會退回到海裡，以另一種形式再度升起，如果我們不被迷惑，我們就會覺知，海才是「我的自性」，浪花不是「我」。

🪷 無我

所謂「無我」就是「否定」那個我們自以為是的「我」，讓我們去覺知「天空」才是真正的「我」，因為需要每個人自己去覺知，自己去感受，佛陀也無法鑽進你的腦袋去幫忙，因此也無法形容你覺悟之後會發現什麼，無法告訴你會是什麼，只能說「本來清靜」；像如如不動的天空，佛陀只能告訴我們會是「不生不滅」，會是「不垢不淨」，自我的菩提自性只需要去發現、去覺知，但不是去「創造」，因為「天空」它本來就在那，從沒有離開過，它從不需要被創造，所以說「菩提本無樹」。

佛陀除了定義「我」的洞觀層次不同外，「無我」主要是在提醒：一般人對「我」的想法過多執著，過多分別與妄想，少了點歷史觀、宇宙觀、真實觀，忽略了真正的「自我」本質，當然煩惱痛苦也就「無」中生「有」了。

🪷 如果是有我

反過來說，如果你是一位發願走向菩薩道的人，「無我」變成了「有我」，這時你就會發現：一切的發願與行為全都變了調，變成一種：

「有目的」的付出

有「想要達到什麼」的布施

「想要獲得什麼」的「交易」

有計畫的商業行為

……

這時一切的善行與價值觀就會很容易和虛偽染上邊，很容易受到批判和攻訐，也就在這時，一切才會又回到佛陀的教誨：無我想、無人想、無眾生想……，也只有自持這種心態，才是無上無私的正確思維，也只有持有這種心態，才能走在菩薩道上始終如一。

🪷 來生與福報

不過，如果你是一個自持無我的心態，一個內心是什麼都不執著的空無，那你該煩惱什麼？有什麼可以煩惱？很多人執著於虛幻的自我，擔心生死之事，擔心財富和現有的一切，擔心來生的福報，但如果有這麼一個問題讓我們來回答：「你過世後，想帶走些什麼？」仔細想想你就會明白：

- ✔ 留下我的土地和黃金？
- ☞ 如果來生是一隻水母、蝴蝶或斑馬，你背著黃金要幹什麼？背著土地權狀要幹什麼？

- ✔ 我想保持我的個性或脾氣？
- ☞ 如果演變後，大家都是一棵樹，生命為何需要執著在個性、脾氣、文字或語言？

- ✔ 我想保持我的財經知識和技能？
- ☞ 如果你是轉世成5萬年前的穴居人，你的財經智識要做什麼？
- ☞ 如果你是轉世成1萬年後的未來人，你拿著好笑的手機和筆電要做什麼？
- ☞ 如果將你移民至烏拉圭，你的語言和文字水準會讓你變成智障和文盲，還什麼財經不財經？應該先學會踢足球要緊吧！

- ✔ 我想和家人再續前世緣，幸福快樂在一起？
- ☞ 如果你的家人來生都是飛鳥，你又要如何照顧？你怎知牠們會認得你？

- ✔ 我想保留我的藝術創作或著作？

☞ 如果你來世是亂世的一名士兵，你帶著創作要找誰？

☞ 如果時光倒流至文革時期，沒有創作不是更好？

✔ 我想保持我的社會地位和名氣？

☞ 你光是睡覺時就忘了自己的所有一切，何況死後？

☞ 人非但不是以整體的思維在想一切，甚至都只以「局部的」、
「片面的」價值觀評價自己的社會地位和名氣，自己的國家、自
己的縣市、自己的朝代等等，思考一切，有時候外國人都不見得
認同你的國籍，更別說你的社會地位和名氣了。

☞ 其實螞蟻、蝴蝶和候鳥……都很瞧不起人類，很討厭人類這種惡
魔生物，更別說火星人、外星人對你的社會地位和名氣的看法。

✔ 我想讓世人敬仰？

☞ 你這輩子又敬仰過誰？怎麼敬仰？在端午節吃一顆粽子敬仰屈原
嗎？

☞ 你的小孩敬仰孔子還是蜘蛛人？是楊過還是變形金剛？過世的歷
史人物，你可以分出是真是假嗎？在世的偶像或形象，影響我們
最深的，你可以分出是真是假嗎？

後記

第四

有我與無我

　　其實都是把自我「想」成太多，尤其是「消費者至上」的經濟形態，
個人被捧上天，每票都是關鍵的「民主時代」，「自我」因為需要被利
用，被形容成無限偉大和無限可能，但只要多了解一點「無我」的那個
「空」，所有問題自然就會迎刃而解，甚至根本沒有來生與福報的問題需
要存在。

❀ 照見五蘊皆空

「我」就是那個天空，「無我」就是發現「白雲不是我」，天空才是真正的我，白雲只是那個未被照見的「五蘊」，心經上說：「觀自在菩薩，行深般若波羅蜜多時，照見五蘊皆空，度一切苦厄」，「無我」就是「照見五蘊皆空」，所以說：

一般人以為的我：是來來去去白雲，是起起落落的海浪，是吵吵鬧鬧的森林動物……

而佛陀說真正的自我：是那個什麼都沒有的天空，是深邃不變的大海，是森林的生生不息……

「無我」就是觀照出每個人內心的那個「空」，「無我」是「非觀念性」的，因為所有的觀念都屬於人的頭腦記憶，都屬於五蘊，因此，所有的觀念都必須被拋棄，真如本性就慢慢自己會浮現出來。

第五 從《金剛經》的 八次舉例， 看佛陀的數與量思維

　　佛陀的心量可謂心包太虛，量周沙界，而佛陀的智慧更是超越智慧的智慧，看二千五百年前佛陀在《金剛經》裡教化眾生的比喻，絕對是人類文字史上從沒有人能有過的思維與舉例，當時佛陀為表示聚集所有珍貴的珠寶都比不過受持讀誦《金剛經》的好處，佛陀做了八次的比喻：

　　從可以理解的數量到巨大無邊的數量

　　從巨大的數量到不可數量，

　　從可以想像到難以想像，

　　從難以想像到無法想像、到不可思議……

　　二千五百年前佛陀的數理概念真實地超越了科學和現實的極限，真實的不可思議，讓我們細細地抽絲剝繭，看看佛陀的數學和物理思維，看看他如何表達珍寶財貨的數與量：

　　第一例　若菩薩不住相布施，其福德不可思量。……東方虛空可思量不？……南西北方四維上下虛空可思量不？菩薩無住相布施，福德亦復如是不可思量。（第四分）

　　佛陀用宇宙無邊無際的空間來表達「菩薩不住相布施」的福德，像宇宙無邊無際的四維八方如此的不可思量。

第二例　若人滿三千大千世界七寶以用布施，是人所得福德，寧為多不？……（第八分、第十九分）

一個人用黃金、白銀、琉璃、珊瑚、瑪瑙、琥珀……等七種奇珍異寶，裝滿了三千大千世界，用這樣數量的七寶來做布施，像這樣的人所得的福德有很多嗎？

2011年時，全球各國公布的官方黃金儲備總量亦不過為32,700噸，而佛陀卻是用三千大千世界都裝滿了七寶，一個大千世界約是十億個銀河系，三千大千世界雖然可以想像，三千大千世界都裝滿了七寶實在難以想像，人類有史以來，從來沒有人說過、理解過這樣的數量比喻。

第三例　如恒河中所有沙數，如是沙等恒河，……以七寶滿爾所恒河沙數三千大千世界，以用布施，德福多不？……（第十一分）

這一次佛陀以第二次的「三千大千世界」做為比較的基本單位，再乘以「恒河中所有沙數，如是沙等恒河」，將恆河中的每一粒沙又等於是一條恆河，這樣「每一粒恆河沙都是恆河，如此眾多的恆河，而如此眾多的恆河中的所有沙」這樣數量的「三千大千世界」，都裝滿了珍貴七寶……。

人類數學可能使用的億、兆、十兆……，都實在難以描繪佛陀舉例的數量，更何況佛陀指的還都是珍貴七寶！

第四例　以恒河沙等身命布施……（第十三分）

第四次佛陀的比喻又超越了上一例布施的內容，將七寶的「財布施」換成了更殊勝的「身命布施」，一個人一生只有一次身命，如果通通奉獻給別人來做布施叫做「身命布施」，然後這樣的布施行為又一次次輪迴，又一次次無私的奉獻，都在做身命布施，次數像恆河沙粒那麼多次！這樣的功德，人絕對不知道要如何去計量與評價。

第五例　若有善男子、善女人，初日分以恒河沙等身布施，中日分復以恒河沙等身布施，後日分亦以恒河沙等身布施，如是無量百千萬億劫以身布施……（第十五分）

第五次佛陀又以第四次「恒河沙」等身命布施做計量單位，再乘以初日分、中日分、後日分，然後再乘以「無量百千萬億劫」，這樣數學計量的身布施已超過人類能理解數量的意義和極限了……

第六例　若三千大千世界中所有諸須彌山王，如是等七寶聚，有人持用布施……（第二十四分）

第六次佛陀再將七寶的質與量做更大改變，大千世界所有的七寶聚集起來或許很多，但珍貴珠寶畢竟是稀有，全部堆積起來也未必有泰山一半大，佛陀卻直接將須彌山王那麼巨大的體積都比喻成七寶，然後再加上三千大千世界中的每一座須彌山王都是如此，都用七寶來堆積，這樣數量的七寶用來布施……

第七例　若菩薩以滿恒河沙等世界七寶布施……（第二十八分）

第七次佛陀也不再侷限以諸須彌山王都是七寶的數量基礎，而是直接讓七寶裝滿整個世界，而且是恒河沙這樣數量的世界都裝滿七寶……

第八例　若有人以滿無量阿僧祇世界七寶持用布施……（第三十二分）

最後一次，佛陀將用七寶裝的滿滿的世界再乘以「無量阿僧祇」劫，讓時間概念再加入所有空間……，

這就是佛陀的數學與物理概念，簡單幾個布施和持經福德的舉例，就已經遠遠超越現今科學範圍所能理解的數量概念，而佛陀舉例說明的時間則是發生在距今約2500年前，真是人類史上最奇特的一位超能智者。

後記

第五　從《金剛經》的八次舉例，看佛陀的數與量思維

第六　須菩提為何痛哭流涕？

　　《金剛經》是記載佛陀與十大弟子之一「須菩提」的一段請法對話，在那一次的發問對談中，如果不計佛陀對須菩提提問，而只記數須菩提的主動提問次數的話，那應該有七次之多，須菩提的七次提問內容是這樣：

　　第一次　世尊！善男子、善女人，發阿耨多羅三藐三菩提心，應云何住？云何降伏其心？（第二分）

　　第二次　世尊！頗有眾生，得聞如是言說章句，生實信不？（第六分）

　　第三次　世尊！當何名此經？我等云何奉持？（第十三分）

　　第四次　世尊！善男子、善女人，發阿耨多羅三藐三菩提心，云何應住？云何降伏其心？（第十七分）

　　第五次　世尊！頗有眾生，於未來世，聞說是法，生信心不？（第二十一分）

　　第六次　世尊！佛得阿耨多羅三藐三菩提，為無所得耶？（第二十二分）

　　第七次　世尊！云何菩薩不受福德？（第二十八分）

　　但很少人注意到：
　　當年《金剛經》的請法現場氣氛為何？
　　須菩提當時的態度為何？心情為何？
　　整個對談的情境變化為何？氛圍如何？

這是一個有趣的問題，也是閱讀《金剛經》時不能不注意到的現場氛圍變化，讓我們從經文中須菩提的發問與佛陀的回答中，細細觀察請法對談的會場情緒與氛圍變化。

一、尊崇與期待

首先是須菩提的第一次提問：「世尊！善男子、善女人，發阿耨多羅三藐三菩提心，應云何住？云何降伏其心？」

當時的須菩提是：即從座起，偏袒右肩，右膝著地，合掌恭敬而白佛言：「希有！世尊！如來善護念諸菩薩，善付囑諸菩薩……。」毫無疑問的，這樣的大哉問絕不可能是臨時起意，而是在須菩提心中早已醞釀許久，也剛好遇上這難得的機會，因此，須菩提勇敢站起來向佛陀發問，也替大家發問，當時須菩提的心境應該是充滿著尊崇與期待。

二、驚訝與疑惑

佛陀在聽完須菩提的問題後說：「善哉，善哉。」稱讚須菩提這是一個好問題，但也提醒須菩提：「……汝今諦聽！當為汝說。」你必須仔細聽、用心聽，我來為你解答。

佛陀早已料到「無我」、「無所住」、「無為法」……會對初次聽聞的人造成很大的認知衝擊和心理衝擊，因此說法之初就先提醒須菩提：你必須仔細聽、用心聽，我來為你解答。

接著佛陀才開始說明「善男子、善女人，發阿耨多羅三藐三菩提心，應云何住？云何降伏其心？」佛陀大致上講出了住心、安心、伏心的三個要領：

（一）發願做為一個菩薩，就不應有我相、人相、眾生相、壽者相，若菩薩有我相、人相、眾生相、壽者相，即非菩薩。

（二）菩薩於法，應無所住，行於布施，所謂不住色布施，不住聲香味觸法布施，應無所住而生其心。

（三）不可以身相得見如來，凡所有相，皆是虛妄。若見諸相非相，則見如來。

此時的須菩提內心當然是充滿了驚訝、疑惑，這畢竟是他第一次聽聞如此高深的大般若心法，因此，他真實懇切地、直接的向佛陀提出了他的第二個問題：「世尊！頗有眾生，得聞如是言說章句，生實信不？」須菩提當場難以接受和消化佛陀的安心三要旨是最正確、唯一的解答，須菩提心生質疑。

三、釋疑

佛陀知道任何相關「心」的理解與證悟是最難的，連佛陀他自己都難免需要經過六年苦行，才在菩提樹下證得無上正等正覺，因此佛陀很能理解須菩提的疑惑，但對須菩提的提問也給予正確指導，佛陀先向須菩提說：「莫作是說！」你不要這樣說！

為什麼呢？因為此金剛般若智慧最具莊嚴性和無可取代性，是佛法的精髓，也是有情眾生無邊無量福報的來源，如果你的質疑流傳予同門師兄弟和聽法弟子，那傷害非同小可，因此，佛陀沒有矯揉造作，也沒有任何一絲的模糊，佛陀直接指導須菩提：「莫作是說！」那是哪一句話說錯了呢？佛陀非常清楚地直接了當的點出：「頗有眾生，得聞如是言說章句，生實信不？」這一句話，就這一句話，須菩提，你「莫作是說！」

佛陀開始對須菩提說明為什麼「你不要這樣說」的原因，佛陀第二次對須菩提的提問題出了幾點說明：

（一）受持誦讀此經文的功德非同小可，若生疑慮，很容易誤引眾生跟著隨生狐疑，影響甚大，佛陀說：「須菩提！於意云何？若人滿三千大千世界七寶以用布施，是人所得福德，寧為多不？……若復有人，於此經

中受持，乃至四句偈等，為他人說，其福勝彼。」在《金剛經》中，佛陀九次不厭其煩的向須菩提教說受持信解《金剛經》的功德，未來是無邊無量眾生最受用的福德所在，其用心良苦可以想見。

（二）此法殊勝無比，佛陀告訴須菩提：「一切諸佛，及諸佛阿耨多羅三藐三菩提法，皆從此經出。」

（三）此法莊嚴無比，佛陀告訴須菩提：「須菩提！隨說是經，乃至四句偈等，當知此處，一切世間、天、人、阿修羅，皆應供養，如佛塔廟，何況有人盡能受持讀誦。須菩提！當知是人成就最上第一希有之法，若是經典所在之處，則為有佛，若尊重弟子。」

（四）此經可消前世罪業，佛陀告訴須菩提：「須菩提！善男子、善女人，受持讀誦此經，若為人輕賤，是人先世罪業，應墮惡道，以今世人輕賤故，先世罪業則為消滅，當得阿耨多羅三藐三菩提。」

此時的須菩提心境絕對是緊張的、焦慮的、汗流浹背的，他警覺到他第二次提問問得太直率、太快了，這麼驚人福報、這麼殊勝無比、這麼莊嚴無比的珍貴心法首次公開傳與弟子與眾人，而我須菩提的問題竟然是：「世尊！頗有眾生，得聞如是言說章句，生實信不？」個人認為現場氣氛應該是有點驚訝、震撼和懊悔不已。

🪷 四、請求命名此法

須菩提聽完後，當然能體會出事態嚴重，但他亦立即補正，請求佛陀為今天提問「應云何住？云何降伏其心？」的心法命名，好傳承後世，廣被宣說，須菩提說：「世尊！當何名此經？我等云何奉持？」

此時佛陀回答道：「是經名為『金剛般若波羅蜜』，以是名字，汝當奉持。」這時的須菩提內心總算稍微紓解、平靜了一些，雖然剛才提出了這樣的質疑，但總算能請佛陀為此特別心法命名，可以傳法於後世，至少比起剛才是正面了許多。

五、佛陀再說法，須菩提痛哭流涕

接著佛陀再為須菩提舉例，詳說：「諸微塵，如來說非微塵，是名微塵。如來說世界，非世界，是名世界」的緣起性空本性，以及「不可以三十二相見如來」的諸相非相實義，並且再次解說：即使一個人以超越七寶的「財布施」，提升至「身命布施」，也比不上為他人宣說《金剛經》的功德：「須菩提！若有善男子、善女人，以恒河沙等身命布施；若復有人，於此經中，乃至受持四句偈等，為他人說，其福甚多！」

這時須菩提的情緒終於崩潰，當場在眾人面前「涕淚悲泣」，痛哭了起來，一來「深解義趣」，二來這才了解《金剛經》的最莊嚴性、最珍貴性、最殊勝性、最具功德福報性……，想起當初自己的發問：「頗有眾生，得聞如是言說章句，生實信不？」實在身感震撼與徹悟，心情難以按奈，因此，須菩提的「涕淚悲泣」將現場氛圍帶至悟解與高潮。

六、整頓心緒，重說法要，終獲佛陀肯定

須菩提在「涕淚悲泣」後，平靜了思緒，整理了佛陀的教誨，先向佛陀致謝傳授此一珍貴法門：「希有，世尊！佛說如是甚深經典，我從昔來所得慧眼，未曾得聞如是之經。」然後重述一次佛陀說法要旨，請佛陀指導與驗證：「世尊！若復有人得聞是經，信心清淨，則生實相，當知是人，成就第一希有功德。世尊！是實相者，則是非相，是故如來說名實相。」

重要的是相對於上次：「頗有眾生，得聞如是言說章句，生實信不？」的想法，須菩提也理解並修正為：「世尊！我今得聞如是經典，信解受持不足為難，若當來世，後五百歲，其有眾生，得聞是經，信解受持，是人則為第一希有。何以故？此人無我相、人相、眾生相、壽者相。所以者何？我相即是非相，人相、眾生相、壽者相即是非相。何以故？離

一切諸相，則名諸佛。」

　　佛陀聽完後終於肯定而稱讚說：「如是！如是！」現場氣氛終於又回到圓滿喜悅，須菩提也平靜了心靈的悸動與震撼。然後在佛陀又詳細說明「無所住」、「諸相非相」及「心不可得」後，須菩提再一次請佛陀總結並重複一次：「世尊，善男子、善女人，發阿耨多羅三藐三菩提心，云何應住？云何降伏其心？」

　　這是《金剛經》文中，記載佛陀弟子「解空第一」的須菩提，首次聽聞「無我」、「無所住」、「無為法」、「心不可得」……高深佛法的一段心靈震撼與感受記錄，在後世人們閱讀此經文時，我們也不妨順便體會一下當時須菩提的心境變化和現場氛圍，畢竟，在人類所有大學的講堂中，還沒有哪門學問能讓人聽到當場感動痛哭和如此震撼。

後記

第六

須菩提為何痛哭流涕？

第七 跳脫文字糾纏，
讓《金剛經》一氣呵成

　　《金剛經》是距今約2500年前在印度舍衛大城的一場心靈探索對談，由於內容超越古今中外任何的心靈、邏輯、宗教等地論述內容，因此歷經數千年仍受世人重視和探討，大約1400年前，中國南朝梁代太子蕭統，史稱昭明太子，將鳩摩羅什翻譯的《金剛經》經文整理成為容易傳誦理解的「三十二分」，從此也讓華人地區在研習《金剛經》時有清楚的段落與章節。

　　總數5180字的鳩摩羅什《金剛經》譯本是以流暢的「文言文」方式書寫，雖然世人均推崇鳩摩羅什翻譯的經卷準確無誤，臻於精美，但也因為刪去繁重原文，不拘原文體制，並大量使用精簡極美的中文「單」字，例如：色、空、相、法、想、住、心、非……，因此讓後人很容易陷入中文的文字糾纏之中，苦思不得其解，再加上昭明太子的三十二分，段落多，連貫少，因此《金剛經》經常讓人有章節分散，而讀不出原經文架構清楚、一氣呵成的流暢感。

　　個人比較各種譯文本之後，用最簡單的架構先條列出原經文的故事段落：

　　一、故事背景，須菩提提問安心之道
　　二、佛陀回答安心三要旨及不住相布施的福德
　　三、須菩提對未來傳法未具信心，提出質疑
　　四、佛陀深入說明心無所住、法無可說、法無所得及持經福德

如果《金剛經》沒有了簡單架構與一氣呵成的流暢性，就會讓許多讀者忽略了：整個對談內容必須是在回答須菩提的：「云何應住？云何降伏其心？」以及衍生的「傳法」問題。筆者見過太多的《金剛經》講經與譯文，一再地深入經文，咬文嚼字，甚至解經內容偏離了當時對談主題太遠，以佛陀的智慧和當時印度人文及教育背景，應該不致於那麼複雜，整篇經文應該圍繞在「須菩提提問，佛陀回答」的直接對談內容，因此，如果以上述簡單架構來研讀鳩摩羅什《金剛經》譯本，或許你會更容易掌握整個經文的一貫性。

一、故事背景，須菩提提問安心之道

這是破題《金剛經》的對談主題內容，由弟子須菩提提問請教佛陀：「善男子、善女人，發阿耨多羅三藐三菩提心，應云何住？云何降伏其心？」在玄奘譯本中則是：「世尊！諸有發趣菩薩乘者，應云何住？云何

修行？云何攝伏其心？」

【經文】

如是我聞。一時，佛在舍衛國祇樹給孤獨園，與大比丘眾千二百五十人俱。爾時，世尊食時，著衣持鉢，入舍衛大城乞食。於其城中，次第乞已，還至本處。飯食訖，收衣鉢，洗足已，敷座而坐。

時，長老須菩提在大眾中即從座起，偏袒右肩，右膝著地，合掌恭敬而白佛言：「希有！世尊！如來善護念諸菩薩，善付囑諸菩薩。世尊！善男子、善女人，發阿耨多羅三藐三菩提心，應云何住？云何降伏其心？」

二、佛陀回答安心三要旨及不住相布施的福德

佛陀聽完須菩提的問題後非常高興，畢竟能有弟子問到這種層次的問題，令人寬慰，而佛陀也可以藉此機會傳承更高深的佛法給弟子們，佛陀提到三個安住其心的要領以及不住相布施的福德：

（一）菩薩不應有我相、人相、眾生相、壽者相。

（二）菩薩於法，應無所住，不應住相布施，不應住色聲香味觸法布施，應無所住而生其心

（三）凡所有相，皆是虛妄，若見諸相非相，則見如來。

（四）菩薩不住相布施，其福德不可思量。

【經文】

佛言：「善哉，善哉。須菩提！如汝所說：如來善護念諸菩薩，善付囑諸菩薩，汝今諦聽！當為汝說：善男子、善女人，發阿耨多羅三藐三菩提心，應如是住，如是降伏其心。」

「唯然。世尊！願樂欲聞。」

佛告須菩提：「諸菩薩摩訶薩應如是降伏其心！所有一切眾生之類：若卵生、若胎生、若濕生、若化生；若有色、若無色；若有想、若無想、若非有想非無想，我皆令入無餘涅槃而滅度之。如是滅度無量無數無邊眾

生，實無眾生得滅度者。何以故？須菩提！若菩薩有我相、人相、眾生相、壽者相，即非菩薩。

「復次，須菩提！菩薩於法，應無所住，行於布施，所謂不住色布施，不住聲香味觸法布施。須菩提！菩薩應如是布施，不住於相。何以故？若菩薩不住相布施，其福德不可思量。

「須菩提！於意云何？東方虛空可思量不？」

「不也，世尊！」

「須菩提！南西北方四維上下虛空可思量不？」

「不也，世尊！」

「須菩提！菩薩無住相布施，福德亦復如是不可思量。須菩提！菩薩但應如所教住。

「須菩提！於意云何？可以身相見如來不？」

「不也，世尊！不可以身相得見如來。何以故？如來所說身相，即非身相。」

佛告須菩提：「凡所有相，皆是虛妄。若見諸相非相，則見如來。」

三、須菩提對未來傳法未具信心，提出質疑

須菩提聽完後，質疑此心法在未來世向眾生弘揚宣導時，是否能被眾生所接受？

【經文】

須菩提白佛言：「世尊！頗有眾生，得聞如是言說章句，生實信不？」（鳩摩羅什譯本）

說是語已。具壽善現復白佛言：「世尊！頗有有情於當來世，後時、後分、後五百歲，正法將滅時分轉時，聞說如是色經典句，生實想不？」（玄奘譯本）

為什麼短短一句話，需要變成一段落？因為對整部《金剛經》而言，其實只是佛陀在回答須菩提的提問，剛開始是「安心之道」，但佛陀在回答問題後，須菩提的第二次提問太重要了，須菩提提到未來後世的「傳法」問題，眾生「是否相信」問題，因此，佛陀針對此一問題又展開了詳盡的說明，包括：無法可傳、無法可得、無法可說……，即使證悟之後也是「無所得」……，這都是新問題、新解答，不同於安心之道。

　　至於回答眾生「是否相信」問題，佛陀更是舉例「八次」來說明相信、奉持《金剛經》的無量福德，來化解須菩提的心中疑慮。很多人都沒有注意到在第四分時：「若菩薩不住相布施，其福德不可思量」，指的是「住心」問題，指的是「布施」福德，而不是「信解受持」《金剛經》福德，但須菩提在提出第二個問題之後，佛陀竟然連連舉例持經功德八次，強調再強調，要須菩提明白：眾生「必須相信」此一般若智慧，太重要、太殊勝了，而你須菩提也不能心生疑慮，此經真的不可思議，不容懷疑；甚至佛陀又說出「持經四大莊嚴」（見第八節），由此可見須菩提第二次發問在整本《金剛經》結構上的重要性，接著在後續章節中，則陸續出現這二個問題的綜合回答，因此本書特意將此一提問獨立成單一段落，突顯其在經文結構上的重要性。

❀ 四、佛陀深入說明心無所住、法無可說、　　法無所得及持經福德

　　佛陀告訴須菩提不可以這樣質疑，因為此經經義與持經功德無可比擬，須菩提你不當懷疑，至於對於未來後世弟子傳法時，你也必須對所謂的傳「法」有正確認識，「法」貴在證悟，不在言說，而實際上亦無「法」可「言說」。

【經文】

佛告須菩提：「莫作是說。如來滅後，後五百歲，有持戒修福者，於

你會喜歡 金剛經

此章句能生信心，以此為實，當知是人不於一佛二佛三四五佛而種善根，已於無量千萬佛所種諸善根，聞是章句，乃至一念生淨信者，須菩提！如來悉知悉見，是諸眾生得如是無量福德。何以故？是諸眾生無復我相、人相、眾生相、壽者相。」

「無法相，亦無非法相。何以故？是諸眾生若心取相，則為著我人眾生壽者。」

「若取法相，即著我人眾生壽者。何以故？若取非法相，即著我人眾生壽者，是故不應取法，不應取非法。以是義故，如來常說：汝等比丘，知我說法，如筏喻者，法尚應捨，何況非法。」

「須菩提！於意云何？如來得阿耨多羅三藐三菩提耶？如來有所說法耶？」

須菩提言：「如我解佛所說義，無有定法名阿耨多羅三藐三菩提，亦無有定法，如來可說。何以故？如來所說法，皆不可取、不可說、非法、非非法。所以者何？一切賢聖，皆以無為法而有差別。」

「須菩提！於意云何？若人滿三千大千世界七寶以用布施，是人所得福德，寧為多不？」

須菩提言：「甚多，世尊！何以故？是福德即非福德性，是故如來說福德多。」

「若復有人，於此經中受持，乃至四句偈等，為他人說，其福勝彼。何以故？須菩提！一切諸佛，及諸佛阿耨多羅三藐三菩提法，皆從此經出。須菩提！所謂佛、法者，即非佛、法。」

五、佛陀從證悟的四個階段果位，反推心路歷程與自我的覺知

佛陀對自我覺知的說明採用了由果返因的推理方式，分別從四個果位的階段性思維，反向推理對「自我」概念的虛幻逐次衍生，目的在向須

菩提表達所謂「傳法」只是個過程，而不是目的，因為當一個菩薩能生起「清淨心」時，自我即已不被任何概念所拘束，所表達出來的觀點反而會是「無為」。

【經文】

「須菩提！於意云何？須陀洹能作是念：『我得須陀洹果』不？」

須菩提言：「不也，世尊！何以故？須陀洹名為入流，而無所入，不入色聲香味觸法，是名須陀洹。」

「須菩提！於意云何？斯陀含能作是念：『我得斯陀含果』不？」

須菩提言：「不也，世尊！何以故？斯陀含名一往來，而實無往來，是名斯陀含。」

「須菩提！於意云何？阿那含能作是念：『我得阿那含果』不？」

須菩提言：「不也，世尊！何以故？阿那含名為不來，而實無來，是故名阿那含。」

「須菩提！於意云何？阿羅漢能作是念：『我得阿羅漢道』不？」

須菩提言：「不也，世尊！何以故？實無有法名阿羅漢。世尊！若阿羅漢作是念：『我得阿羅漢道』，即為著我人眾生壽者。世尊！佛說我得無諍三昧，人中最為第一，是第一離欲阿羅漢。我不作是念：『我是離欲阿羅漢』。世尊！我若作是念：『我得阿羅漢道』，世尊則不說須菩提是樂阿蘭那行者！以須菩提實無所行，而名須菩提是樂阿蘭那行。」

佛告須菩提：「於意云何？如來昔在然燈佛所，於法有所得不？」

「世尊！如來在然燈佛所，於法實無所得。」

「須菩提！於意云何？菩薩莊嚴佛土不？」

「不也，世尊！何以故？莊嚴佛土者，則非莊嚴，是名莊嚴。」

「是故須菩提，諸菩薩摩訶薩應如是生清淨心，不應住色生心，不應住聲香味觸法生心，應無所住而生其心。」

「須菩提！譬如有人，身如須彌山王，於意云何？是身為大不？」

須菩提言：「甚大，世尊！何以故？佛說非身，是名大身。」

「須菩提！如恒河中所有沙數，如是沙等恒河，於意云何？是諸恒河沙寧為多不？」

須菩提言：「甚多，世尊！但諸恒河尚多無數，何況其沙！」

「須菩提！我今實言告汝：若有善男子、善女人，以七寶滿爾所恒河沙數三千大千世界，以用布施，得福多不？」

須菩提言：「甚多，世尊！」

佛告須菩提：「若善男子、善女人，於此經中，乃至受持四句偈等，為他人說，而此福德勝前福德。復次，須菩提！隨說是經，乃至四句偈等，當知此處，一切世間、天、人、阿修羅，皆應供養，如佛塔廟，何況有人盡能受持讀誦。須菩提！當知是人成就最上第一希有之法，若是經典所在之處，則為有佛，若尊重弟子。」

六、須菩提明白此經重要性與莊嚴性，請佛陀命名

此時，須菩提慢慢明白佛陀此次說法的重要性與莊嚴性，因此請佛陀命名今天所講內容，已備日後弟子與信眾信奉受持。

【經文】

爾時，須菩提白佛言：「世尊！當何名此經？我等云何奉持？」

七、佛陀命名為《金剛經》，持續說明法與相真義

佛陀命名今天所談新法內容為「金剛般若波羅蜜」，並再次深入以極細極細的微塵對比極大極人的世界，說明諸相非相的緣起性空和虛妄本質。

【經文】

佛告須菩提：「是經名為『金剛般若波羅蜜』，以是名字，汝當奉持。」

所以者何？須菩提！佛說般若波羅蜜，則非般若波羅蜜。須菩提！於意云何？如來有所說法不？」

須菩提白佛言：「世尊！如來無所說。」

「須菩提！於意云何？三千大千世界所有微塵是為多不？」

須菩提言：「甚多，世尊！」

「須菩提！諸微塵，如來說非微塵，是名微塵。如來說：世界，非世界，是名世界。」

「須菩提！於意云何？可以三十二相見如來不？」

「不也，世尊！何以故？如來說：三十二相，即是非相，是名三十二相。」

「須菩提！若有善男子、善女人，以恒河沙等身命布施；若復有人，於此經中，乃至受持四句偈等，為他人說，其福甚多！」

八、須菩提深解經義，痛哭流涕

這時須菩提才深深明白金剛般若智慧的深奧，當下痛哭流涕，覆述佛陀教導的內容，並修正剛才「頗有眾生，得聞如是言說章句，生實信不？」的質疑，請佛陀指點。

【經文】

爾時，須菩提聞說是經，深解義趣，涕淚悲泣，而白佛言：「希有，世尊！佛說如是甚深經典，我從昔來所得慧眼，未曾得聞如是之經。世尊！若復有人得聞是經，信心清淨，則生實相，當知是人，成就第一希有功德。世尊！是實相者，則是非相，是故如來說名實相。世尊！我今得聞如是經典，信解受持不足為難，若當來世，後五百歲，其有眾生，得聞是

你會喜歡 金剛經

經，信解受持，是人則為第一希有。何以故？此人無我相、人相、眾生相、壽者相。所以者何？我相即是非相，人相、眾生相、壽者相即是非相。何以故？離一切諸相，則名諸佛。」

九、佛陀說出前世祕辛及 奉持《金剛經》四莊嚴

佛陀聽完後予以須菩提肯定，說出「無我」修行的前世祕密，心無所住的重要性，並且說出受持讀誦《金剛經》能得無量功德，以及《金剛經》的四大莊嚴：

（一）佛經所在，天人供養：「在在處處，若有此經，一切世間、天、人、阿修羅，所應供養；當知此處，則為是塔，皆應恭敬，作禮圍遶，以諸華香而散其處。」

（二）《金剛經》能消先世罪業：「善男子、善女人，受持讀誦此經，若為人輕賤，是人先世罪業，應墮惡道，以今世人輕賤故，先世罪業則為消滅，當得阿耨多羅三藐三菩提。」

（三）讀誦《金剛經》功德不下於供養萬千諸佛：「須菩提！我念過去無量阿僧祇劫，於然燈佛前，得值八百四千萬億那由他諸佛，悉皆供養承事，無空過者；若復有人，於後末世，能受持讀誦此經，所得功德，於我所供養諸佛功德，百分不及一，千萬億分，乃至算數譬喻所不能及。」

（四）《金剛經》經義不可思議，果報亦不可思議：「須菩提！若善男子、善女人，於後末世，有受持讀誦此經，所得功德，我若具說者，或有人聞，心則狂亂，狐疑不信。須菩提！當知是經義不可思議，果報亦不可思議。」

【經文】

佛告須菩提：「如是！如是！若復有人，得聞是經，不驚、不怖、不畏，當知是人甚為希有。何以故？須菩提！如來說：第一波羅蜜，非第

一波羅蜜，是名第一波羅蜜。須菩提！忍辱波羅蜜，如來說非忍辱波羅蜜。何以故？須菩提！如我昔為歌利王割截身體，我於爾時，無我相、無人相、無眾生相、無壽者相。何以故？我於往昔節節支解時，若有我相、人相、眾生相、壽者相，應生瞋恨。須菩提！又念過去於五百世作忍辱仙人，於爾所世，無我相、無人相、無眾生相、無壽者相。是故須菩提！菩薩應離一切相，發阿耨多羅三藐三菩提心，不應住色生心，不應住聲香味觸法生心，應生無所住心。若心有住，則為非住。」

「是故佛說：菩薩心不應住色布施。須菩提！菩薩為利益一切眾生，應如是布施。如來說：一切諸相，即是非相。又說：一切眾生，則非眾生。須菩提！如來是真語者、實語者、如語者、不誑語者、不異語者。」

「須菩提！如來所得法，此法無實無虛。須菩提！若菩薩心住於法而行布施，如人入暗，則無所見；若菩薩心不住法而行布施，如人有目，日光明照，見種種色。」

「須菩提！當來之世，若有善男子、善女人，能於此經受持讀誦，則為如來以佛智慧，悉知是人，悉見是人，皆得成就無量無邊功德。」

「須菩提！若有善男子、善女人，初日分以恒河沙等身布施，中日分復以恒河沙等身布施，後日分亦以恒河沙等身布施，如是無量百千萬億劫以身布施；若復有人，聞此經典，信心不逆，其福勝彼，何況書寫、受持、讀誦、為人解說。」

「須菩提！以要言之，是經有不可思議、不可稱量、無邊功德。如來為發大乘者說，為發最上乘者說。若有人能受持讀誦，廣為人說，如來悉知是人，悉見是人，皆成就不可量、不可稱、無有邊、不可思議功德，如是人等，則為荷擔如來阿耨多羅三藐三菩提。何以故？須菩提！若樂小法者，著我見、人見、眾生見、壽者見，則於此經，不能聽受讀誦、為人解說。」

「須菩提！在在處處，若有此經，一切世間、天、人、阿修羅，所應供養；當知此處，則為是塔，皆應恭敬，作禮圍遶，以諸華香而散其

處。」

「復次，須菩提！善男子、善女人，受持讀誦此經，若為人輕賤，是人先世罪業，應墮惡道，以今世人輕賤故，先世罪業則為消滅，當得阿耨多羅三藐三菩提。」

「須菩提！我念過去無量阿僧祇劫，於然燈佛前，得值八百四千萬億那由他諸佛，悉皆供養承事，無空過者；若復有人，於後末世，能受持讀誦此經，所得功德，於我所供養諸佛功德，百分不及一，千萬億分，乃至算數譬喻所不能及。」

「須菩提！若善男子、善女人，於後末世，有受持讀誦此經，所得功德，我若具說者，或有人聞，心則狂亂，狐疑不信。須菩提！當知是經義不可思議，果報亦不可思議。」

十、須菩提震撼，再請佛陀傳承 與總結此金剛般若波羅蜜心法

　　須菩提聽完後相當震撼，再請佛陀將今天的《金剛經》內容總結，佛陀亦針對須菩提問題及未來傳法的幾個要旨詳細說明，首先佛陀再回到須菩提的如何安心主題，然後佛陀說明法不可得，只有明瞭無我、無法這樣「心無所住」的觀點，才能稱為菩薩。

　　（一）菩薩有我相、人相、眾生相、壽者相，則非菩薩。

　　（二）法貴在實證，無法言傳，實無有法名阿耨多羅三藐三菩提者，實無有法如來得阿耨多羅三藐三菩提。

　　（三）菩薩通達無我、法者，如來說名真是菩薩

【經文】

　　爾時，須菩提白佛言：「世尊！善男子、善女人，發阿耨多羅三藐三菩提心，云何應住？云何降伏其心？」

　　佛告須菩提：「善男子、善女人，發阿耨多羅三藐三菩提者，當生如

是心，我應滅度一切眾生。滅度一切眾生已，而無有一眾生實滅度者。何以故？若菩薩有我相、人相、眾生相、壽者相，則非菩薩。所以者何？須菩提！實無有法發阿耨多羅三藐三菩提者。」

「須菩提！於意云何？如來於然燈佛所，有法得阿耨多羅三藐三菩提不？」

「不也，世尊！如我解佛所說義，佛於然燈佛所，無有法得阿耨多羅三藐三菩提。」

佛言：「如是，如是。須菩提！實無有法如來得阿耨多羅三藐三菩提。須菩提！若有法如來得阿耨多羅三藐三菩提，然燈佛則不與我授記：『汝於來世，當得作佛，號釋迦牟尼。』以實無有法得阿耨多羅三藐三菩提，是故然燈佛與我授記，作是言：『汝於來世，當得作佛，號釋迦牟尼。』何以故？如來者，即諸法如義。」

「若有人言：如來得阿耨多羅三藐三菩提。須菩提！實無有法，佛得阿耨多羅三藐三菩提。須菩提！如來所得阿耨多羅三藐三菩提，於是中無實無虛。」是故如來說：「一切法皆是佛法。須菩提！所言一切法者，即非一切法，是故名一切法。」

「須菩提！譬如人身長大。」

須菩提言：「世尊！如來說：人身長大，則為非大身，是名大身。」

「須菩提！菩薩亦如是。若作是言：『我當滅度無量眾生』，則不名菩薩。何以故？須菩提！無有法名為菩薩。是故佛說：一切法無我、無人、無眾生、無壽者。須菩提！若菩薩作是言：『我當莊嚴佛土』，是不名菩薩。何以故？如來說：莊嚴佛土者，即非莊嚴，是名莊嚴。須菩提！若菩薩通達無我、法者，如來說名真是菩薩。」

🪷 十一、佛陀闡述心不可得

接著將問題拉回到須菩提最初的發問：「如何安住其心？」佛陀又給

了須菩提一次更大的心靈震撼，你問的「心」如何住，其實，「心」根本不存在、不可得。

【經文】

「須菩提！於意云何？如來有肉眼不？」

「如是，世尊！如來有肉眼。」

「須菩提！於意云何？如來有天眼不？」

「如是，世尊！如來有天眼。」

「須菩提！於意云何？如來有慧眼不？」

「如是，世尊！如來有慧眼。」

「須菩提！於意云何？如來有法眼不？」

「如是，世尊！如來有法眼。」

「須菩提！於意云何？如來有佛眼不？」

「如是，世尊！如來有佛眼。」

「須菩提！於意云何？恒河中所有沙，佛說是沙不？」

「如是，世尊！如來說是沙。」

「須菩提！於意云何？如一恒河中所有沙，有如是等恒河，是諸恒河所有沙數，佛世界如是，寧為多不？」

「甚多，世尊！」

佛告須菩提：「爾所國土中，所有眾生，若干種心，如來悉知。何以故？如來說：諸心皆為非心，是名為心。所以者何？須菩提！過去心不可得，現在心不可得，未來心不可得。」

十二、佛陀再次強調福德無實、諸相非相

佛陀在說明連心都「不可得」後，又回到眾生最容易「在意」和「住心」的福德問題，佛陀又一次清楚說明：福德無實，一切法都離不開「緣起性空」的本質，福德即使得到，也會有失去的一天。接著佛陀向須菩提

提醒：諸相非相，世間一切表象、現象和身相，都沒有永遠真實存在的本質，都是一種經常性的變動。

【經文】

「須菩提！於意云何？若有人滿三千大千世界七寶以用布施，是人以是因緣，得福多不？」

「如是，世尊！此人以是因緣，得福甚多。」

「須菩提！若福德有實，如來不說得福德多；以福德無故，如來說得福德多。」

「須菩提！於意云何？佛可以具足色身見不？」

「不也，世尊！如來不應以色身見。何以故？如來說：具足色身，即非具足色身，是名具足色身。」

「須菩提！於意云何？如來可以具足諸相見不？」

「不也，世尊！如來不應以具足諸相見。何以故？如來說：諸相具足，即非具足，是名諸相具足。」

十三、無法可說、無法可得、無有眾生可度

佛陀再次對須菩提說明菩提自性，本自存在，需要自己去親自證悟，無法言說、無法傳承，就像學習騎腳踏車一樣，必須親自去體驗才能學會騎乘，僅僅透過文字和思想的鑽研，就像看一大堆「如何學習腳踏車」的書本和影片一樣，毫無助益，而佛陀所證悟無上正等正覺，實質上也是毫無所得，任何人只要能覺知無我、無人、無眾生、無壽者，勤修一切善法，自然能夠證得無上正等正覺。

【經文】

「須菩提！汝勿謂如來作是念：『我當有所說法。』莫作是念，何以故？若人言：如來有所說法，即為謗佛，不能解我所說故。須菩提！說法者，無法可說，是名說法。」

爾時，慧命須菩提白佛言：「世尊！頗有眾生，於未來世，聞說是法，生信心不？」

佛言：「須菩提！彼非眾生，非不眾生。何以故？須菩提！眾生眾生者，如來說非眾生，是名眾生。」

須菩提白佛言：「世尊！佛得阿耨多羅三藐三菩提，為無所得耶？」

「如是，如是。須菩提！我於阿耨多羅三藐三菩提乃至無有少法可得，是名阿耨多羅三藐三菩提。」

「復次，須菩提！是法平等，無有高下，是名阿耨多羅三藐三菩提；以無我、無人、無眾生、無壽者，修一切善法，則得阿耨多羅三藐三菩提。須菩提！所言善法者，如來說非善法，是名善法。」

「須菩提！若三千大千世界中所有諸須彌山王，如是等七寶聚，有人持用布施；若人以此《般若波羅蜜經》，乃至四句偈等，受持、為他人說，於前福德百分不及一，百千萬億分，乃至算數譬喻所不能及。」

「須菩提！於意云何？汝等勿謂如來作是念：『我當度眾生。』須菩提！莫作是念。何以故？實無有眾生如來度者，若有眾生如來度者，如來則有我人眾生壽者。須菩提！如來說：『有我者，則非有我，而凡夫之人以為有我。』須菩提！凡夫者，如來說則非凡夫。」

十四、憑藉外表和音聲
無法理解如來、見到如來

佛陀告訴須菩提，不可以只憑藉外表或是聲音、言說來認識如來、見到如來，也不可以消極否定，說一切法都不存在，只有從真如自性去理解一切法無我，才是正道。

【經文】

「須菩提！於意云何？可以三十二相觀如來不？」

須菩提言：「如是！如是！以三十二相觀如來。」

後記 第七 跳脫文字糾纏，讓《金剛經》一氣呵成

佛言：「須菩提！若以三十二相觀如來者，轉輪聖王則是如來。」

須菩提白佛言：「世尊！如我解佛所說義，不應以三十二相觀如來。」

爾時，世尊而說偈言：「若以色見我，以音聲求我，是人行邪道，不能見如來。」

「須菩提！汝若作是念：『如來不以具足相故，得阿耨多羅三藐三菩提。』須菩提！莫作是念：『如來不以具足相故，得阿耨多羅三藐三菩提。』」

「須菩提！汝若作是念，發阿耨多羅三藐三菩提者，說諸法斷滅。莫作是念！何以故？發阿耨多羅三藐三菩提者，於法不說斷滅相。」

「須菩提！若菩薩以滿恒河沙等世界七寶布施；若復有人知一切法無我，得成於忍，此菩薩勝前菩薩所得功德。須菩提！以諸菩薩不受福德故。」

須菩提白佛言：「世尊！云何菩薩不受福德？」

「須菩提！菩薩所作福德，不應貪著，是故說不受福德。」

十五、佛陀反問須菩提，能否理解來去無實，微塵無實，不生我見

佛陀最後還詢問須菩提，對大如三千世界的看法，對細如微塵的看法，對佛陀今日說法的看法，須菩提的回答則完全理解世界無實，微塵無實，諸相非相，不執著於我見。

【經文】

「須菩提！若有人言：如來若來若去、若坐若臥，是人不解我所說義。何以故？如來者，無所從來，亦無所去，故名如來。」

「須菩提！若善男子、善女人，以三千大千世界碎為微塵，於意云何？是微塵眾寧為多不？」

「甚多，世尊！何以故？若是微塵眾實有者，佛則不說是微塵眾，所以者何？佛說：微塵眾，則非微塵眾，是名微塵眾。世尊！如來所說三千大千世界，則非世界，是名世界。何以故？若世界實有，則是一合相。如來說：一合相，則非一合相，是名一合相。」

「須菩提！一合相者，則是不可說，但凡夫之人貪著其事。」

「須菩提！若人言：佛說我見、人見、眾生見、壽者見。須菩提！於意云何？是人解我所說義不？」

「世尊！是人不解如來所說義。何以故？世尊說：我見、人見、眾生見、壽者見，即非我見、人見、眾生見、壽者見，是名我見、人見、眾生見、壽者見。」

✿ 十六、佛陀總結，說法圓滿結束。

最後佛陀在知悉須菩提已完全理解今天的說法內容後，做出總結：發阿耨多羅三藐三菩提心者，於一切法，應如是知，如是見，如是信解，不生法相。在未來傳法時，要能不取於相，如如不動，且以照見世間一切有為法都是夢幻泡影的觀點，做為這場《金剛經》教化的總結，說法也圓滿結束。

【經文】

「須菩提！發阿耨多羅三藐三菩提心者，於一切法，應如是知，如是見，如是信解，不生法相。須菩提！所言法相者，如來說即非法相，是名法相。」

「須菩提！若有人以滿無量阿僧祇世界七寶持用布施，若有善男子、善女人，發菩提心者，持於此經，乃至四句偈等，受持讀誦，為人演說，其福勝彼。云何為人演說，不取於相，如如不動。何以故？一切有為法，如夢幻泡影，如露亦如電，應作如是觀。」

佛說是經已，長老須菩提及諸比丘、比丘尼、優婆塞、優婆夷、一切

世間，天、人、阿修羅，聞佛所說，皆大歡喜，信受奉行。

　　這是一場架構流暢、層次分明的師徒對談，也是有史以來談論「心」法的最高深智慧，但過細、過於瑣碎的三十二個分段，會讓人忽略了《金剛經》完美的故事性和結構性，但這也只是筆者個人的體會，未必就是嚴謹和正確。

第八 如是洞見

　　現實生活中，每個人都因為各自的不同因緣，和合了各自的受、想、行、識，累積成為我們腦中的資料庫，累積成為每個人的自我心智和意識，而這些心智和意識都是經由學校、家庭、社會……的各種媒介與媒體，傳達給我們，讓我們接受、吸收，讓我們選擇成為自我行為的準則與信念，當然，所謂的執著、分別與妄想也因此產生，也因此深植於自我的心智和意識之中。

　　所謂洞見，就是去除這些我、我知、我執、我想，去除這些執著、分別與妄想，去除這些眾人、眾知、眾見、社會流行……之後，用「事」與「物」的原始本質來看待「事」與「物」，這是一種不同的價值觀，一種不同的智慧觀。

志豪拜拜

　　有這種事：志豪是個中小企業主，最近因為店租調漲，訂單流失，公司營運逐漸走下坡，他聽人家說郊區那裡有間廟宇，非常靈驗，幾乎有求必應，因此他到商店去買了一些水果，開車至廟宇，將水果及金紙擺在供桌上，點燃三根清香，虔誠地向神明膜拜，並且輕聲向神明許願，希望保佑公司營運昌隆，萬事順遂。在一柱香過後，志豪燒完金紙，收起供品開車離去。

　　如是洞見：志豪開車至路旁一間建築，取出車上水果與紙張擺在桌上，點燃三根細棒，用手捧著在胸前，搖晃了幾下，自言自語，在那等待十分鐘後，志豪將紙張燃燒，取回水果開車離去。

怡君面對求婚

有這種事：怡君在一家外商公司上班，有二位男友，家豪高挑英俊，家中有為，在市區置產一棟，但還無意結婚，與怡君往來密切，但仍有其他女友；志偉則是任職一家保險公司業務員，尚未買房，勤奮專情，苦苦追求怡君，深愛著怡君，並在為她準備的生日晚宴上，向她求婚，向怡君表明，她是他這一生的最愛。

怡君此時深陷於感情抉擇的苦惱，在晚餐中不停地思量，到底要不要接受志偉的求婚，從此切斷與家豪的感情與關係？志偉是不是自己的最愛？若和志偉結婚，以後要住哪？現在買房，以兩個人的薪水不吃不喝，也付不起房貸，如此結婚有何意義？還是再等家豪一陣子，看他是否也會像自己求婚？畢竟，家豪也曾說只有跟她在一起時，才是他人生最快樂的時刻，他深深地愛著她，也經常提及永遠二個字，但怡君擔心若是家豪婚後無法專情要怎麼辦？

還是先擱下他們兩位，再等等其他機會？

如是洞見：志偉向怡君提出二人共同生活的請求，此請求有實質的區域性的法律限制，包括未來財產的均享與性關係的專有性，怡君一面吃，一面在想一些房地產市價問題和與他人持續性關係的可能性，他們三人都稱此問題為愛情。

欣怡的時尚風格

有這種事：欣怡在台北的一家精品店上班，平常由於工作需要，身上裝扮也都非常具有前衛的時尚概念，衣服、配件、皮包、腕錶、鞋子、耳環、項鍊、香水……無一不是昂貴精品，她認為自己身上都不懂得打扮裝飾，如何為客戶介紹和服務，當然，時尚的裝扮也會為她自己提高無限的氣質與風采，而目前她也有著不錯的業績和不小的購物支出，還有些許失落感。

如是洞見：欣怡在台北上班工作。

建宏掌握財經趨勢

　　有這種事：建宏是位證券營業員，終日專注地觀看市場行情，為提供客戶更多、更好、更準確的行情分析，建宏比任何營業員都認真而且辛苦，每天六點半起床後，就開始邊吃早餐邊看報紙，詳盡閱讀所有的財經訊息，每當各種財經雜誌出版後，建宏就立刻上手翻閱、整理，務必要比別人更早掌握第一手財經訊息，務必比別人更了解全球財經趨勢與產業脈動，以求客戶投資能增加更多獲利。

　　如是洞見：建宏因為工作，有訂閱了一些報章雜誌。

淑芬的心靈之旅

　　有這種事：馮淑芬是位老師，生長於物質環境艱辛的年代，在歷經三十年的教學職涯後，淑芬終於退休，因為某種機緣讓她接觸了佛學，她虔誠認真，接受師父的開示與教導，她更深信人的煩惱與痛苦都是因為妄念雜染所致，只要個人修持加上佛力就可以治妄念。

　　她這樣聽說：生死根本就是打妄念，有妄念就有見思惑，若見思惑都不懂得，如何明心見性？所以她努力斷除妄念，努力彌補累世以來的業報，戰戰兢兢的她，禮佛念經，淨念相繼，寄望往生淨土，寄望來世有更好的福報。

　　如是洞見：淑芬為心靈平靜而學習佛學，但她的心靈卻也產生了很大的壓抑。

志宏選立委

　　有這種事：志宏事業有成，在擔任過各種社團會長及工會理事長之後，擬準備花一億元參選立法委員，志宏政見上條列現今社會弊病如貪瀆、政商利益糾葛、房價太貴、甚多城市就業不易、面對氣候變遷政府應有所作為……，志宏深信，在競選立委成功之後，他的人生將更燦爛和輝煌。

如是洞見：志宏準備花一億元爭取他人的注意。

宗翰和傑夫的海上假期

　　有這種事：宗翰在一家國際藥品外商公司擔任副總經理職務，工作表現優異，身受公司老闆傑夫的器重與喜愛，宗翰收入優渥，事事順遂，並且趁著暑假期間，帶著妻女參加一趟美國阿拉斯加郵輪之旅。

　　傑夫則是宗翰的老闆，財富累積超過百億，因此除了豪華私人招待所、超跑名車外，更是買下了一艘超級豪華遊艇，恰巧和宗翰同一天，傑夫也是乘著他的超級豪華遊艇暢遊阿拉斯加海灣。

　　在阿拉斯加內灣航行途中，宗翰搭乘的是七萬噸級大型郵輪，設備齊全、設計新穎、時尚又豪華，相對而言，老闆傑夫的超級豪華遊艇就顯得船體甚小，和郵輪接近比較時更有如玩具小船。

　　此時宗翰指著底下的超級豪華遊艇對妻兒說：「快看，那小遊艇多美，多自由，總有一天，我們也會有屬於我們家的豪華遊艇，不必跟這麼多旅客擠在這船上。」

　　這時傑夫也指著上方郵輪說：「看那，遲早有一天，我也會買下那麼大的郵輪，不必窩在這小遊艇，晃來晃去，好沒安全感，我會擁有豪華大郵輪的，我一定會。」一個禮拜過後，宗翰和傑夫都結束假期旅遊回到公司工作，不在船上。

　　如是洞見：宗翰和傑夫的假期都選擇搭船在海上，假期結束後兩人都離開郵輪和遊艇。

雅雯專心研發癌症新藥拯救人類

　　有這種事：雅雯是一名藥學博士，父親罹癌過世，因此她在投入治療癌症藥物的研發上，有著過人的毅力與心得，她許下心願，一定要研發出癌症新藥，讓人們永離癌症，不受死亡威脅，維持生命的尊嚴，控制癌細胞一直是她朝思暮想的努力課題。

如是洞見：人類才是大自然的癌細胞，破壞力大，又無法控制自己，只要有人在的地方，所有動植物都受到生命的威脅，沒有尊嚴可言，人才是大自然的癌細胞。

俊傑得獎無數

　　有這種事：俊傑是一家公司銷售經理，因為銷售業績突出獲得公司免費招待旅遊機會，在旅遊途中，俊傑看到大雁南飛過冬的難得景象，呈人字形飛過的大雁，飛行速度達到每小時70－90公里，一趟行程都以數千公里計算，俊傑驚羨不已。

　　俊傑從小就在得獎聲中長大，從幼稚園的乖寶寶獎，到中小學時的成績優異獎、進步獎、全勤獎、熱心公益獎……，進入大學後，也是書卷獎、社會服務獎……，大學畢業進入公司工作後，俊傑還是一直獲獎，業績也屢創新高，俊傑勉勵自己一定要將業績做的更好，幫公司賺更多的錢，來感謝公司給他的國外免費旅遊招待。

　　如是洞見：大雁並沒有什麼最佳飛行姿勢獎、最多參加年數獎、最佳降落獎……，大雁南飛過冬，一趟行程數千公里，不需要什麼獎。

　　俊傑則是得到過很多獎，有些頒獎給俊傑獎項的人，都已忘了他們頒過的獎，但俊傑都還記在心中。

淑娟在婚禮中許下終身願望

　　有這種事：淑娟終於結婚了，夫妻兩人都是教會基督徒，淑娟在經過幾次郊遊、爭吵和親密行為後，認為他們二人是真心相愛的，婚禮在教堂舉行時，牧師問完男方後這樣問淑娟：「淑娟，妳確信這個婚姻是上帝所配合，並願意承認信宏為妳的丈夫嗎？」

　　淑娟在眾人期待和相機攝影下說：「我願意。」

　　牧師接著問：「淑娟，上帝使你活在世上，你當常常以溫柔端莊，來順服這個人，敬愛他，幫助他，唯獨與他居住建立基督化的家庭。要尊重

後記

他的家族為妳本身的家族，盡力孝順，盡妳作妻子的本分到終身。妳在上帝和眾人面前願意這樣嗎？」

淑娟又回答說：「我願意。」

如是洞見：淑娟在婚禮中依循著自己的儀式概念，在輪到她回答時說：「我願意。」

家銘排隊買魯夫漫畫

有這種事：家銘是一位年輕上班宅男，工作努力但總覺得錢不夠用，他最大的休閒就是看電視，卡通「海賊王魯夫」更是他的偶像，他很欣賞這位帶著草帽的海賊團船長，他覺得魯夫「天性熱情、善良，善惡分明，有時候腦子裡會少一根筋，作出一些傻裡傻氣的事情，但在關鍵時刻是一個非常靠得住的人，並表現出超出常人的冷靜和機智。」家銘敬佩他、喜愛他、羨慕他。

家銘擔任的是業務工作，每天上班都不知道今天能否有業績，有時候聯繫多次都快要簽約的客戶又突然反悔，有時候他以為不可能有機會的客戶卻爽快簽約，家銘總覺得這世界很不踏實，也很不真實，他覺得自己對工作的態度是全心投入，但也好像是機械式的應對。週六那天，他汗流浹背排了三個小時的隊，買到了他一心想得到的全新魯夫漫畫。

如是洞見：家銘的世界裡，很難分出什麼是真、什麼是假。

心怡在努力學習

有這種事：心怡是個上進女生，非常努力在學習，從報章雜誌、電視、書本、課堂、職場上司、家人……，無論是投資理財、人生目標、健康知識、運動、旅遊美食、奢華時尚、美容新知……，心怡都努力在吸收、學習，當然，她也感覺人生好累，因為她覺得自己努力還不夠。

如是洞見：心怡依照別人說的：「你應該這樣，你應該那樣，你應該到那裡去，你必須達到這樣……」將自己緊緊綑綁，她以為只要自己學得

更多，就能達到成功，掙開枷鎖。

信宏想遠離同事閒言閒語

有這種事：信宏是個上班族，競競業業地在公司工作，但公司中總是會有同事沒事就東家長西家短，在那搬弄事非，甚至經常指桑罵槐，批評信宏，讓信宏一看到他們在講話就很難受，擔心是不是又在說我？信宏希望同事言語能止息，讓自己內心得到平靜。

如是洞見：信宏內心很不平靜，信宏很在意別人的看法。

雅惠渴望能有更多慈悲作為

有這種事：雅惠是一名天性善良的上班族，未婚的她非常羨慕和嚮往社會上的一些善舉，每每看到或聽到某些企業人士、社會善心人士，或捐鉅款、成立基金會、捐地助人……，她都會感到鬱悶，總覺得自己為何不能多賺點錢跟他們一樣。

孝順的她每月薪水不到三萬，有一半寄給家鄉年邁的父母，在扣掉一些房租、勞健保費、所得稅……後只能省吃省用，雖然這樣，每每出現需要捐助的社會事件，她都或多或少捐款，義不容辭，但雅惠還是渴望自己能有更多慈悲作為。

如是洞見：沒有「這樣是慈悲」想法的慈悲，才是真正的慈悲，沒有「這樣是布施」想法的布施，才是真正的布施；雅惠「依法如實」的繳稅、繳交勞健保費其實已經是無上的慈悲與功德。

這些稅款將因為政府施政而助人無數，修橋造路、減低無數人看診就醫費用、讓人平等受教育……，慈悲並無法用「數量」來衡量，也不是以廟宇佛堂的刻名牆柱大小在做比較，沒有慈悲想法的慈悲，就是真正的慈悲，雅惠的如實繳稅就是真正的慈悲、最可貴的善舉，但她自己卻不知道。

後記

第八 如是洞見

蕙如考上大學持續接受教育

有這種事：蕙如是個高中畢業生，剛剛考上某國立大學，雖然科系不是讓家人很滿意，但總是考上一家國立大學；蕙如從小學念書說認真也不認真，經常在課堂上胡思亂想，下課後在補習班，在自家書桌上，也都經常如此。有時候快考試了，蕙如就翻開書本，又讀又背，似懂非懂地參加了無數次的考試；蕙如很高興自己終於考上大學了，她也希望依照家人對他的期待，進入大學後，努力用功，好好充實自己。

如是洞見：蕙如結束了小學及中學學業，準備進入大學就讀，在中小學課堂上，蕙如經常在打妄想，但都有裝出認真的樣子在聽講，下一次蕙如打妄想的教室即將換至大學。

志強竭力尋找婚姻平衡點

有這種事：志強結婚快三年，目前夫妻二人和母親同住，尚未有小孩，夫妻關係有點緊張，志強經常想解決和妻子珮茹的一些生活習慣問題，因此，志強經常要與珮茹「溝通」。

還有，珮茹對婆婆態度雖然算是謙順，但志強總覺得珮茹並沒有完全融入這個家，每每看到珮茹回娘家時遇到姊妹和家人，總是興奮奔放，嘻笑談樂，但一回到家換成母親，珮茹像塑膠一般的表情讓志強覺得這是一個大問題。

志強也想買間更大的新房，但積蓄遠遠不夠，志強一直在苦思解決這個問題；除此之外，還有一些旅遊計畫、進修英文、整修破舊房子水電⋯⋯，一大堆問題待解決，志強對解決這些問題的想法是「責無旁貸」。

如是洞見：志強認真為很多問題尋找答案，而且隨時把這些問題裝在內心裡。

宇軒在葬禮上宣讀祭文

有這種事：宇軒參加了老同學的葬禮，受親朋之託在葬禮上為過世同學宣讀了祭文，宇軒稱讚過世的同學一生勞碌，為家庭、子女、社會，無怨無悔；他為鄉里盡心盡力，處處為人著想，犧牲奉獻；他像座明燈，指引子女方向，諄諄教誨，言猶在耳；……他的遺愛將永留人間。

如是洞見：眾人想為逝去的生命找尋意義。

彥廷坐禪尋求開悟

有這種事：彥廷非常喜愛佛學，經常參加各種禪七和坐禪活動，彥廷戰戰兢兢地想尋求開悟，想找尋讓心靈寧靜的另一片天地，因此他加倍修行，加倍要求自己，淨化自己的思維，務使自己更超脫、更斷惑、更離欲，彥廷希望有一天，自己能得到師父肯定，成為禪學優秀弟子。

如是洞見：彥廷愈是投入某些「目標」，抓緊自我的執著反而更嚴重，彥廷離「無我」也愈來愈遠。

第九 你看懂《金剛經》了嗎？

🪷 你錯過了《金剛經》

　　《金剛經》是一本可以立即體驗與證悟的心靈實務寶典，看《金剛經》需要像學易經、論語、詩經……，一頭栽入經文中一字一字拆，一句一句解，結果以為自己讀懂了《金剛經》，其實都只是陷入中文翻譯的牽強解釋，忽略了須菩提的真正提問內容，也錯過了佛陀想去除我們內心苦惱的心靈藥帖；尤其是《金剛經》對一般人既有思維的體認與表達，是直接予以「否定」，用「否定」來表達「肯定」，用「沒有想法」來表達「想法」，用「沒有態度」來彰顯「態度」，用「不具概念」來安住「心的概念」，最後讓「完美的寧靜」來進駐您的內心，但那裡面卻是什麼都沒有。

　　因為用「否定」來表達「肯定」不容易理解，因此經常有人陷入微塵非微塵、《金剛經》非《金剛經》、佛陀明明有說法卻說沒說法……的迷障中，不容易看懂它，很多人以為自己看懂了，結果卻在心靈上一無所獲，只留下了名與相的牽強解釋。

　　如果有人在讀完《金剛經》後，有了這樣的體認：

　　我從《金剛經》中看出了真理……

　　我在《金剛經》中找到了自我、理想……

　　我悟出了佛陀在《金剛經》文中的說法……

　　我完全陶醉在《金剛經》文中……

　　《金剛經》勾勒了完整的心靈地圖……

你會喜歡 金剛經

佛陀的說法太美妙了⋯⋯

我⋯⋯

那你可能錯過了《金剛經》，你可能還沒有體會這本奇妙經典所要表達的內涵，佛陀要表達的如來自性其實就是要表達沒有任何概念的寧靜，有概念，就會被抓住，有概念，自我就繼續存在，《金剛經》裡除了完美的寧靜，什麼都沒有。

❀ 完美的寧靜

佛陀要表達的完美寧靜，沒有任何形容詞，也沒有言語和文字，如來帶走了自我，帶走了你，帶走了我，帶走了他，帶走了一切眾生，也帶走了所有東西；如來帶走了概念，帶走了心，帶走了法，帶走了相，最後，連表達也帶走，什麼表達都是多餘，表徵、表相也帶走，什麼表徵、表相都是虛妄，剩下的，是一個什麼都沒有要表達的完美寧靜，那才是《金剛經》真正境界，而境界二個字也是多餘。

❀ 何其自性，本自存在

如來帶走了五蘊和合的你，帶走了你的分別、執著和妄想，帶走了你的色受想行識，帶走了虛妄不實，帶走了所有的夢幻泡影，但卻留下了一個真實，一個如如不動的「真實存在」給你；你以為你是浩瀚天空中的白雲朵朵，不，如來說不，你不是變幻萬千的白雲，你也不是密佈滿天的烏雲，如來全都要帶走它們，《金剛經》只留下一個寂靜的「天空」給你，沒錯，變幻萬千的白雲不是你，「什麼都沒有的天空」才是你內心應該置放的「真實存在」，那就是《金剛經》所要表達的!

但你必須自己親自去發掘它、覺醒它，而這個完美的寧靜不必他求，它就在你心中；它不是一種得到，你無法「得到」它，你只能自己去心中

把它找出來，所以佛陀說「無法可得」，因為它已經存在，不必外求，無法外求，所以惠能大師說「何其自性，本自存在」，而「菩提本無樹，明鏡亦非台；本來無一物，何處惹塵埃。」也正是《金剛經》內涵，什麼都沒有，什麼也無法「得到」的《金剛經》，只有從心中去把它「發掘」、「證悟」出來。

🏵 帶走所有概念

因為色受想行識的運作，我們就在「一小片」的時間和空間中，累積了所謂的智識、文化和生活準則……，然而就是這些每個人不同的概念累積，產生了自我的分別，衍生了程度不一的執著，製造了持續不停的妄想，而這些存在心中的所有概念其實並非永恆不變的真理，反而是壓抑、痛苦、煩惱的來源。

你應該這樣，不要那樣，這才是對的，那是不對的，你必須置產，這才夠時尚，你可以再進步，你看看人家，你必須成功，你可以變成首富，這才是美，這才叫銷售，要這樣經營，看他們的快狠準，這沒有氣質，那才是人生十大必遊，你絕不能錯過的美食……，你的心、你的自我被拉扯在所有概念之中，現在的你變成「還無法達到某種概念」的你，真實的你變成「不完美」的你，因為你還沒有達到，因為你還在等別人給你定義成功，等別人給你某些意義，你的自我活在概念的框架中，你自己站不起來，所謂的完美和成功，都是「比較」出來的，都不是你自我肯定的，都是一種「分別」的概念，你一直在這些概念中緊張、苦惱和失落。

《金剛經》就是要你看見這些概念都是夢幻泡影，都不是永久真實的，一個人想要獲得內心永久的寧靜，你必須先摧毀所有概念，清除記憶中所有的概念，搬出房間裡所有的家具與東西，讓房間裡原本存在的那個「空間」重新跑出來；所謂的完美，不是一種「比較」，它只是一種簡單的陳述，讓「什麼都沒有的清淨心」再度回到你的內心，那些學習來的概

念其實都只是「自我」累積的破碎記憶而已，不必為這些自我而忘記了你原本即已存在的「真我」，那個「你還未出生時即已存在」的真如本性，那個「不取於相、如如不動」的思維與寧靜，才是貫穿你學習《金剛經》的任督二脈的一道真氣。

只有真正了解才會覺得驚訝與恐懼

然而《金剛經》最難懂、最矛盾之處也就在這裡，那個必須摧毀一切概念的，那個連金剛都可以切斷的智慧，竟然是什麼都沒有的完美寧靜，它既不是觀念，也不是目標，它竟然只是一片完全的寧靜、空白，因此，當你看懂《金剛經》時，你就會體會什麼經文也沒有，佛陀什麼也沒有說，甚至連《金剛經》也不見了。

也就是因為這樣，所以佛陀才說：「若復有人，得聞是經，不驚、不怖、不畏，當知是人，甚為希有。」的確，任何一個人聽聞他的自我並非永久存在，只是夢幻泡影，怎麼會不驚嚇、不感到恐怖、不感到害怕，但是佛陀帶走的其實只是虛假的你，還給你的，卻是真實的你，真實的你的自性，如果你看懂《金剛經》自然就不會覺得驚訝與恐懼，反而會體會什麼是「觀自在」，什麼叫做心的「自由」。

回顧經文你就會徹底頓悟

讓我們用這一個完美的寧靜、絕對的清淨心、完全無所住的如來自性、什麼都沒有的本質來回顧這些經文：

須菩提！若菩薩有我相、人相、眾生相、壽者相，即非菩薩（第三分）

佛告須菩提：凡所有相，皆是虛妄。若見諸相非相，即見如來。（第

五分）

須菩提！於意云何？如來得阿耨多羅三藐三菩提耶？如來有所說法耶？……（第七分）

是故須菩提！諸菩薩摩訶薩，應如是生清淨心（第十分）

須菩提！佛說般若波羅蜜，即非般若波羅蜜，是名般若波羅蜜。須菩提！於意云何？如來有所說法不？須菩提白佛言：「世尊！如來無所說。」（第十三分）

菩薩應離一切相，發阿耨多羅三藐三菩提心，不應住色生心，不應住聲、香、味、觸、法生心，應生無所住心。若心有住，即為非住。（第十四分）

如來說第一波羅蜜，即非第一波羅蜜，是名第一波羅蜜。……須菩提！忍辱波羅蜜，如來說非忍辱波羅蜜……。（第十四分）

如來說一切諸相，即是非相；又說一切眾生，即非眾生。……須菩提！如來所得此法，此法無實無虛。（第十四分）

是故佛說：一切法，無我、無人、無眾生、無壽者。（第十七分）

須菩提！汝勿謂如來作是念：我當有所說法。莫作是念！何以故？若人言，如來有所說法，即為謗佛，不能解我所說故。須菩提！說法者，無法可說，是名說法。（第二十一分）

須菩提！我於阿耨多羅三藐三菩提，乃至無有少法可得，是名阿耨多羅三藐三菩提。（第二十二分）

佛說微塵眾，即非微塵眾……，世尊！如來所說三千大千世界，則非世界……（第三十分）

須菩提！若人言：「佛說我見、人見、眾生見、壽者見。」須菩提！於意云何？是人解我所說義不？」「不也，世尊！是人不解如來所說義。何以故？世尊說我見、人見、眾生見、壽者見，即非我見、人見、眾生見、壽者見……。（第三十一分）

須菩提！發阿耨多羅三藐三菩提心者，於一切法，應如是知、如是

見、如是信解，不生法相。須菩提！所言法相者，如來說即非法相……。（第三十一分）

這就是佛陀所揭示的《金剛經》，一個完美的寧靜，那裡面沒有是非、言說、道理，沒有抓住任何概念，只有一片心靈的完全寧靜，除了寧靜，什麼都沒有；因此，當你打開《金剛經》後，能體驗到：

《金剛經》裡什麼也沒有說……

《金剛經》裡沒有文字、沒有佛也沒有法……

《金剛經》裡找不到《金剛經》……

除了完美的寧靜……

那恭喜你，你已經體悟到：「金剛般若波羅蜜非金剛般若波羅蜜」的深層意涵，你開始讀懂《金剛經》了。

第十 為什麼你會 喜歡《金剛經》

《金剛經》的解答放諸四海皆準

《金剛經》雖然是一部佛教經典，內容記載著佛陀與學生須菩提的對話，是佛陀對須菩提請法：「對一個發心菩薩道的人，要如何自處？如何安心？如何修行？」的心靈對答內容。

但若仔細觀看《金剛經》內容後，你會發現處於現代的我們，也會有下列問題：

如果我是一個退休族……

如果我是一個業務主管……

如果我是一位老闆……

如果我是一個上班族……

……

面對這失業嚴重、房價高漲、謀生不易的嚴苛競爭時代，我要如何安住我的心？我要如何自持？

如果你還有這些問題：

生命的意義到底是什麼？

自我到底是什麼？存在又是什麼？

什麼才是正確的人生觀？

這時你會驚訝地發現：很多問題答案還是跟佛陀說法內容一樣，正確而且積極的人生觀和價值觀還是這幾個要點：

無我：不要有太多自我的執著

應無所住而生其心：無論做任何事情，都應該積極用心的去做，但對於可能發生的結果，始終秉持著「無所住」的心態，不要有過多的預期和執著，更不必被世俗多變的種種「概念」給綁著。

凡所有相，皆是虛妄：不要執著於萬事的表相，很多事實的背後，常會讓人驚訝其短暫性和變異性，不值得你投入那麼多的苦惱和喜惡。

是法平等，無有高下：一個人的五蘊很容易在當下的時空環境中，因為接「受」訊息而產生了或大或小的「分別心」，這是豪門、名牌、限量包、這是必吃、必遊、這是天后、成功、流行、名車、這才叫品味……，成天活在別人的描述中，讓自己的心產生了極大的無自主，極大的心靈不平等，完全無法讓自己快樂地「活在當下的那片時空」中。

心不可得：人的心隨五蘊幻化，根本不可得，過去心不可得，現在心不可得，未來心也不可得，只有保持完全寧靜的清淨心才是正道。

一切有為法如夢幻泡影，如露亦如電，應作如是觀。

各種世間觀點，都禁不起永久的驗證，只有《金剛經》的安心之道，放諸四海，始終受用。

如果你的人生經歷過各種的酸甜苦辣之後，

如果你看過更多的書籍之後，

如果你想努力找尋人生的更高意義之後，

如果你體認過更多的歷史盛衰得失之後……

你就會喜歡上《金剛經》，只有《金剛經》的內容，可以超脫人類狹隘的自我思維，用宇宙觀和因緣觀正確描繪出你的現在與未來。

🪷 為什麼你會喜歡《金剛經》

姑且不論受解奉持《金剛經》的無量福報，僅以《金剛經》可以大幅修正一個人的價值觀和人生觀這一點來看，《金剛經》就能讓你受用無窮：

《金剛經》能去繁就簡，讓我們簡單看待自己。

《金剛經》能以3D的立體人生觀看宇宙的一切事與理。

《金剛經》用「無住心」指引您人生事的一切思維。

《金剛經》用「清淨心」安住您的心，讓寧靜駐進你心。

《金剛經》教您用夢、幻、泡、影觀點看待生命裡一切的人、事、物。

《金剛經》教您看穿自我的虛幻，找回自我「未出生時」的那個自我本性。

《金剛經》教你用「沒有任何態度」、「不被任何概念拘束」的觀點重新觀照世界。

《金剛經》讓你用「無我」的覺知，去感受生命的唯一意義：「存在」，去感受一切自我的「五蘊皆空」。

……

仔細體會、觀照和比較，你就會喜歡《金剛經》。

這世上有很多種智識和心靈探討的書，但大多只能探討各種心靈的現象和科學背景，卻無法提供答案，也沒有正確而完整的描述出心靈與生命的緊密關係，只有《金剛經》短短幾篇文字，卻如此深入，如此涵蓋廣闊卻又緊密扣住生命與心靈。

🪷 《金剛經》是一本神奇的書

《金剛經》是一本神奇的書，它會讓你在人生路上的感受，隨著不同

的年齡與際遇，印證出不可思議的領悟，某一個年齡看了會感嘆不已，過了一段時間再看，卻又是更深一層的體驗。

　　不管您認識《金剛經》到了何種境界，不管你是初學者、已經聽經研習很多年、十數年誦讀奉持，甚至是佛門弟子、專業講師大德……，用的都是同一本《金剛經》、同一本教科書，而且無論你對《金剛經》的體驗到了什麼階段，也都還可以從中再體驗、再頓悟，讓你受用一生，回味無窮，並且未來世還繼續受用。

　　世上沒有一本書會是如此奇妙，閱讀它，您就會喜歡《金剛經》！

後記

第十

為什麼你會喜歡《金剛經》？

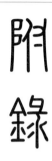

第一 The Diamond Cutter，
孔茲譯

Thus have I heard at one time. The Lord dwelt at Sravasti, in the Jeta Grove, in the garden of Anathapindika, together with a large gathering of monks, consisting of 1,250 monks, and with many Bodhisattvas, great beings. Early in the morning the Lord dressed, put on his cloak, took his bowl, and entered the great city of Sravasti to collect alms. When he had eaten and returned from his round, the Lord put away his bowl and cloak, washed his feet, and sat down on the seat arranged for him, crossing his legs, holding his body upright, and mindfully fixing his attention in front of him.

Then many monks approached to where the Lord was, saluted his feet with their heads, thrice walked round him to the right, and sat down on one side. At that time the Venerable Subhuti came to that assembly, and sat down. Then he rose from his seat, put his upper robe over one shoulder, placed his right knee on the ground, bent forth his folded hands towards the Lord, and said to the Lord: 'It is wonderful Lord, it is exceedingly wonderful, Well-Gone, how much the Bodhisattvas, the great beings, have been helped with the greatest help by the Tathagata, the Arhat, the Fully Enlightened One. It is wonderful, Lord, how much the Bodhisattvas, the great beings, have been favoured with the highest favour by the Tathagata, the Arhat, the Fully Enlightened One. How then, Lord, should a son or daughter of good family, who have set out in the Bodhisattva-vehicle, stand, how progress, how control their thoughts?

After these words the Lord said to the Venerable Subhuti: 'Well said, well said, Subhuti! So it is, Subhuti, so it is, as you say! The Tathagata, Subhuti, has helped the Bodhisattvas, the great beings with the greatest help, and he has favoured them with the highest favour. Therefore, 'Subhuti, listen well, and attentively! I will teach you how those who have set out in the Bodhisattva vehicle should stand, how progress, how control their thoughts.' 'So be it, Lord', replied the Venerable Subhuti and listened.

The Lord said: Here, Subhuti, someone who has set out in the vehicle of a Bodhisattva should produce a thought in this manner: 'As many beings as there are in the universe of beings, comprehended under the term "beings" egg-born, born from a womb, moisture-born, or miraculously born; with or without form; with perception, without perception, and with neither perception nor non-perception, as far as any conceivable form of beings is conceived: all these I must lead to Nirvana, into that Realm of Nirvana which leaves nothing behind. And yet, although innumerable beings have thus been led to Nirvana, no being at all has been led to Nirvana.'

And why? If in a Bodhisattva the notion of a 'being' should take place, he could not be called a 'Bodhi-being'. 'And why? He is not to be called a Bodhi-being, in whom the notion of a self or of a being should take place, or the notion of a living soul or of a person.'

Moreover, Subhuti, a Bodhisattva who gives a gift should not be supported by a thing, nor should he be supported anywhere. When he gives gifts he should not be supported by sight-objects, nor by sounds, smells, tastes, touch-ables, or mind-objects. For, Subhuti, the Bodhisattva, the great being should

附錄

第一

The Diamond Cutter

give gifts in such a way that he is not supported by the notion of a sign.

And why? Because the heap of merit of that Bodhi-being, who unsupported gives a gift, is not easy to measure. What do you think, Subhuti, is the extent of space in the East easy to measure?

Subhuti replied: No indeed, Lord. The Lord asked: In like manner, is it easy to measure the extent of space in the South, West or North, downwards, upwards, in the intermediate directions, in all the ten directions all round? Subhuti replied: No indeed, Lord.

The Lord said: Even so the heap of merit of that Bodhibeing who unsupported gives a gift is not easy to measure. That is why, Subhuti, those who have set out in the Bodhisattva-vehicle, should give gifts without being supported by the notion of a sign.

The Lord continued: 'What do you think, Subhuti, can the Tathagata be seen by the possession of his marks?

Subhuti replied: 'No indeed, Lord. And why? What has been taught by the Tathagata as the possession of marks, that is truly a no-possession of no-marks.'

The Lord said: 'Wherever there is possession of marks, there is fraud, wherever there is no-possession of no-marks there is no fraud. Hence the Tathagata is to be seen from no marks as marks.'

Subhuti asked: Will there be any beings in the future period, in the last time, in the last epoch, in the last 500 years, at the time of the collapse of the good doctrine who, when these words of the Sutra are being taught, will understand their truth?

The Lord replied: Do not speak thus, Subhuti! Yes, even then there will be such beings. For even at that time, Subhuti, there will be Bodhisattvas who are gifted with good conduct, gifted, with virtuous qualities, gifted with wisdom, and who, when these words of the Sutra are being taught, will understand their truth. And these Bodhisattvas, Subhuti, will not be such as have honoured only one single Buddha, nor such as have planted their roots of merit under one single Buddha only. On the contrary, Subhuti, those Bodhisattvas who, when these words of the Sutra are being taught, will find even one single thought of serene faith, they will be such as have honoured many hundreds of thousands of Buddhas, such as have planted their roots of merit under many hundreds of thousands of Buddhas. Known they are, Subhuti, to the Tathagata through his Buddha cognition, seen they are, Subhuti, by the Tathagata with his Buddha-eye, fully known they are, Subhuti, to the Tathagata. And they all, Subhuti, will beget and acquire an immeasurable and incalculable heap of merit.

And why? Because, Subhuti, in these Bodhisattvas （1） no perception of a self takes place, （2） no perception of a being, （3） no perception of a soul, （4） no perception of a person. Nor do these Bodhisattvas have （5） a perception of a dharma, or （6） a perception of a no-dharma. （7） No perception or （8） non-perception takes place in them.

And why? If, Subhuti, these Bodhisattvas should have a perception of either a dharma, or a no-dharma, they would thereby seize on a self, a being, a soul, or a person.

And why? Because a Bodhisattva should not seize on either a dharma or a no-dharma. Therefore this saying has been taught by the Tathagata with a hidden meaning: 'Those who know the discourse on dharma as like unto a raft, should forsake dharmas, still more so no-dharmas.'

The Lord asked: What do you think, Subhuti, is there any dharma which the Tathagata has fully known as 'the utmost, right and perfect enlightenment, or is there any dharma which the Tathagata has demonstrated?

Subhuti replied: No, not as I understand what the Lord has said.And why?

This dharma which the Tathagata has fully known or demonstrated it cannot be grasped, it cannot be talked about, it is neither a dharma nor a no-dharma. And why? Because an Absolute exalts the Holy Persons.

The Lord then asked: What do you think, Subhuti, if a son or daughter of good family had filled this world system of 1,000 million worlds with the seven precious things, and then gave it as a gift to the Tathagatas, Arhats, Fully Enlightened Ones, would they on the strength of that beget a great heap of merit?

Subbuti replied: Great, Lord, great, Well-Gone, would that heap of merit be! And why? Because the Tathagata spoke of the 'heap of merit' as a non-heap. That is how the Tathagata speaks of 'heap of merit'.

The Lord said: But if someone else were to take from this discourse on dharma but one stanza of four lines, and would demonstrate and illuminate it in full detail to others, then he would on the strength of that beget a still greater heap of merit, immeasurable and incalculable.

And why? Because from it has issued the utmost, right and perfect enlightenment of the Tathagatas, Arhats, Fully Enlightened Ones, and from it have issued the Buddhas, the Lords. And why? For the Tathagata has taught that the dharmas special to the Buddhas are just not a Buddha's special dharmas. That is why they are called 'the dharmas special to the Buddhas'.

The Lord asked: What do you think, Subhuti, does it occur to the Stream-winner, 'by me has the fruit of a Streamwinner been attained'?

Subhuti replied: No indeed, Lord. And why? Because, Lord, he has not won any dharma. Therefore is he called a Stream-winner. No sight-object has been won, no sounds, smells, tastes, touchables, or objects of mind. That is why he is called a 'Streamwinner'. If, Lord, it would occur to a Streamwinner, 'by me has a Streamwinner's fruit been attained', then that would be in him a seizing on a self, seizing on a being, seizing on a soul, seizing on a person.

The Lord asked: What do you think, Subhuti, does it then occur to the Once-Returner, 'by me has the fruit of a Once-Returner been attained'?

Subhuti replied: No indeed, Lord. And why? Because there is not any dharma that has won Once-Returnership. That is why he is called a 'Once-Returner'.

The Lord asked: What do you think, Subhuti, does it then occur to the Never-Returner 'by me has the fruit of a Never-Returner been attained'?

Subhuti replied: No indeed, Lord. And why? Because there is not any dharma that has won Never Returnership. Therefore is he called a 'Never-Returner'.

The Lord asked: What do you think, Subhuti, does it then occur to the Arhat, 'by me has Arhatship been attained'?

Subhuti: No indeed, Lord. And why? Because no dharma is called 'Arhat'. That is why he is called an Arhat. If, Lord, it would occur to an Arhat. 'by me has Arhatship been attained', then that would be in him a seizing on a self, seizing on a being, seizing on a soul, seizing on a person.

And why? I am, Lord, the one whom the Tathagata, the Arhat, the Fully Enlightened One has pointed out as the foremost of those who dwell in Peace. I am, Lord, an Arhat free from greed. And yet, Lord, it does not occur to me, 'an Arhat am I and free from greed'. If, Lord, it could occur to me that I have attained Arhatship, then the Tathagata would not have declared of me that 'Subhuti, this son of good family, who is the foremost of those who dwell in Peace, does not dwell anywhere; that is why he is called "a dweller in Peace, a dweller in Peace"'.

The Lord asked: What do you think, Subhuti, is there any dharma which the Tathagata has learned from Dipankara, the Tathagata, the Arhat, the Fully

Enlightened One?

Subhuti replied: Not so, Lord, there is not.

The Lord said: If any Bodhisattva would say, 'I will create harmonious Buddhafields', he would speak falsely. And why? 'The harmonies of Buddhafields, the harmonies of Buddhafields', Subhuti, as no-harmonies have they been taught by the Tathagata. Therefore he spoke of 'harmonious Buddhafields'.

Therefore then, Subhuti, the Bodhisattva, the great being, should produce an unsupported thought, i.e. a thought which is nowhere supported, a thought unsupported by sights, sounds, smells, tastes, touchables or mind-objects.

Suppose, Subhuti, there were a man endowed with a body, a huge body, so that he had a personal existence like Sumeru, king of mountains. Would that, Subhuti, be a huge personal existence? Subhuti replied: Yes, huge, Lord, huge, Well-Gone, would his personal existence be. And why so? 'Personal existence, personal existence', as no-existence has that been taught by the Tathagata; for not, Lord, is that existence or non-existence. Therefore is it called 'personal existence'.

The Lord asked: What do you think, Subhuti, if there were as many Ganges rivers as there are grains of sand in the large river Ganges, would the grains of sand in them be many?

Subhuti replied: Those Ganges rivers would indeed be many, much more so the grains of sand in them.

The Lord said: This is what I announce to you, Subhuti, this is what I make known to you, if some woman or man had filled with the seven precious things as many world systems as there are grains of sand in those Ganges rivers, and would give them as a gift to the Tathagatas, Arhats, fully Enlightened Ones what do you think, Subhuti, would that woman or man on the strength of that beget a great heap of merit?

Subhuti replied: Great, Lord, great Well-Gone, would that heap of merit be, immeasurable and incalculable.

The Lord said: But if a son or daughter of good family had taken from this discourse on dharma but one stanza of four lines, and were to demonstrate and illuminate it to others, then they would on the strength of that beget a still greater heap of merit, immeasurable and incalculable.

Moreover, Subhuti, that spot of earth where one has taken from this discourse on dharma but one stanza of four lines, taught or illumined it, that spot of earth will be a veritable shrine for the whole world with its gods, men and Asuras. What then should we say of those who will bear in mind this discourse on dharma in its entirety, who will recite, study, and illuminate it in full detail for others! Most wonderfully blest, Subhuti, they will be! And on that spot of earth, Subhuti, either the Teacher dwells, or a sage representing him.

Subhuti asked: What then, Lord, is this discourse on dharma, and how should I bear it in mind?

The Lord replied: This discourse on dharma, Subhuti, is called 'Wisdom which has gone beyond', and as such should you bear it in mind! And why? Just that which the Tathagata has taught as the wisdom which has gone beyond, just that He has taught as not gone beyond. Therefore is it called 'Wisdom which has gone beyond'.

What do you think, Subhuti, is there any dharma which the Tathagata has taught?

Subhuti replied: No indeed, Lord, there is not.

The Lord said: When, Subhuti, you consider the number of particles of dust in this world system of 1,000 million worlds-would they be many?

Subhuti replied: Yes, Lord.

Because what was taught as particles of dust by the Tathagata, as no-par-

附錄

第一

The Diamond Cutter

ticles that was taught by the Tathagata. Therefore are they called 'particles of dust'. And this world-system the Tathagata has taught as no-system. Therefore is it called a 'world system'.

The Lord asked: What do you think, Subhuti, can the Tathagata be seen by means of the thirty-two marks of the superman? Subhuti replied: No indeed, Lord.

And why? Because those thirty-two marks of the superman which were taught by the Tathagata, they are really no-marks. Therefore are they called 'the thirty-two marks of the superman'.

The Lord said: And again, Subhuti, suppose a woman or a man were to renounce all their belongings as many times as there are grains of sand in the river Ganges; and suppose that someone else, after taking from this discourse on Dharma but one stanza of four lines, would demonstrate it to others. Then this latter on the strength of that would beget a greater heap of merit, immeasurable and incalculable.

Thereupon the impact of Dharma moved the Venerable Subhuti to tears. Having wiped away his tears, he thus spoke to the Lord: It is wonderful, Lord, it is exceedingly wonderful, Well-Gone, how well the Tathagata has taught this discourse on Dharma. Through it cognition has been produced in me. Not have I ever before heard such a discourse on Dharma. Most wonderfully blest will be those who, when this Sutra is being taught, will produce a true perception. And that which is true perception, that is indeed no perception.

Therefore the Tathagata teaches, 'true perception, true perceptions'. It is not difficult for me to accept and believe this discourse on Dharma when it is being taught. But those beings who will be in a future period, in the last time, in the last epoch, in the last 500 years, at the time of the collapse of the good doctrine, and who, Lord, will take up this discourse on Dharma, bear it

你會喜歡 金剛經

in mind, recite it, study it, and illuminate it in full detail for others, these will be most wonderfully blest. In them, however, no perception of a self will take place, or of a being, a soul, or a person.And why? That, Lord, which is perception of self, that is indeed no perception. That which is perception of a being, a soul or a person, that is indeed no perception. And why? Because the Buddhas, the Lords have left all perceptions behind.

The Lord said: So it is, Subhuti. Most wonderfully blest will be those beings who, on hearing this Sutra, will not tremble, nor be frightened, or terrified.

And why? The Tathagata has taught this as the highest perfection . And what the Tathagata teaches as the highest perfection, that also the innumerable Blessed Buddhas do teach. Therefore is it called the 'highest perfection'.

Moreover, Subhuti, the Tathagata's perfection of patience is really no perfection.

And why? Because, Subhuti, when the king of Kalinga cut my flesh from every limb, at that time I had no perception of a self, of a being, of a soul, or a person.

And why? If, Subhuti, at that time I had had a perception of self, I would also have had a perception of ill-will at that time. And so, if I had had a perception of a being, of a soul, or of a person. With my superknowledge I recall that in the past I have for five hundred births led the life of a sage devoted to patience. Then also have I had no perception of a self, a being, a soul, or a person.

Therefore then, Subhuti, the Bodhi-being, the great being, after he has got rid of all perceptions, should raise his thought to the utmost, right and perfect enlightenment. He should produce a thought which is unsupported by forms, sounds, smells, tastes, touchables, or mind-objects, unsupported by dharma, unsupported by no-dharma, unsupported by anything. And why?

All supports have actually no support. It is for this reason that the Tathagata teaches: By an unsupported Bodhisattva should a gift be given, not by one who is supported by forms, sounds, smells, tastes, touchables, or mind-objects.

And further, Subhuti, it is for the weal of all beings that a Bodhisattva should give gifts in this manner. And why? This perception of a being, Subhuti, that is just a non-perception. Those all-beings of whom the Tathagata has spoken, they are indeed no-beings.

And why? Because the Tathagata speaks in accordance with reality, speaks the truth, speaks of what is, not otherwise. A Tathagata does not speak falsely.

But nevertheless, Subhuti, with regard to that dharma which the Tathagata has fully known and demonstrated, on account of that there is neither truth nor fraud.

In darkness a man could not see anything. Just so should be viewed a Bodhisattva who has fallen among things, and who, fallen among things, renounces a gift.

A man with eyes would, when the night becomes light and the sun has arisen, see manifold forms. Just so should be viewed a Bodhisattva who has not fallen among things, and who, without having fallen among things, renounces a gift.

Furthermore, Subhuti, those sons and daughters of good family who will take up this discourse on Dharma, will bear it in mind, recite, study, and illuminate it in full detail for others, they have been known, Subhuti, by the Tathagata with his Buddha-cognition, they have been seen, Subhuti, by the Tathagata with his Buddha-eye, they have been fully known by the Tathagata. All these beings, Subhuti, will beget and acquire an immeasurable and incalculable heap of merit.

And if, Subhuti, a woman or man should renounce in the morning all their belongings as many times as there are grains of sand in the river Ganges, and if they should do likewise at noon and in the evening, and if in this way they should renounce all their belongings for many hundreds of thousands of millions of milliards of aeons; and someone else, on hearing this discourse on Dharma, would not reject it; then the latter would on the strength of that beget a greater heap of merit, immeasurable and incalculable. What then should we say of him who, after writing it, would learn it, bear it in mind, recite, study and illuminate it in full detail for others?

Moreover, Subhuti, unthinkable and incomparable is this discourse on Dharma. The Tathagata has taught it for the weal of beings who have set out in the best, in the most excellent vehicle. Those who will take up this discourse on Dharma, bear it in mind, recite, study and illuminate it in full detail for others, the Tathagata has known them with his Buddha-cognition, the Tathagata has seen them with his Buddha-eye, the Tathagata has fully known them. All these beings, Subhuti, will be blest with an immeasurable heap of merit, they will be blest with a heap of merit unthinkable, incomparable, measureless and illimitable. All these beings, Subhuti, will carry along an equal share of enlightenment.

And why? Because it is not possible, Subhuti, that this discourse on Dharma could be heard by beings of inferior resolve, nor by such as have a self in view, a being, a soul, or a person. Nor can beings who have not taken the pledge of Bodhi-beings either hear this discourse on Dharma, or take it up, bear it in mind, recite or study it. That cannot be.

Moreover, Subhuti, the spot of earth where this Sutra will be revealed, that spot of earth will be worthy of worship by the whole world with its Gods, men and Asuras, worthy of being saluted respectfully, worthy of being honored by circumambulation, like a shrine will be that spot of earth.

And yet Subhuti, those sons and daughters of good family, who will take up these very Sutras, and will bear them in mind, recite and study them, they will be humbled, well humbled they will be!

And why? The impure deeds which these beings have done in their former lives, and which are liable to lead them into the states of woe, in this very life they will, by means of that humiliation, annul those impure deeds of their former lives, and they will reach the enlightenment of a Buddha.

With my superknowledge, Subhuti, I recall that in the past period, long before Dipankara, the Tathagata, Arhat, fully Enlightened One, during incalculable, quite incalculable aeons, I gave satisfaction by loyal service to 84,000 million milliards of Buddhas, without ever becoming again estranged from them. But the heap of merit, Subhuti, from the satisfaction I gave to those Buddhas and Lords without again becoming estranged from them compared with the heap of merit of those who in the last time, the last epoch, the last five hundred years, at the time of the collapse of the good doctrine, will take up these very Sutras, bear them in mind, recite and study them, and will illuminate them in full detail for others, it does not approach one hundredth part, not one thousandth part, nor a one hundred thousandth part, not a ten millionth part, nor a one hundred millionth part, nor a 100,000 millionth part. It does not bear number, nor fraction, nor counting, nor similarity, nor comparison, nor resemblance.

If moreover, Subhuti, I were to teach, the heap of merit of those sons and daughters of good family, and how great a heap of merit they will at that time beget and acquire, beings would become frantic and confused. Since, however, Subhuti, the Tathagata has taught this discourse on Dharma as unthinkable, so just an unthinkable karma result should be expected from it.

Subhuti asked: How, Lord, should one set out in the Bodhisattva-vehicle stand, how progress, how control his thoughts?

The Lord replied: Here, Subhuti, someone who has set out in the Bodhisattva-vehicle should produce a thought in this manner: 'all beings I must lead to Nirvana, into that Realm of Nirvana which leaves nothing behind; and yet, after beings have thus been led to Nirvana, no being at all has been led to Nirvana'.

And why? If in a Bodhisattva the notion of a 'being' should take place, he could not be called a 'Bodhi-being'. And likewise if the notion of a soul, or a person should take place in him. And why? He who has set out in the Bodhisattva-vehicle he is not one of the dharmas.

What do you think Subhuti, is there any dharma by which the Tathagata, when he was with Dipankara the Tathagata, has fully known the utmost, right and perfect enlightenment?

Subhuti replied: There is not any dharma by which the Tathagata, when he was with the Tathagata Dipankara, has fully known the utmost, right and perfect enlightenment.

The Lord said: It is for this reason that the Tathagata Dipankara then predicted of me: 'You, young Brahmin, will be in a future period a Tathagata, Arhat, fully Enlightened, by the name of Shakyamuni!'

And why? 'Tathagata', Subhuti, is synonymous with true Suchness .And whosoever, Subhuti, were to say, 'The Tathagata has fully known the utmost, right and perfect enlightenment', he would speak falsely. And why? There is not any dharma by which the Tathagata has fully known the utmost, right and perfect enlightenment. And that dharma which the Tathagata has fully known and demonstrated, on account of that there is neither truth nor fraud.

Therefore the Tathagata teaches, all dharmas are the Buddha's own and special dharmas'. And why? 'All-dharmas', Subhuti, have as no-dharmas been taught by the Tathagata. Therefore all dharmas are called the Buddha's own and special dharmas.

Just as a man, Subhuti, might be endowed with a body, a huge body. Subhuti said: That man of whom the Tathagata spoke as 'endowed with a body, a huge body', as a no-body he has been taught by the Tathagata. Therefore is he called, 'endowed with a body, a huge body'.

The Lord said: So it is, Subhuti. The Bodhisattva who would say, I will lead beings to Nirvana', he should not be called a 'Bodhi-being'.

And why? Is there, Subhuti, any dharma named 'Bodhi-being'? Subhuti replied: No indeed,Lord. The Lord said: Because of that the Tathagata teaches, 'selfless are all dharmas, they have not the character of living beings, they are without a living soul, without personality'.

If any Bodhisattva should say, 'I will create harmonious Buddhafields', he likewise should not be called a Bodhi-being.

And why? 'The harmonies of Buddhafields, the harmonies of Bud-dhafields', Subhuti, as no-harmonies have they been taught by the Tathagata. Therefore he spoke of 'harmonious Buddhafields'. The Bodhisattva, however, Subhuti, who is intent on 'without self are the dharmas, without self are the dharmas', him the Tathagata, the Arhat, the fully Enlightened One has de-clared to be a Bodhi-being, a great being.

What do you think, Subhuti, does the fleshly eye of the Tathagata exist? Subhuti replied: So it is, Lord, the fleshly eye of the Tathagata does exist. The Lord asked: What do you think, Subhuti, does the Tathagata's heavenly eye exist, his wisdom eye, his Dharma-eye, his Buddha-eye? Subhuti replied: So it is, Lord, the heavenly eye of the Tathagata does exist, and so does his wisdom eye, his Dharma-eye and his Buddha-eye.

The Lord said: What do you think, Subhuti, has the Tathagata used the phrase, 'as many grains of sand as there are in the great river Ganges'?

Subhuti replied: So it is, Lord, so it is, Well-Gone! The Tathagata has done so.

The Lord asked: What do you think, Subhuti, if there were as many Ganges rivers as there are grains of sand in the great river Ganges, and if there were as many world systems as there are grains of sand in them, would those world systems be many? Subhuti replied: So it is, Lord, so it is, Well-Gone, these world systems would be many.

The Lord said: As many beings as there are in these world systems, of them I know, in my wisdom, the manifold trends of thought. And why? 'Trends of thought, trends of thought', Subhuti, as no trends have they been taught by the Tathagata. Therefore are they called 'trends of thought'. And why? Past thought is not got at; future thought is not got at; present thought is not got at.

What do you think, Subhuti, if a son or daughter of good family had filled this world system of 1,000 million worlds with the seven precious things, and then gave it as a gift to the Tathagatas, the Arhats, the fully Enlightened Ones, would they on the strength of that beget a great heap of merit?

Subhuti replied: they would, Lord, they would, Well-Gone!

The Lord said: So it is, Subhuti, so it is. On the strength of that this son or daughter of good family would beget a great heap of merit, immeasurable and incalculable. But if, on the other hand, there were such a thing as a heap of merit, the Tathagata would not have spoken of a 'heap of merit'.

What do you think, Subhuti, is the Tathagata to be seen by means of the accomplishment of his form-body?

Subhuti replied: No indeed, Lord, the Tathagata is not to be seen by

附錄

第一

The Diamond Cutter

means of the accomplishment of his form-body. And why? 'Accomplishment of his form-body, accomplishment of his form-body', this, Lord, has been taught by the Tathagata as no-accomplishment. Therefore is it called 'accomplishment of his form-body'.

The Lord asked: What do you think, Subhuti, is the Tathagata to be seen through his possession of marks?

Subhuti replied: No indeed, Lord. And why? This possession of marks, Lord, which has been taught by the Tathagata, as a no-possession of no-marks this has been taught by the Tathagata. Therefore is it called 'possession of marks'.

The Lord asked: What do you think, Subhuti, does it occur to the Tathagata, 'by me has Dharma been demonstrated'? Whosoever, Subhuti, would say, 'the Tathagata has demonstrated Dharma', he would speak falsely, he would misrepresent me by seizing on what is not there. And why? 'Demonstration of dharma, demonstration of dharma', Subhuti, there is not any dharma which could be got at as a demonstration of dharma.

Subhuti asked: Are there, Lord, any beings in the future, in the last time, in the last epoch, in the last 500 years, at the time of the collapse of the good doctrine who, on hearing such dharmas, will truly believe?

The Lord replied: They, Subhuti, are neither beings nor no-beings. And why? 'Beings, beings', Subhuti, the Tathagata has taught that they are all no-beings. Therefore has he spoken of 'all beings'.

What do you think, Subhuti, is there any dharma by which the Tathagata has fully known the utmost, right and perfect enlightenment?

Subhuti replied: No indeed, Lord, there is not any dharma by which the Tathagata has fully known the utmost, right and perfect enlightenment.

The Lord said: So it is, Subhuti, so it is. Not even the least dharma is there found or got at. Therefore is it called 'utmost , right and perfect enlightenment'.

Furthermore, Subhuti, self-identical is that dharma, and nothing is therein at variance. Therefore is it called 'utmost, right and perfect enlightenment'. Self-identical through the absence of a self, a being, a soul, or a person, the utmost, right and perfect enlightenment is fully known as the totality of all the wholesome dharmas. 'Wholesome dharmas, wholesome dharmas', Subhuti yet as no-dharmas have they been taught by the Tathagata. Therefore are they called 'wholesome dharmas'.

And again, Subhuti, if a woman or man had piled up the seven precious things until their bulk equaled that of all the Sumerus, kings of mountains, in the world system of 1,000 million worlds, and would give them as a gift; and if, on the other hand, a son or daughter of good family would take up from this Prajnaparamita, this discourse on Dharma, but one stanza of four lines, and demonstrate it to others, compared with his heap of merit the former heap of merit does not approach one hundredth part, etc., until we come to, it will not bear any comparison.

What do you think, Subhuti, does it occur to a Tathagata, 'by me have beings been set free'? Not thus should you see it, Subhuti!

And why? There is not any being whom the Tathagata has set free. Again, if there had been any being whom the Tathagata had set free, then surely there would have been on the part of the Tathagata a seizing of a self, of a being, of a soul, of a person. 'Seizing of a self', as a no-seizing, Subhuti, has that been taught by the Tathagata. And yet the foolish common people have seized upon it. 'Foolish common people', Subhuti, as really no people have they been taught by the Tathagata. Therefore are they called 'foolish common people'.

What do you think, Subhuti, is the Tathagata to be seen by means of his possession of marks ?

Subhuti replied: No indeed, Lord. The Lord said: If, Subhuti, the Tathagata could be recognized by his possession of marks, then also the universal monarch would be a Tathagata. Therefore the Tathagata is not to be seen by means of his possession of marks.

Subhuti then said: As I, Lord, understand the Lord's teaching, the Tathagata is not to be seen through his possession of marks.

Further the Lord taught on that occasion the following stanzas:

Those who by my form did see me,

And those who followed me by voice

Wrong the efforts they engaged in,

Me those people will not see.

From the Dharma should one see the Buddhas,

From the Dharmabodies comes their guidance.

Yet Dharma's true nature cannot be discerned,

And no one can be conscious of it as an object.

What do you think, Subhuti, has the Tathagata fully known the utmost, right and perfect enlightenment through his possession of marks? Not so should you see it, Subhuti. And why? Because the Tathagata could surely not have fully known the utmost, right and perfect enlightenment through his possession of marks.

Nor should anyone, Subhuti, say to you, 'those who have set out in the Bodhisattva-vehicle have conceived the destruction of a dharma, or its annihilation'. Not so should you see it, Subhuti! For those who have set out in the Bodhisattva-vehicle have not conceived the destruction of a dharma, or its annihilation.

And again, Subhuti, if a son or daughter of good family had filled with the seven precious things as many world systems as there are grains of sand in the river Ganges, and gave them as a gift to the Tathagatas, Arhats, fully Enlightened Ones, and if on the other hand a Bodhisattva would gain the patient acquiescence in dharmas which are nothing of themselves and which fail to be produced, then this latter would on the strength of that beget a greater heap of merit, immeasurable and incalculable. Moreover, Subhuti, the Bodhisattva should not acquire a heap of merit.

Subhuti said: Surely, Lord, the Bodhisattva should acquire a heap of merit?

The Lord said: 'Should acquire', Subhuti, not 'should seize upon.' Therefore is it said, 'should acquire'.

And again, Subhuti, if a son or daughter of good family had filled with the seven precious things as many world systems as there are grains of sand in the river Ganges, and gave them as a gift to the Tathagatas, Arhats, fully Enlightened Ones, and if on the other hand a Bodhisattva would gain the patient acquiescence in dharmas which are nothing of themselves and which fail to be produced, then this latter would on the strength of that beget a greater heap of merit, immeasurable and incalculable. Moreover, Subhuti, the Bodhisattva should not acquire a heap of merit.

Subhuti said: Surely, Lord, the Bodhisattva should acquire a heap of merit?

The Lord said: 'Should acquire', Subhuti, not 'should seize upon.' Therefore is it said, 'should acquire'.

Whosoever says that the Tathagata goes or comes, stands, sits or lies down, he does not understand the meaning of my teaching. And why? 'Tathagata' is called one who has not gone anywhere, nor come from anywhere. Therefore is he called 'the Tathagata, the Arhat, the fully Enlightened One'.

And again, Subhuti, if a son or daughter of good family were to grind as many world systems as there are particles of dust in this great world system of 1,000 million worlds, as finely as they can be ground with incalculable vigour, and in fact reduce them to something like a collection of atomic quantities, what do you think, Subhuti, would that be an enormous collection of atomic quantities?

Subhuti replied: So it is, Lord, so it is, Well-Gone, enormous would that collection of atomic quantities be!

And why? If, Lord, there had been an enormous collection of atomic quantities, the Lord would not have called it an 'enormous collection of atomic quantities'. And why? What was taught by the Tathagata as a 'collection of atomic quantities', as a no-collection that was taught by the Tathagata. Therefore is it called a 'collection of atomic quantities'.

And what the Tathagata taught as 'the world system of 1,000 million worlds', that he has taught as a no-system. Therefore is it called 'the world system of 1,000 million worlds'.

And why? If, Lord, there had been a world system, that would have been a case of seizing on a material object, and what was taught as 'seizing on a material object' by the Tathagata, just as a no-seizing was that taught by the Tathagata. Therefore is it called 'seizing on a material object'.

The Lord added: And also, Subhuti, that 'seizing on a material object' is a matter of linguistic convention, a verbal expression without factual content. It is not a dharma nor a no-dharma. And yet the foolish common people have seized upon it.

And why? Because whosoever would say that the view of a self has been taught by the Tathagata, the view of a being, the view of a living soul, the view of a person, would he, Subhuti, be speaking right?

你會喜歡
金剛經

Subhuti replied: No indeed, Lord, no indeed, Well-Gone, he would not be speaking right. And why? That which has been taught by the Tathagata as 'view of self', as a no-view has that been taught by the Tathagata. Therefore is it called 'view of self'.

The Lord said: It is thus, Subhuti, that someone who has set out in the Bodhisattva-vehicle should know all dharmas, view them, be intent on them. And he should know, view and be intent on them in such a way that he does not set up the perception of a dharma. And why? 'Perception of dharma, perception of dharma, 'Subhuti, as no-perception has this been taught by the Tathagata. Therefore is it called 'perception of dharma'.

And finally, Subhuti, if a Bodhisattva, a great being had filled world-systems immeasurable and incalculable with the seven precious things, and gave them as a gift to the Tathagatas, the Arhats, the fully Enlightened Ones, and if, on the other hand, a son or daughter of good family had taken from this Prajnaparamita, this discourse on Dharma, but one stanza of four lines, and were to bear it in mind, demonstrate, recite and study it, and illuminate it in full detail for others, on the strength of that this latter would beget a greater heap of merit, immeasurable and incalculable. And how would he illuminate it? So as not to reveal. Therefore is it said, 'he would illuminate'.

As stars, a fault of vision, as a lamp,

A mock show, dew drops, or a bubble,

A dream, a lightning flash, or cloud,

So should one view what is conditioned.

Thus spoke the Lord. Enraptured, the Elder Subhuti, the monks and nuns, the pious laymen and laywomen, and the Bodhisattvas, and the whole world with its Gods, men, Asuras and Gandharvas rejoiced in the Lord's teaching. - This completes the Diamond-Cutter of Perfect Wisdom.

第二 金剛般若波羅蜜經
姚秦 三藏法師 鳩摩羅什 譯

　　如是我聞。一時，佛在舍衛國祇樹給孤獨園，與大比丘眾千二百五十人俱。爾時，世尊食時，著衣持鉢，入舍衛大城乞食。於其城中，次第乞已，還至本處。飯食訖，收衣鉢，洗足已，敷座而坐。

　　時，長老須菩提在大眾中即從座起，偏袒右肩，右膝著地，合掌恭敬而白佛言：「希有！世尊！如來善護念諸菩薩，善付囑諸菩薩。世尊！善男子、善女人，發阿耨多羅三藐三菩提心，應云何住？云何降伏其心？」

　　佛言：「善哉，善哉。須菩提！如汝所說：如來善護念諸菩薩，善付囑諸菩薩，汝今諦聽！當為汝說：善男子、善女人，發阿耨多羅三藐三菩提心，應如是住，如是降伏其心。」

　　「唯然。世尊！願樂欲聞。」

　　佛告須菩提：「諸菩薩摩訶薩應如是降伏其心！所有一切眾生之類：若卵生、若胎生、若濕生、若化生；若有色、若無色；若有想、若無想、若非有想非無想，我皆令入無餘涅槃而滅度之。如是滅度無量無數無邊眾生，實無眾生得滅度者。何以故？須菩提！若菩薩有我相、人相、眾生相、壽者相，即非菩薩。」

　　「復次，須菩提！菩薩於法，應無所住，行於布施，所謂不住色布施，不住聲香味觸法布施。須菩提！菩薩應如是布施，不住於相。何以故？若菩薩不住相布施，其福德不可思量。」

　　「須菩提！於意云何？東方虛空可思量不？」

　　「不也，世尊！」

「須菩提！南西北方四維上下虛空可思量不？」

「不也，世尊！」

「須菩提！菩薩無住相布施，福德亦復如是不可思量。須菩提！菩薩但應如所教住。」

「須菩提！於意云何？可以身相見如來不？」

「不也，世尊！不可以身相得見如來。何以故？如來所說身相，即非身相。」

佛告須菩提：「凡所有相，皆是虛妄。若見諸相非相，則見如來。」

須菩提白佛言：「世尊！頗有眾生，得聞如是言說章句，生實信不？」

佛告須菩提：「莫作是說。如來滅後，後五百歲，有持戒修福者，於此章句能生信心，以此為實，當知是人不於一佛二佛三四五佛而種善根，已於無量千萬佛所種諸善根，聞是章句，乃至一念生淨信者，須菩提！如來悉知悉見，是諸眾生得如是無量福德。何以故？是諸眾生無復我相、人相、眾生相、壽者相。」

「無法相，亦無非法相。何以故？是諸眾生若心取相，則為著我人眾生壽者。」

「若取法相，即著我人眾生壽者。何以故？若取非法相，即著我人眾生壽者，是故不應取法，不應取非法。以是義故，如來常說：汝等比丘，知我說法，如筏喻者，法尚應捨，何況非法。」

「須菩提！於意云何？如來得阿耨多羅三藐三菩提耶？如來有所說法耶？」

須菩提言：「如我解佛所說義，無有定法名阿耨多羅三藐三菩提，亦無有定法，如來可說。何以故？如來所說法，皆不可取、不可說、非法、非非法。所以者何？一切賢聖，皆以無為法而有差別。」

「須菩提！於意云何？若人滿三千大千世界七寶以用布施，是人所得福德，寧為多不？」

須菩提言：「甚多，世尊！何以故？是福德即非福德性，是故如來說福德多。」

「若復有人，於此經中受持，乃至四句偈等，為他人說，其福勝彼。何以故？須菩提！一切諸佛，及諸佛阿耨多羅三藐三菩提法，皆從此經出。須菩提！所謂佛、法者，即非佛、法。」

「須菩提！於意云何？須陀洹能作是念：『我得須陀洹果』不？」

須菩提言：「不也，世尊！何以故？須陀洹名為入流，而無所入，不入色聲香味觸法，是名須陀洹。」

「須菩提！於意云何？斯陀含能作是念：『我得斯陀含果』不？」

須菩提言：「不也，世尊！何以故？斯陀含名一往來，而實無往來，是名斯陀含。」

「須菩提！於意云何？阿那含能作是念：『我得阿那含果』不？」

須菩提言：「不也，世尊！何以故？阿那含名為不來，而實無來，是故名阿那含。」

「須菩提！於意云何？阿羅漢能作是念：『我得阿羅漢道』不？」

須菩提言：「不也，世尊！何以故？實無有法名阿羅漢。世尊！若阿羅漢作是念：『我得阿羅漢道』，即為著我人眾生壽者。世尊！佛說我得無諍三昧，人中最為第一，是第一離欲阿羅漢。我不作是念：『我是離欲阿羅漢』。世尊！我若作是念：『我得阿羅漢道』，世尊則不說須菩提是樂阿蘭那行者！以須菩提實無所行，而名須菩提是樂阿蘭那行。」

佛告須菩提：「於意云何？如來昔在然燈佛所，於法有所得不？」

「世尊！如來在然燈佛所，於法實無所得。」

「須菩提！於意云何？菩薩莊嚴佛土不？」

「不也，世尊！何以故？莊嚴佛土者，則非莊嚴，是名莊嚴。」

「是故須菩提，諸菩薩摩訶薩應如是生清淨心，不應住色生心，不應住聲香味觸法生心，應無所住而生其心。」

「須菩提！譬如有人，身如須彌山王，於意云何？是身為大不？」

須菩提言：「甚大，世尊！何以故？佛說非身，是名大身。」

「須菩提！如恒河中所有沙數，如是沙等恒河，於意云何？是諸恒河沙寧為多不？」

須菩提言：「甚多，世尊！但諸恒河尚多無數，何況其沙！」

「須菩提！我今實言告汝：若有善男子、善女人，以七寶滿爾所恒河沙數三千大千世界，以用布施，得福多不？」

須菩提言：「甚多，世尊！」

佛告須菩提：「若善男子、善女人，於此經中，乃至受持四句偈等，為他人說，而此福德勝前福德。復次，須菩提！隨說是經，乃至四句偈等，當知此處，一切世間、天、人、阿修羅，皆應供養，如佛塔廟，何況有人盡能受持讀誦。須菩提！當知是人成就最上第一希有之法，若是經典所在之處，則為有佛，若尊重弟子。」

爾時，須菩提白佛言：「世尊！當何名此經？我等云何奉持？」

佛告須菩提：「是經名為《金剛般若波羅蜜》，以是名字，汝當奉持。所以者何？須菩提！佛說般若波羅蜜，則非般若波羅蜜。須菩提！於意云何？如來有所說法不？」

須菩提白佛言：「世尊！如來無所說。」

「須菩提！於意云何？三千大千世界所有微塵是為多不？」

須菩提言：「甚多，世尊！」

「須菩提！諸微塵，如來說非微塵，是名微塵。如來說：世界，非世界，是名世界。」

「須菩提！於意云何？可以三十二相見如來不？」

「不也，世尊！何以故？如來說：三十二相，即是非相，是名三十二相。」

「須菩提！若有善男子、善女人，以恒河沙等身命布施；若復有人，於此經中，乃至受持四句偈等，為他人說，其福甚多！」

爾時，須菩提聞說是經，深解義趣，涕淚悲泣，而白佛言：「希有，

世尊！佛說如是甚深經典，我從昔來所得慧眼，未曾得聞如是之經。世尊！若復有人得聞是經，信心清淨，則生實相，當知是人，成就第一希有功德。世尊！是實相者，則是非相，是故如來說名實相。世尊！我今得聞如是經典，信解受持不足為難，若當來世，後五百歲，其有眾生，得聞是經，信解受持，是人則為第一希有。何以故？此人無我相、人相、眾生相、壽者相。所以者何？我相即是非相，人相、眾生相、壽者相即是非相。何以故？離一切諸相，則名諸佛。」

佛告須菩提：「如是！如是！若復有人，得聞是經，不驚、不怖、不畏，當知是人甚為希有。何以故？須菩提！如來說：第一波羅蜜，非第一波羅蜜，是名第一波羅蜜。須菩提！忍辱波羅蜜，如來說非忍辱波羅蜜。何以故？須菩提！如我昔為歌利王割截身體，我於爾時，無我相、無人相、無眾生相、無壽者相。何以故？我於往昔節節支解時，若有我相、人相、眾生相、壽者相，應生瞋恨。須菩提！又念過去於五百世作忍辱仙人，於爾所世，無我相、無人相、無眾生相、無壽者相。是故須菩提！菩薩應離一切相，發阿耨多羅三藐三菩提心，不應住色生心，不應住聲香味觸法生心，應生無所住心。若心有住，則為非住。」

「是故佛說：菩薩心不應住色布施。須菩提！菩薩為利益一切眾生，應如是布施。如來說：一切諸相，即是非相。又說：一切眾生，則非眾生。須菩提！如來是真語者、實語者、如語者、不誑語者、不異語者。」

「須菩提！如來所得法，此法無實無虛。須菩提！若菩薩心住於法而行布施，如人入暗，則無所見；若菩薩心不住法而行布施，如人有目，日光明照，見種種色。」

「須菩提！當來之世，若有善男子、善女人，能於此經受持讀誦，則為如來以佛智慧，悉知是人，悉見是人，皆得成就無量無邊功德。」

「須菩提！若有善男子、善女人，初日分以恒河沙等身布施，中日分復以恒河沙等身布施，後日分亦以恒河沙等身布施，如是無量百千萬億劫以身布施；若復有人，聞此經典，信心不逆，其福勝彼，何況書寫、受

你會喜歡 金剛經

持、讀誦、為人解說。」

「須菩提！以要言之，是經有不可思議、不可稱量、無邊功德。如來為發大乘者說，為發最上乘者說。若有人能受持讀誦，廣為人說，如來悉知是人，悉見是人，皆成就不可量、不可稱、無有邊、不可思議功德，如是人等，則為荷擔如來阿耨多羅三藐三菩提。何以故？須菩提！若樂小法者，著我見、人見、眾生見、壽者見，則於此經，不能聽受讀誦、為人解說。」

「須菩提！在在處處，若有此經，一切世間、天、人、阿修羅，所應供養；當知此處，則為是塔，皆應恭敬，作禮圍遶，以諸華香而散其處。」

「復次，須菩提！善男子、善女人，受持讀誦此經，若為人輕賤，是人先世罪業，應墮惡道，以今世人輕賤故，先世罪業則為消滅，當得阿耨多羅三藐三菩提。」

「須菩提！我念過去無量阿僧祇劫，於然燈佛前，得值八百四千萬億那由他諸佛，悉皆供養承事，無空過者；若復有人，於後末世，能受持讀誦此經，所得功德，於我所供養諸佛功德，百分不及一，千萬億分、乃至算數譬喻所不能及。」

「須菩提！若善男子、善女人，於後末世，有受持讀誦此經，所得功德，我若具說者，或有人聞，心則狂亂，狐疑不信。須菩提！當知是經義不可思議，果報亦不可思議。」

爾時，須菩提白佛言：「世尊！善男子、善女人，發阿耨多羅三藐三菩提心，云何應住？云何降伏其心？」

佛告須菩提：「善男子、善女人，發阿耨多羅三藐三菩提者，當生如是心，我應滅度一切眾生。滅度一切眾生已，而無有一眾生實滅度者。何以故？若菩薩有我相、人相、眾生相、壽者相，則非菩薩。所以者何？須菩提！實無有法發阿耨多羅三藐三菩提者。」

「須菩提！於意云何？如來於然燈佛所，有法得阿耨多羅三藐三菩提

附錄

第二 金剛般若波羅蜜經

不？」

「不也，世尊！如我解佛所說義，佛於然燈佛所，無有法得阿耨多羅三藐三菩提。」

佛言：「如是，如是。須菩提！實無有法如來得阿耨多羅三藐三菩提。須菩提！若有法如來得阿耨多羅三藐三菩提，然燈佛則不與我授記：『汝於來世，當得作佛，號釋迦牟尼。』以實無有法得阿耨多羅三藐三菩提，是故然燈佛與我授記，作是言：『汝於來世，當得作佛，號釋迦牟尼。』何以故？如來者，即諸法如義。」

「若有人言：如來得阿耨多羅三藐三菩提。須菩提！實無有法，佛得阿耨多羅三藐三菩提。須菩提！如來所得阿耨多羅三藐三菩提，於是中無實無虛。是故如來說：一切法皆是佛法。須菩提！所言一切法者，即非一切法，是故名一切法。」

「須菩提！譬如人身長大。」

須菩提言：「世尊！如來說：人身長大，則為非大身，是名大身。」

「須菩提！菩薩亦如是。若作是言：『我當滅度無量眾生』，則不名菩薩。何以故？須菩提！無有法名為菩薩。是故佛說：一切法無我、無人、無眾生、無壽者。須菩提！若菩薩作是言：『我當莊嚴佛土』，是不名菩薩。何以故？如來說：莊嚴佛土者，即非莊嚴，是名莊嚴。須菩提！若菩薩通達無我、法者，如來說名真是菩薩。」

「須菩提！於意云何？如來有肉眼不？」

「如是，世尊！如來有肉眼。」

「須菩提！於意云何？如來有天眼不？」

「如是，世尊！如來有天眼。」

「須菩提！於意云何？如來有慧眼不？」

「如是，世尊！如來有慧眼。」

「須菩提！於意云何？如來有法眼不？」

「如是，世尊！如來有法眼。」

你會喜歡 金剛經

「須菩提！於意云何？如來有佛眼不？」

「如是，世尊！如來有佛眼。」

「須菩提！於意云何？恒河中所有沙，佛說是沙不？」

「如是，世尊！如來說是沙。」

「須菩提！於意云何？如一恒河中所有沙，有如是等恒河，是諸恒河所有沙數，佛世界如是，寧為多不？」

「甚多，世尊！」

佛告須菩提：「爾所國土中，所有眾生，若干種心，如來悉知。何以故？如來說：諸心皆為非心，是名為心。所以者何？須菩提！過去心不可得，現在心不可得，未來心不可得。」

「須菩提！於意云何？若有人滿三千大千世界七寶以用布施，是人以是因緣，得福多不？」

「如是，世尊！此人以是因緣，得福甚多。」

「須菩提！若福德有實，如來不說得福德多；以福德無故，如來說得福德多。」

「須菩提！於意云何？佛可以具足色身見不？」

「不也，世尊！如來不應以色身見。何以故？如來說：具足色身，即非具足色身，是名具足色身。」

「須菩提！於意云何？如來可以具足諸相見不？」

「不也，世尊！如來不應以具足諸相見。何以故？如來說：諸相具足，即非具足，是名諸相具足。」

「須菩提！汝勿謂如來作是念：『我當有所說法。』莫作是念，何以故？若人言：如來有所說法，即為謗佛，不能解我所說故。須菩提！說法者，無法可說，是名說法。」

爾時，慧命須菩提白佛言：「世尊！頗有眾生，於未來世，聞說是法，生信心不？」

佛言：「須菩提！彼非眾生，非不眾生。何以故？須菩提！眾生眾生

者，如來說非眾生，是名眾生。」

須菩提白佛言：「世尊！佛得阿耨多羅三藐三菩提，為無所得耶？」

「如是，如是。須菩提！我於阿耨多羅三藐三菩提乃至無有少法可得，是名阿耨多羅三藐三菩提。」

「復次，須菩提！是法平等，無有高下，是名阿耨多羅三藐三菩提；以無我、無人、無眾生、無壽者，修一切善法，則得阿耨多羅三藐三菩提。須菩提！所言善法者，如來說非善法，是名善法。」

「須菩提！若三千大千世界中所有諸須彌山王，如是等七寶聚，有人持用布施；若人以此《般若波羅蜜經》，乃至四句偈等，受持、為他人說，於前福德百分不及一，百千萬億分，乃至算數譬喻所不能及。」

「須菩提！於意云何？汝等勿謂如來作是念：『我當度眾生。』須菩提！莫作是念。何以故？實無有眾生如來度者，若有眾生如來度者，如來則有我人眾生壽者。須菩提！如來說：『有我者，則非有我，而凡夫之人以為有我。』須菩提！凡夫者，如來說則非凡夫。」

「須菩提！於意云何？可以三十二相觀如來不？」

須菩提言：「如是！如是！以三十二相觀如來。」

佛言：「須菩提！若以三十二相觀如來者，轉輪聖王則是如來。」

須菩提白佛言：「世尊！如我解佛所說義，不應以三十二相觀如來。」

爾時，世尊而說偈言：

「若以色見我　以音聲求我

　是人行邪道　不能見如來」

「須菩提！汝若作是念：『如來不以具足相故，得阿耨多羅三藐三菩提。』須菩提！莫作是念：『如來不以具足相故，得阿耨多羅三藐三菩提。』」

「須菩提！汝若作是念，發阿耨多羅三藐三菩提者，說諸法斷滅。莫作是念！何以故？發阿耨多羅三藐三菩提者，於法不說斷滅相。」

「須菩提！若菩薩以滿恒河沙等世界七寶布施；若復有人知一切法無我，得成於忍，此菩薩勝前菩薩所得功德。須菩提！以諸菩薩不受福德故。」

須菩提白佛言：「世尊！云何菩薩不受福德？」

「須菩提！菩薩所作福德，不應貪著，是故說不受福德。」

「須菩提！若有人言：如來若來若去、若坐若臥，是人不解我所說義。何以故？如來者，無所從來，亦無所去，故名如來。」

「須菩提！若善男子、善女人，以三千大千世界碎為微塵，於意云何？是微塵眾寧為多不？」

「甚多，世尊！何以故？若是微塵眾實有者，佛則不說是微塵眾，所以者何？佛說：微塵眾，則非微塵眾，是名微塵眾。世尊！如來所說三千大千世界，則非世界，是名世界。何以故？若世界實有，則是一合相。如來說：一合相，則非一合相，是名一合相。」

「須菩提！一合相者，則是不可說，但凡夫之人貪著其事。」

「須菩提！若人言：佛說我見、人見、眾生見、壽者見。須菩提！於意云何？是人解我所說義不？」

「世尊！是人不解如來所說義。何以故？世尊說：我見、人見、眾生見、壽者見，即非我見、人見、眾生見、壽者見，是名我見、人見、眾生見、壽者見。」

「須菩提！發阿耨多羅三藐三菩提心者，於一切法，應如是知，如是見，如是信解，不生法相。須菩提！所言法相者，如來說即非法相，是名法相。」

「須菩提！若有人以滿無量阿僧祇世界七寶持用布施，若有善男子、善女人，發菩薩心者，持於此經，乃至四句偈等，受持讀誦，為人演說，其福勝彼。云何為人演說，不取於相，如如不動。何以故？」

「一切有為法　如夢幻泡影
　如露亦如電　應作如是觀」

佛說是經已，長老須菩提及諸比丘、比丘尼、優婆塞、優婆夷、一切世間、天、人、阿修羅，聞佛所說，皆大歡喜，信受奉行。

第三 金剛般若波羅蜜經

陳 天竺三藏法師 真諦 譯

　　如是我聞。一時佛婆伽婆，住舍衛國，祇陀樹林給孤獨園。與大比丘眾千二百五十人俱。爾時世尊，於日前分，著衣持鉢，入舍衛大國而行乞食。於其國中次第行已，還至本處。飯食事訖，於中後時，收衣鉢，洗足已。如常敷座，加趺安坐，端身而住，正念現前。時諸比丘俱往佛所，至佛所已，頂禮佛足，右繞三匝，卻坐一面。

　　爾時淨命須菩提，於大眾中共坐聚集。時淨命須菩提，即從座起，偏袒右肩，頂禮佛足，右膝著地，向佛合掌而白佛言：「希有世尊！如來應供正遍覺知，善護念諸菩薩摩訶薩，由無上利益故；善付囑諸菩薩摩訶薩，由無上教故。世尊！若善男子善女人，發阿耨多羅三藐三菩提心，行菩薩乘，云何應住？云何修行？云何發起菩薩心？」

　　淨命須菩提作是問已。爾時世尊告須菩提：「須菩提！善哉善哉！如是。善男子，如來善護念諸菩薩摩訶薩，無上利益故；善付囑諸菩薩摩訶薩，無上教故。須菩提！是故汝今一心諦聽，恭敬，善思念之。我今當為汝說。如菩薩發菩提心，行菩薩乘，如是應住，如是修行，如是發心。」

　　須菩提言：「唯然，世尊！」

　　佛告須菩提：「須菩提！若善男子善女人，發菩提心，行菩薩乘，應如是發心：所有一切眾生類攝，若卵生、若胎生、若濕生、若化生，若有色、若無色，若有想、若無想，若非有想、若非無想，乃至眾生界，及假名說。如是眾生，我皆安置於無餘涅槃。如是般涅槃無量眾生已，無一眾生被涅槃者。何以故？須菩提！若菩薩有眾生想，即不應說名為菩薩。何

以故？須菩提！一切菩薩，無我想、眾生想、壽者想、受者想。」

「復次，須菩提，菩薩不著己類而行布施，不著所餘行於布施，不著色聲香味觸法應行布施。須菩提！菩薩應如是行施，不著相想。何以故？須菩提！若菩薩無執著心行於布施，是福德聚不可數量。須菩提！汝意云何？東方虛空可數量不？」

須菩提言：「不可，世尊！」

佛言：「如是。須菩提！南西北方，四維上下，十方虛空，可數量不？」

須菩提言：「不可，世尊！」

佛言：「如是。須菩提！若菩薩無執著心行於布施，是福德聚亦復如是不可數量。」

「須菩提！汝意云何？可以身相勝德見如來不？」

「不也。世尊！何以故？如來所說身相勝德，非相勝德。」

「何以故？須菩提！凡所有相，皆是虛妄。無所有相，即是真實。由相無相，應見如來。」

如是說已，淨命須菩提白佛言：「世尊！於今現時及未來世，頗有菩薩聽聞正說如是等相此經章句，生實想不？」

佛告須菩提：「莫作是說：『於今現時及未來世，頗有菩薩聽聞正說如是等相此經章句，生實想不？』何以故？須菩提！於未來世，實有眾生，得聞此經，能生實想。復次，須菩提！於未來世，後五百歲，正法滅時，有諸菩薩摩訶薩，持戒修福，及有智慧。須菩提！是諸菩薩摩訶薩，非事一佛，非於一佛種諸善根，已事無量百千諸佛，已於無量百千佛所而種善根。若有善男子善女人，聽聞正說如是等相此經章句，乃至一念生實信者。須菩提！如來悉知是人，悉見是人。須菩提！是善男子善女人，生長無量福德之聚！何以故？須菩提！是諸菩薩無復我想、眾生想、壽者想、受者想。」

「是諸菩薩無法想，無非法想，無想，無非想。何以故？須菩提！是

諸菩薩若有法想，即是我執，及眾生壽者受者執。須菩提！是故菩薩不應取法，不應取非法。為如是義故，如來說：若觀行人，解筏喻經，法尚應捨，何況非法。」

佛復告淨命須菩提：「須菩提！汝意云何？如來得阿耨多羅三藐三菩提耶？如來有所說法耶？」

須菩提言：「如我解佛所說義，無所有法如來所得，名阿耨多羅三藐三菩提；亦無有法，如來所說。何以故？是法如來所說，不可取，不可言；非法，非非法。何以故？一切聖人，皆以無為真如所顯現故。」

「須菩提！汝意云何？以三千大千世界遍滿七寶，若人持用布施，是善男子善女人，因此布施，生福多不？」

須菩提言：「甚多，世尊！甚多，修伽陀！是善男子善女人，因此布施，得福甚多。何以故？世尊！此福德聚，即非福德聚，是故如來說福德聚。」

佛言：「須菩提！若善男子善女人，以三千大千世界遍滿七寶，持用布施。若復有人，從此經中受四句偈，為他正說，顯示其義，此人以是因緣，所生福德，最多於彼無量無數。何以故？須菩提！如來無上菩提，從此福成。諸佛世尊，從此福生。何以故？須菩提！所言佛、法者，即非佛、法，是名佛、法。

「須菩提！汝意云何？須陀洹能作是念：『我得須陀洹果』不？」

須菩提言：「不也，世尊！何以故？世尊！實無所有能至於流，故說須陀洹。乃至色聲香味觸法亦復如是，故名須陀洹。」

「斯陀含名一往來，實無所有能至往來，是名斯陀含。」

「阿那含名為不來，實無所有能至不來，是名阿那含。」

佛言：「須菩提！汝意云何？阿羅漢能作是念：『我得阿羅漢果』不？」

須菩提言：「不也，世尊！何以故！實無所有名阿羅漢。世尊！若阿羅漢作念：『我得阿羅漢果。』此念即是我執、眾生執、壽者執、

附錄

第三　金剛般若波羅蜜經

受者執。世尊！如來阿羅訶三藐三佛陀，讚我住無諍三昧，人中最為第一。世尊！我今已成阿羅漢，離三有欲。世尊！我亦不作是念：『我是阿羅漢。』世尊！我若有是念：『我已得阿羅漢果。』如來則應不授我記：『住無諍三昧，人中須菩提善男子最為第一。』實無所住，住於無諍，住於無諍。」

佛告須菩提：「汝意云何？昔從然燈如來阿羅訶三藐三佛陀所，頗有一法，如來所取不？」

須菩提言：「不也，世尊！實無有法，昔從然燈如來阿羅訶三藐三佛陀所，如來所取。」

佛告須菩提：「若有菩薩作如是言：『我當莊嚴清淨佛土。』而此菩薩說虛妄言。何以故？須菩提！莊嚴佛土者，如來說非莊嚴，是故莊嚴清淨佛土。須菩提！是故菩薩應生如是無住著心，不住色聲香味觸法生心，應無所住而生其心。」

「須菩提！譬如有人體相勝大，如須彌山王。須菩提！汝意云何？如是體相為勝大不？」

須菩提言：「甚大，世尊！何以故？如來說非有，名為有身，此非是有，故說有身。」

佛告須菩提：「汝意云何？於恆伽江所有諸沙，如其沙數所有恆伽，諸恆伽沙寧為多不？」

須菩提言：「甚多！世尊！但諸恆伽，尚多無數，何況其沙。」

佛言：「須菩提！我今覺汝，我今示汝：諸恆伽中所有沙數，如是沙等世界，若有善男子善女人，以七寶遍滿，持施如來應供正遍覺知。須菩提！汝意云何？此人以是因緣，得福多不？」

須菩提言：「甚多，世尊！甚多，修伽陀！此人以是因緣，生福甚多！」「須菩提！若善男子善女人，以七寶遍滿爾所恆伽沙世界，持用布施。若善男子善女人，從此經典乃至四句偈等，恭敬受持，為他正說。是人所生福德，最勝於彼無量無數！」

「復次，須菩提！隨所在處，若有人能從是經典，乃至四句偈等，讀誦講說。當知此處，於世間中即成支提，一切人天阿脩羅等，皆應恭敬。何況有人，盡能受持讀誦如此經典。當知是人，則與無上希有之法而共相應。是土地處，大師在中，或隨有一可尊重人。」

佛說是已。淨命須菩提白佛言：「世尊！如是經典，名號云何？我等云何奉持？」

佛告須菩提：「此經名為金剛般若波羅蜜。以是名字，汝當奉持。何以故？須菩提！是般若波羅蜜，如來說非般若波羅蜜。須菩提！汝意云何？頗有一法一佛說不？」

須菩提言：「世尊！無有一法一如來說。」

佛告須菩提：「三千大千世界所有微塵，是為多不？」

須菩提言：「此世界微塵，甚多，世尊！甚多，修伽陀！何以故？世尊！此諸微塵，如來說非微塵，故名微塵。此諸世界，如來說非世界，故說世界。」。

佛告須菩提：「汝意云何？可以三十二大人相見如來不？」

須菩提言：「不也，世尊！何以故？此三十二大人相，如來說非相，故說三十二大人相。」

佛告須菩提：「若有善男子善女人，如諸恆河所有沙數，如是沙等身命捨以布施。若有善男子善女人，從此經典，乃至四句偈等，恭敬受持，為他正說。此人以是因緣，生福多彼無量無數。」

爾時淨命須菩提，由法利疾，即便悲泣。抆淚而言：「希有！世尊！希有！修伽陀！如此經典如來所說，我從昔來至得聖慧，未曾聞說如是經典。何以故？世尊說般若波羅蜜，即非般若波羅蜜，故說般若波羅蜜。世尊！當知是人，則與無上希有之法而共相應，聞說經時，能生實想。世尊！是實想者，實非有想，是故如來說名實想，說名實想。世尊！此事於我非為希有。正說經時，我生信解。世尊！於未來世，若有眾生恭敬受持，為他正說，當知是人，則與無上希有之法而共相應。世尊！此人無復

我想眾生想壽者想受者想。何以故？我想眾生想壽者想受者想，即是非想。何以故？諸佛世尊，解脫諸想盡無餘故。」

說是言已。佛告須菩提：「如是，須菩提！如是。當知是人，則與無上希有之法而共相應。是人聞說此經，不驚不怖不畏。何以故？須菩提！此法如來所說，是第一波羅蜜。此波羅蜜，如來所說，無量諸佛亦如是說，是故說名第一波羅蜜。復次，須菩提！如來忍辱波羅蜜，即非波羅蜜。何以故？須菩提！昔時我為迦陵伽王斬斫身體，骨肉離碎。我於爾時，無有我想眾生想壽者想受者想，無想，非無想。何以故？須菩提！我於爾時，若有我想眾生想壽者想受者想，是時則應生瞋恨想。」

「須菩提！我憶過去五百生中，作大仙人，名曰說忍。於爾生中，心無我想眾生想壽者想受者想。是故須菩提！菩薩摩訶薩捨離一切想，於無上菩提應發起心，不應生住色心，不應生住聲香味觸心，不應生住法心，不應生住非法心，不應生有所住心。何以故？若心有住，則為非住。故如來說：菩薩無所住心應行布施。復次，須菩提！菩薩應如是行施，為利益一切眾生。此眾生想，即是非想。如是一切眾生，如來說即非眾生。何以故？諸佛世尊遠離一切想故。須菩提！如來說實、說諦、說如、說非虛妄。復次，須菩提！是法如來所覺，是法如來所說，是法非實非虛。」

「須菩提！譬如有人，在於盲暗，如是當知菩薩墮相，行墮相施。須菩提！如人有目，夜已曉時，晝日光照，見種種色，如是當知菩薩不墮於相，行無相施。復次，須菩提！於未來世，若有善男子善女人，受持讀誦，教他修行，為他正說如是經典，如來悉知是人，悉見是人，生長無量福德之聚。」

「復次，須菩提！若有善男子善女人，於日前分布施身命，如上所說諸恆沙數；於日中分布施身命，於日後分布施身命，皆如上說諸恆沙數。如是無量百千萬億劫，以身命布施。若復有人，聞此經典，不起誹謗，以是因緣，生福多彼無量無數。何況有人書寫受持讀誦，教他修行，為人廣說。復次，須菩提！如是經典不可思量，無能與等。如來但為憐愍利益能

行無上乘人，及行無等乘人說。若復有人，於未來世，受持讀誦，教他修行，正說是經，如來悉知是人，悉見是人，與無數無量不可思議無等福聚而共相應。如是等人，由我身分，則能荷負無上菩提。何以故？須菩提！如是經典，若下願樂人，及我見眾生見壽者見受者見如此等人，能聽能修讀誦教他正說，無有是處。復次，須菩提！隨所在處，顯說此經，一切世間天人阿脩羅等，皆應供養，作禮右繞。當知此處，於世間中即成支提。」

「須菩提！若有善男子善女人，受持讀誦教他修行，正說如是等經。此人現身受輕賤等苦。過去世中所造惡業，應感生後惡道果報。以於現身受輕苦故，先世罪業及苦果報，則為消滅。當得阿耨多羅三藐三菩提。」

「須菩提！我憶往昔，從然燈如來阿羅訶三藐三佛陀後，無數無量不可算計，過去大劫，得值八萬四千百千俱胝諸佛如來已成佛竟，我皆承事供養恭敬，無空過者。若復有人，於後末世五百歲時，受持讀誦，教他修行，正說此經。須菩提！此人所生福德之聚，以我往昔承事供養諸佛如來所得功德，比此功德，百分不及一，千萬億分不及一，窮於算數不及其一，乃至威力品類相應譬喻所不能及。」

「須菩提！若善男子善女人，於後末世，受持讀誦如此等經，所得功德，我若具說，若有善男子善女人，諦聽憶持爾所福聚，或心迷亂及以顛狂。復次，須菩提！如是經典不可思議，若人修行及得果報，亦不可思議。」

爾時須菩提白佛言：「世尊！善男子善女人，發阿耨多羅三藐三菩提心，行菩薩乘，云何應住？云何修行？云何發起菩薩心？」

佛告須菩提：「善男子善女人，發阿耨多羅三藐三菩提心者，當生如是心：我應安置一切眾生，令入無餘涅槃。如是般涅槃無量眾生已，無一眾生被涅槃者。何以故？須菩提！若菩薩有眾生相想，則不應說名為菩薩。何以故？須菩提！實無有法，名為能行菩薩上乘。」

「須菩提！汝意云何？於然燈佛所，頗有一法如來所得，名阿耨多羅

三藐三菩提不？」

須菩提言：「不也，世尊！於然燈佛所，無有一法如來所得，名阿耨多羅三藐三菩提。」

佛言：「如是，須菩提！如是。於然燈佛所，無有一法如來所得，名阿耨多羅三藐三菩提。須菩提！於然燈佛所，若有一法如來所得，名阿耨多羅三藐三菩提，然燈佛則不授我記：『婆羅門！汝於來世，當得作佛，號釋迦牟尼，多陀阿伽度，阿羅訶，三藐三佛陀。』須菩提！由實無有法如來所得，名阿耨多羅三藐三菩提，是故然燈佛與我授記，作如是言：『婆羅門！汝於來世，當得作佛，號釋迦牟尼，多陀阿伽度，阿羅訶，三藐三佛陀。』何以故？須菩提！如來者，真如別名。」

「須菩提！若有人說如來得阿耨多羅三藐三菩提，是人不實語。何以故？須菩提！實無有法如來所得，名阿耨多羅三藐三菩提。須菩提！此法如來所得，無實無虛。是故如來說一切法皆是佛法。須菩提！一切法者，非一切法故，如來說名一切法。須菩提！譬如有人遍身大身。」

須菩提言：「世尊！如來所說遍身大身，則為非身，是故說名遍身大身。」

佛言：「如是，須菩提！如是，須菩提！若有菩薩說如是言：我當般涅槃一切眾生。則不應說名為菩薩。須菩提！汝意云何？頗有一法名菩薩不？」須菩提言：「不也，世尊！」

佛言：「須菩提！是故如來說，一切法無我無眾生無壽者無受者。須菩提！若有菩薩說如是言：我當莊嚴清淨佛土。如此菩薩說虛妄言。何以故？須菩提！莊嚴佛土者，如來說則非莊嚴，是故莊嚴清淨佛土。須菩提！若菩薩信見諸法無我，諸法無我，如來應供正遍覺說：是名菩薩，是名菩薩。」

佛言：「須菩提！汝意云何？如來有肉眼不？」須菩提言：「如是，世尊！如來有肉眼。」

佛言：「須菩提！汝意云何？如來有天眼不？」須菩提言：「如是，

世尊！如來有天眼。」

佛言：「須菩提！汝意云何？如來有慧眼不？」須菩提言：「如是，世尊！如來有慧眼。」

佛言：「須菩提！汝意云何？如來有法眼不？」須菩提言：「如是，世尊！如來有法眼。」

佛言：「須菩提！汝意云何？如來有佛眼不？」須菩提言：「如是，世尊！如來有佛眼。」

「須菩提！汝意云何？於恆伽江所有諸沙，如其沙數所有恆伽，如諸恆伽所有沙數，世界如是，寧為多不？」

須菩提言：「如是，世尊！此等世界，其數甚多。」

佛言：「須菩提！爾所世界中，所有眾生，我悉見知心相續住，有種種類。何以故？須菩提！心相續住，如來說非續住，故說續住。何以故？須菩提！過去心不可得，未來心不可得，現在心不可得。」

「須菩提！汝意云何？若有人以滿三千大千世界七寶，而用布施，是善男子善女人，以是因緣，得福多不？」須菩提言：「甚多！世尊！甚多！修伽陀！」

佛言：「如是，須菩提！如是。彼善男子善女人，以是因緣，得福聚多。」

佛言：「須菩提！若福德聚，但名為聚，如來則不應說是福德聚，是福德聚。須菩提！汝意云何？可以具足色身觀如來不？」

須菩提言：「不也，世尊！不可以具足色身觀於如來。何以故？此具足色身，如來說非具足色身，是故如來說名具足色身。」

佛言：「須菩提！汝意云何？可以具足諸相觀如來不？」須菩提言：「不也，世尊！不可以具足諸相觀於如來。何以故？此具足相，如來說非具足相，是故如來說具足相。」

佛言：「須菩提！汝意云何？如來有如是意，我今實說法耶？須菩提！若有人言，如來實能說法，汝應當知，是人由非實有，及以邪執，起

誹謗我。何以故？須菩提！說法說法，實無有法名為說法。」

爾時須菩提白佛言：「世尊！頗有眾生，於未來世，聽聞正說如是等相，此經章句，生實信不？」

佛告須菩提：「彼非眾生，非非眾生。何以故？須菩提！彼眾生者，如來說非眾生，非非眾生，故說眾生。須菩提！汝意云何？頗有一法如來所得，名阿耨多羅三藐三菩提不？」

須菩提言：「不也，世尊！無有一法如來所得，名阿耨多羅三藐三菩提。」

佛言：「如是，須菩提！如是。乃至無有如微塵法，如來所捨，如來所得，是故說名阿耨多羅三藐三菩提平等平等。復次，須菩提！諸佛覺知，無有差別，是故說名阿耨多羅三藐三菩提。復次，須菩提！此法平等，無有高下，是名阿耨多羅三藐三菩提。復次，須菩提！由無我無眾生無壽者無受者等，此法平等，故名阿耨多羅三藐三菩提。復次，須菩提！由實善法具足圓滿，得阿耨多羅三藐三菩提。須菩提！所言善法善法者，如來說非善法，故名善法。」

「須菩提！三千大千世界中，所有諸須彌山王，如是等七寶聚，滿此世界，有人持用布施。若人從此般若波羅蜜經，乃至四句偈等，受持讀誦為他正說，所得功德，比此功德，百分不及一，千萬億分不及一，窮於算數不及其一，乃至威力品類相應譬喻所不能及。」

「須菩提！汝意云何？如來作是念：我度眾生耶？須菩提！汝今不應作如是念。何以故？實無眾生如來所度。須菩提！若有眾生如來所度，即是我執眾生執壽者執受者執。須菩提！此我等執，如來說非執，嬰兒凡夫眾生之所執故。須菩提！嬰兒凡夫眾生者，如來說非眾生，故說嬰兒凡夫眾生。須菩提！汝意云何？可以具足相觀如來不？」

須菩提言：「如我解佛所說義，不以具足相應觀如來。」

佛言：「如是，須菩提！如是。不以具足相應觀如來。何以故？若以具足相觀如來者，轉輪聖王應是如來，是故不以具足相應觀如來。」是時

世尊而說偈言：

「若以色見我　以音聲求我　是人行邪道　不應得見我

由法應見佛　調御法為身　此法非識境　法如深難見」

「須菩提！汝意云何？如來可以具足相得阿耨多羅三藐三菩提不？須菩提！汝今不應作如是見：如來以具足相得阿耨多羅三藐三菩提。何以故？須菩提！如來不以具足相得阿耨多羅三藐三菩提。須菩提！若汝作是念：如來有是說：『行菩薩乘人，有法可滅。』須菩提！汝莫作此見。何以故？如來不說行菩薩乘人有法可滅，及以永斷。」

「須菩提！若有善男子善女人，以滿恆伽沙等世界七寶，持用布施。若有菩薩，於一切法無我、無生，得無生忍，以是因緣，所得福德最多於彼。須菩提！行大乘人，不應執取福德之聚。」

須菩提言：「此福德聚，可攝持不？」

佛言：「須菩提！此福德聚，可得攝持，不可執取。是故說此福德之聚，應可攝持。」

「須菩提！若有人言：如來行住坐臥，是人不解我所說義。何以故？須菩提！如來者，無所行去，亦無所從來，是故說名如來應供正遍覺知。」

「須菩提！若善男子善女人，以三千大千世界地大微塵，燒成灰末，合為墨丸，如微塵聚。須菩提！汝意云何？是鄰虛聚，寧為多不？」

須菩提言：「彼鄰虛聚，甚多，世尊！何以故？世尊！若鄰虛聚是實有者，世尊則不應說名鄰虛聚。何以故？世尊！所說此鄰虛聚，如來說非鄰虛聚，是故說名為鄰虛聚。如來所說三千大千世界，則非世界，故說三千大千世界，何以故？世尊！若執世界為實有者，是聚一執。此聚一執，如來說非執，故說聚一執。」佛世尊言：「須菩提！此聚一執，但世言說。須菩提！是法非可言法，嬰兒凡夫偏言所取。」

「須菩提！若有人言：如來說我見眾生見壽者見受者見。須菩提！汝意云何？是人言說，為正語不？」

須菩提言：「不也，世尊！不也，修伽陀！何以故？如來所說我見眾生見壽者見受者見，即是非見，是故說我見眾生見壽者見受者見。」

「須菩提！若人行菩薩乘，如是應知應見應信，一切諸法；如是應修，為令法想不得生起。何以故？須菩提！是法想法想者，如來說即非想，故說法想。」

「須菩提！若有菩薩摩訶薩，以滿無數無量世界七寶持用布施，若有善男子善女人，從此般若波羅蜜經，乃至四句偈等，受持讀誦，教他修行，為他廣說，是善男子善女人，以是因緣，所生福德，最多於彼無量無數。云何顯說此經，如無所顯說，故言顯說。如如不動，恆有正說。應觀有為法，如暗翳燈幻，露泡夢電雲。」

爾時世尊說是經已，大德須菩提，心進歡喜，及諸比丘比丘尼、優婆塞優婆夷眾，人天阿脩羅等，一切世間，踊躍歡喜，信受奉行。

第四 能斷金剛般若波羅蜜多經
唐 三藏法師 玄奘 奉詔 譯

　　如是我聞。一時，薄伽梵在室羅筏，住誓多林給孤獨園，與大苾芻眾千二百五十人俱。爾時，世尊於日初分，整理裳服，執持衣鉢，入室羅筏大城乞食。時，薄伽梵於其城中行乞食已，出還本處。飯食訖，收衣鉢，洗足已，於食後時，敷如常座，結跏趺坐，端身正願，住對面念。

　　時，諸苾芻來詣佛所，到已頂禮世尊雙足，右遶三匝，退坐一面。具壽善現亦於如是眾會中坐。

　　爾時，眾中具壽善現從座而起，偏袒一肩，右膝著地，合掌恭敬而白佛言：「希有！世尊！乃至如來、應、正等覺，能以最勝攝受，攝受諸菩薩摩訶薩；乃至如來、應、正等覺，能以最勝付囑，付囑諸菩薩摩訶薩。世尊！諸有發趣菩薩乘者，應云何住？云何修行？云何攝伏其心？」

　　作是語已。爾時，世尊告具壽善現曰：「善哉！善哉！善現！如是，如是。如汝所說。乃至如來、應、正等覺，能以最勝攝受，攝受諸菩薩摩訶薩；乃至如來、應、正等覺，能以最勝付囑，付囑諸菩薩摩訶薩。是故，善現！汝應諦聽，極善作意，吾當為汝分別解說。諸有發趣菩薩乘者，應如是住，如是修行，如是攝伏其心。」

　　具壽善現白佛言：「如是，世尊！願樂欲聞。」

　　佛言：「善現！諸有發趣菩薩乘者，應當發起如是之心：『所有諸有情，有情攝所攝：若卵生、若胎生、若濕生、若化生，若有色、若無色、若有想、若無想，若非有想非無想，乃至有情界施設所施設，如是一切，我當皆令於無餘依妙涅槃界而般涅槃。雖度如是無量有情令滅度已，而無

有情得滅度者。」何以故？善現！若諸菩薩摩訶薩有情想轉，不應說名菩薩摩訶薩。所以者何？善現！若諸菩薩摩訶薩不應說言有情想轉，如是命者想、士夫想、補特伽羅想、意生想、摩納婆想、作者想、受者想轉，當知亦爾。何以故？善現！無有少法名為發趣菩薩乘者。」

「復次，善現！菩薩摩訶薩不住於事應行布施，都無所住應行布施；不住於色應行布施，不住聲、香、味、觸、法應行布施。善現！如是菩薩摩訶薩如不住相想應行布施。何以故？善現！若菩薩摩訶薩都無所住而行布施，其福德聚不可取量。」

佛告善現：「於汝意云何？東方虛空可取量不？」

善現答言：「不也，世尊！」

「善現！如是南西北方四維上下，周遍十方一切世界虛空可取量不？」

善現答言：「不也，世尊！」

佛言：「善現！如是，如是。若菩薩摩訶薩都無所住而行布施，其福德聚不可取量，亦復如是。善現！菩薩如是如不住相想應行布施。」

佛告善現：「於汝意云何？可以諸相具足觀如來不？」

善現答言：「不也，世尊！不應以諸相具足觀於如來。何以故？如來說諸相具足，即非諸相具足。」

說是語已。佛復告具壽善現言：「善現！乃至諸相具足皆是虛妄，乃至非相具足，皆非虛妄，如是以相非相應觀如來。」

說是語已。具壽善現復白佛言：「世尊！頗有有情於當來世，後時、後分、後五百歲，正法將滅時分轉時，聞說如是色經典句，生實想不？」

佛告善現：「勿作是說：『頗有有情於當來世，後時、後分、後五百歲，正法將滅時分轉時，聞說如是色經典句生實想不？』然復，善現！有菩薩摩訶薩於當來世，後時、後分、後五百歲，正法將滅時分轉時，具足尸羅，具德、具慧。復次，善現！彼菩薩摩訶薩非於一佛所承事供養，非於一佛所種諸善根。然復，善現！彼菩薩摩訶薩於其非一、百、千佛所承

事供養，於其非一、百、千佛所種諸善根，乃能聞說如是色經典句，當得一淨信心。善現！如來以其佛智悉已知彼，如來以其佛眼悉已見彼。善現！如來悉已覺彼一切有情，當生無量無數福聚，當攝無量無數福聚。何以故？善現！彼菩薩摩訶薩無我想轉，無有情想、無命者想、無士夫想、無補特伽羅想、無意生想、無摩納婆想、無作者想、無受者想轉。善現！彼菩薩摩訶薩無法想轉、無非法想轉，無想轉亦無非想轉。所以者何？」

「善現！若菩薩摩訶薩有法想轉，彼即應有我執、有情執、命者執、補特伽羅等執。若有非法想轉，彼亦應有我執、有情執、命者執、補特伽羅等執。何以故？善現！不應取法，不應取非法。是故如來密意而說筏喻法門。諸有智者，法尚應斷，何況非法！」

佛復告具壽善現言：「善現！於汝意云何？頗有少法，如來、應、正等覺證得阿耨多羅三藐三菩提耶？頗有少法，如來、應、正等覺是所說耶？」

善現答言：「世尊！如我解佛所說義者，無有少法，如來、應、正等覺證得阿耨多羅三藐三菩提；亦無有少法，是如來、應、正等覺所說。何以故？世尊！如來、應、正等覺所證、所說、所思惟法皆不可取，不可宣說，非法，非非法。何以故？以諸賢聖補特伽羅皆是無為之所顯故。」

佛告善現：「於汝意云何？若善男子或善女人，以此三千大千世界盛滿七寶持用布施，是善男子或善女人，由此因緣所生福聚寧為多不？」

善現答言：「甚多，世尊！甚多，善逝！是善男子或善女人，由此因緣所生福聚其量甚多。何以故？世尊！福德聚福德聚者，如來說為非福德聚，是故如來說名福德聚福德聚。」

佛復告善現言：「善現！若善男子或善女人，以此三千大千世界盛滿七寶持用布施。若善男子或善女人，於此法門乃至四句伽陀，受持、讀誦、究竟通利，及廣為他宣說、開示、如理作意，由是因緣所生福聚，甚多於前無量無數。何以故？一切如來、應、正等覺阿耨多羅三藐三菩提皆從此經出，諸佛世尊皆從此經生。所以者何？善現！諸佛、法諸佛、法

者,如來說為非諸佛、法,是故如來說名諸佛、法諸佛、法。」

佛告善現:「於汝意云何?諸預流者頗作是念:『我能證得預流果』不?」

善現答言:「不也,世尊!諸預流者不作是念:『我能證得預流之果。』何以故?世尊!諸預流者無少所預,故名預流;不預色、聲、香、味、觸、法,故名預流。世尊!若預流者作如是念:『我能證得預流之果。』即為執我、有情、命者、士夫、補特伽羅等。」

佛告善現:「於汝意云何?諸一來者頗作是念:『我能證得一來果』不?」

善現答言:「不也,世尊!諸一來者不作是念:『我能證得一來之果。』何以故?世尊!以無少法證一來性,故名一來。」

佛告善現:「於汝意云何?諸不還者頗作是念:『我能證得不還果』不?」

善現答言:「不也,世尊!諸不還者不作是念:『我能證得不還之果。』何以故?世尊!以無少法證不還性,故名不還。」

佛告善現:「於汝意云何?諸阿羅漢頗作是念:『我能證得阿羅漢不』?」

善現答言:「不也,世尊!諸阿羅漢不作是念:『我能證得阿羅漢性。』何以故?世尊!以無少法名阿羅漢,由是因緣名阿羅漢。世尊!若阿羅漢作如是念:『我能證得阿羅漢性。』即為執我、有情、命者、士夫、補特伽羅等。所以者何?世尊!如來、應、正等覺說我得無諍住最為第一,世尊!我雖是阿羅漢,永離貪欲,而我未曾作如是念:『我得阿羅漢永離貪欲。』世尊!我若作如是念:『我得阿羅漢永離貪欲』者,如來不應記說我言:『善現善男子得無諍住最為第一。』以都無所住,是故如來說名無諍住無諍住。」

佛告善現:「於汝意云何?如來昔在然燈如來、應、正等覺所,頗於少法有所取不?」

善現答言：「不也，世尊！如來昔在然燈如來、應、正等覺所，都無少法而有所取。」

佛告善現：「若有菩薩作如是言：『我當成辦佛土功德莊嚴。』如是菩薩非真實語。何以故？善現！佛土功德莊嚴佛土功德莊嚴者，如來說非莊嚴，是故如來說名佛土功德莊嚴佛土功德莊嚴。是故，善現！菩薩如是都無所住應生其心，不住於色應生其心，不住非色應生其心；不住聲、香、味、觸、法應生其心，不住非聲、香、味、觸、法應生其心，都無所住應生其心。」

佛告善現：「如有士夫具身大身，其色自體假使譬如妙高山王。善現！於汝意云何？彼之自體為廣大不？」

善現答言：「彼之自體廣大！世尊！廣大！善逝！何以故？世尊！彼之自體，如來說非彼體故名自體，非以彼體故名自體。」

佛告善現：「於汝意云何？乃至殑伽河中所有沙數，假使有如是沙等殑伽河，是諸殑伽河沙寧為多不？」

善現答言：「甚多，世尊！甚多，善逝！諸殑伽河尚多無數，何況其沙！」

佛言：「善現！吾今告汝，開覺於汝：假使若善男子或善女人，以妙七寶盛滿爾所殑伽河沙等世界，奉施如來、應、正等覺。善現！於汝意云何？是善男子或善女人，由此因緣所生福聚寧為多不？」

善現答言：「甚多，世尊！甚多，善逝！是善男子或善女人，由此因緣所生福聚其量甚多。」

佛復告善現：「若以七寶盛滿爾所沙等世界，奉施如來、應、正等覺。若善男子或善女人，於此法門乃至四句伽陀，受持、讀誦、究竟通利，及廣為他宣說、開示、如理作意，由此因緣所生福聚，甚多於前無量無數。」

「復次，善現！若地方所，於此法門乃至為他宣說，開示四句伽陀，此地方所尚為世間諸天及人、阿素洛等之所供養如佛靈廟，何況有能於此

法門具足究竟、書寫、受持、讀誦、究竟通利，及廣為他宣說、開示、如理作意！如是有情成就最勝希有功德。此地方所，大師所住，或隨一一尊重處所，若諸有智同梵行者。」

說是語已。具壽善現復白佛言：「世尊！當何名此法門？我當云何奉持？」

作是語已。佛告善現言：「具壽！今此法門名為能斷金剛般若波羅蜜多，如是名字汝當奉持。何以故？善現！如是般若波羅蜜多，如來說為非般若波羅蜜多，是故如來說名般若波羅蜜多。」

佛告善現：「於汝意云何？頗有少法如來可說不？」

善現答言：「不也，世尊！無有少法如來可說。」

佛告善現：「乃至三千大千世界大地微塵寧為多不？」

善現答言：「此地微塵甚多，世尊！甚多，善逝！」

佛言：「善現！大地微塵，如來說非微塵，是故如來說名大地微塵；諸世界，如來說非世界，是故如來說名世界。」

佛告善現：「於汝意云何？應以三十二大士夫相觀於如來、應、正等覺不？」

善現答言：「不也，世尊！不應以三十二大士夫相觀於如來、應、正等覺。何以故？世尊！三十二大士夫相，如來說為非相，是故如來說名三十二大士夫相。」

佛復告善現言：「假使若有善男子或善女人，於日日分捨施殑伽河沙等自體，如是經殑伽河沙等劫數捨施自體。復有善男子或善女人，於此法門乃至四句伽陀，受持、讀誦、究竟通利，及廣為他宣說、開示、如理作意，由是因緣所生福聚，甚多於前無量無數。」

爾時，具壽善現聞法威力悲泣墮淚，俛仰捫淚而白佛言：「甚奇希有！世尊！最極希有！善逝！如來今者所說法門，普為發趣最上乘者作諸義利，普為發趣最勝乘者作諸義利。世尊！我昔生智以來，未曾得聞如是法門。世尊！若諸有情聞說如是甚深經典生真實想，當知成就最勝希有。

何以故？世尊！諸真實想真實想者，如來說為非想，是故如來說名真實想真實想。世尊！我今聞說如是法門，領悟、信解未為希有。若諸有情於當來世、後時、後分、後五百歲，正法將滅時分轉時，當於如是甚深法門，領悟、信解、受持、讀誦、究竟通利，及廣為他宣說、開示、如理作意，當知成就最勝希有。何以故？世尊！彼諸有情無我想轉，無有情想、無命者想、無士夫想、無補特伽羅想、無意生想、無摩納婆想、無作者想、無受者想轉。所以者何？世尊！諸我想即是非想，諸有情想、命者想、士夫想、補特伽羅想、意生想、摩納婆想、作者想、受者想即是非想。何以故？諸佛世尊離一切想。」

　　作是語已。爾時，世尊告具壽善現言：「如是，如是。善現！若諸有情聞說如是甚深經典，不驚、不懼、無有怖畏，當知成就最勝希有。何以故？善現！如來說最勝波羅蜜多，謂般若波羅蜜多。善現！如來所說最勝波羅蜜多，無量諸佛世尊所共宣說，故名最勝波羅蜜多。如來說最勝波羅蜜多即非波羅蜜多，是故如來說名最勝波羅蜜多。」

　　「復次，善現！如來說忍辱波羅蜜多即非波羅蜜多，是故如來說名忍辱波羅蜜多。何以故？善現！我昔過去世曾為羯利王斷肢節肉，我於爾時都無我想、或有情想、或命者想、或士夫想、或補特伽羅想、或意生想、或摩納婆想、或作者想、或受者想，我於爾時都無有想亦非無想。何以故？善現！我於爾時若有我想，即於爾時應有恚想；我於爾時若有有情想、命者想、士夫想、補特伽羅想、意生想、摩納婆想、作者想、受者想，即於爾時應有恚想。何以故？善現！我憶過去五百生中，曾為自號忍辱仙人，我於爾時都無我想、無有情想、無命者想、無士夫想、無補特伽羅想、無意生想、無摩納婆想、無作者想、無受者想，我於爾時都無有想亦非無想。是故，善現！菩薩摩訶薩遠離一切想，應發阿耨多羅三藐三菩提心，不住於色應生其心，不住非色應生其心；不住聲、香、味、觸、法應生其心，不住非聲、香、味、觸、法應生其心，都無所住應生其心。何以故？善現！諸有所住則為非住。是故如來說諸菩薩應無所住而行布施，

附錄

第四　能斷金剛般若波羅蜜多經

不應住色、聲、香、味、觸、法而行布施。」

「復次，善現！菩薩摩訶薩為諸有情作義利故，應當如是棄捨布施。何以故？善現！諸有情想即是非想；一切有情，如來即說為非有情。善現！如來是實語者、諦語者、如語者、不異語者。」

「復次，善現！如來現前等所證法、或所說法、或所思法，即於其中非諦非妄。善現！譬如士夫入於暗室，都無所見，當知菩薩若墮於事，謂墮於事而行布施，亦復如是。善現！譬如明眼士夫，過夜曉已，日光出時，見種種色，當知菩薩不墮於事，謂不墮事而行布施，亦復如是。」

「復次，善現！若善男子或善女人於此法門受持、讀誦、究竟通利，及廣為他宣說、開示、如理作意，則為如來以其佛智悉知是人，則為如來以其佛眼悉見是人，則為如來悉覺是人，如是有情一切當生無量福聚。」

「復次，善現！假使善男子或善女人，日初時分以殑伽河沙等自體布施，日中時分復以殑伽河沙等自體布施，日後時分亦以殑伽河沙等自體布施，由此法門，經於俱胝那庾多百千劫以自體布施。若有聞說如是法門，不生誹謗，由此因緣所生福聚，尚多於前無量無數，何況能於如是法門具足畢竟、書寫、受持、讀誦、究竟通利，及廣為他宣說、開示、如理作意！」

「復次，善現！如是法門不可思議、不可稱量，應當希冀不可思議所感異熟。善現！如來宣說如是法門，為欲饒益趣最上乘諸有情故，為欲饒益趣最勝乘諸有情故。善現！若有於此法門受持、讀誦、究竟通利，及廣為他宣說、開示、如理作意，即為如來以其佛智悉知是人，即為如來以其佛眼悉見是人，則為如來悉覺是人。如是有情一切成就無量福聚，皆當成就不可思議、不可稱量無邊福聚。善現！如是一切有情，其肩荷擔如來無上正等菩提。何以故？善現！如是法門非諸下劣信解有情所能聽聞，非諸我見、非諸有情見、非諸命者見、非諸士夫見、非諸補特伽羅見、非諸意生見、非諸摩納婆見、非諸作者見、非諸受者見所能聽聞。此等若能受持、讀誦、究竟通利，及廣為他宣說、開示、如理作意，無有是處。」

「復次，善現！若地方所聞此經典，此地方所當為世間諸天及人、阿素洛等之所供養、禮敬、右遶如佛靈廟。」

「復次，善現！若善男子或善女人於此經典受持、讀誦、究竟通利，及廣為他宣說、開示、如理作意，若遭輕毀、極遭輕毀。所以者何？善現！是諸有情宿生所造諸不淨業應感惡趣，以現法中遭輕毀故，宿生所造諸不淨業皆悉消盡，當得無上正等菩提。」

「何以故？善現！我憶過去於無數劫復過無數，於然燈如來、應、正等覺先，復過先，曾值八十四俱胝那庾多百千諸佛，我皆承事。既承事已，皆無違犯。善現！我於如是諸佛世尊皆得承事，既承事已，皆無違犯；若諸有情，後時、後分、後五百歲，正法將滅時分轉時，於此經典受持、讀誦、究竟通利，及廣為他宣說、開示、如理作意。善現！我先福聚於此福聚，百分計之所不能及，如是千分、若百千分、若俱胝百千分、若俱胝那庾多百千分、若數分、若計分、若算分、若喻分、若鄔波尼殺曇分亦不能及。」

「善現！我若具說當於爾時是善男子或善女人所生福聚，乃至是善男子或善女人所攝福聚，有諸有情則便迷悶，心或狂亂。是故，善現！如來宣說如是法門不可思議、不可稱量，應當希冀不可思議所感異熟。」

爾時，具壽善現復白佛言：「世尊！諸有發趣菩薩乘者，應云何住？云何修行？云何攝伏其心？」

佛告善現：「諸有發趣菩薩乘者，應當發起如是之心：『我當皆令一切有情，於無餘依妙涅槃界而般涅槃，雖度如是一切有情，令滅度已，而無有情得滅度者。』何以故？善現！若諸菩薩摩訶薩有情想轉，不應說名菩薩摩訶薩。所以者何？若諸菩薩摩訶薩不應說言有情想轉，如是命者想、士夫想、補特伽羅想、意生想、摩納婆想、作者想、受者想轉，當知亦爾。何以故？善現！無有少法名為發趣菩薩乘者。」

佛告善現：「於汝意云何？如來昔於然燈如來、應、正等覺所，頗有少法能證阿耨多羅三藐三菩提不？」

作是語已。具壽善現白佛言：「世尊！如我解佛所說義者，如來昔於然燈如來、應、正等覺所，無有少法能證阿耨多羅三藐三菩提。」

說是語已。佛告具壽善現言：「如是，如是。善現！如來昔於然燈如來、應、正等覺所，無有少法能證阿耨多羅三藐三菩提。何以故？善現！如來昔於然燈如來、應、正等覺所，若有少法能證阿耨多羅三藐三菩提者，然燈如來、應、正等覺不應授我記言：『汝摩納婆於當來世，名釋迦牟尼如來、應、正等覺。』善現！以如來無有少法能證阿耨多羅三藐三菩提，是故然燈如來、應、正等覺授我記言：『汝摩納婆於當來世，名釋迦牟尼如來、應、正等覺。』所以者何？善現！言如來者，即是真實、真如增語；言如來者，即是無生、法性增語；言如來者，即是永斷道路增語；言如來者，即是畢竟不生增語。何以故？善現！若實無生，即最勝義。」

「善現！若如是說如來、應、正等覺能證阿耨多羅三藐三菩提者，當知此言為不真實。所以者何？善現！由彼謗我起不實執。何以故？善現！無有少法，如來、應、正等覺能證阿耨多羅三藐三菩提。善現！如來現前等所證法，或所說法，或所思法，即於其中非諦非妄，是故如來說一切法皆是佛法。善現！一切法一切法者，如來說非一切法，是故如來說名一切法一切法。」

佛告善現：「譬如士夫具身大身。」

具壽善現即白佛言：「世尊！如來所說士夫具身大身，如來說為非身，是故說名具身大身。」

佛言：「善現！如是，如是。若諸菩薩作如是言：『我當滅度無量有情。』是則不應說名菩薩。何以故？善現！頗有少法名菩薩不？」

善現答言：「不也，世尊！無有少法名為菩薩。」

佛告善現：「有情有情者，如來說非有情，故名有情，是故如來說一切法無有有情、無有命者、無有士夫、無有補特伽羅等。善現！若諸菩薩作如是言：『我當成辦佛土功德莊嚴。』亦如是說。何以故？善現！佛土功德莊嚴佛土功德莊嚴者，如來說非莊嚴，是故如來說名佛土功德莊嚴佛

土功德莊嚴。善現！若諸菩薩於無我、法無我、法深信解者，如來、應、正等覺說為菩薩菩薩。」

佛告善現：「於汝意云何？如來等現有肉眼不？」

善現答言：「如是，世尊！如來等現有肉眼。」

佛言：「善現！於汝意云何？如來等現有天眼不？」

善現答言：「如是，世尊！如來等現有天眼。」

佛言：「善現！於汝意云何？如來等現有慧眼不？」

善現答言：「如是，世尊！如來等現有慧眼。」

佛言：「善現！於汝意云何？如來等現有法眼不？」

善現答言：「如是，世尊！如來等現有法眼。」

佛言：「善現！於汝意云何？如來等現有佛眼不？」

善現答言：「如是，世尊！如來等現有佛眼。」

佛告善現：「於汝意云何？乃至殑伽河中所有諸沙，如來說是沙不？」

善現答言：「如是，世尊！如是，善逝！如來說是沙。」

佛言：「善現！於汝意云何？乃至殑伽河中所有沙數，假使有如是等殑伽河，乃至是諸殑伽河中所有沙數，假使有如是等世界。是諸世界寧為多不？」

善現答言：「如是！世尊！如是！善逝！是諸世界其數甚多。」

佛言：「善現！乃至爾所諸世界中所有有情，彼諸有情各有種種，其心流注我悉能知。何以故？善現！心流注心流注者，如來說非流注，是故如來說名心流注心流注。所以者何？善現！過去心不可得，未來心不可得，現在心不可得。」

佛告善現：「於汝意云何？若善男子或善女人，以此三千大千世界盛滿七寶奉施如來、應、正等覺，是善男子或善女人，由是因緣所生福聚寧為多不？」

善現答言：「甚多，世尊！甚多，善逝！」

佛言：「善現！如是，如是。彼善男子或善女人，由此因緣所生福聚其量甚多。何以故？善現！若有福聚，如來不說福聚福聚。」

佛告善現：「於汝意云何？可以色身圓實觀如來不？」

善現答言：「不也，世尊！不可以色身圓實觀於如來。何以故？世尊！色身圓實色身圓實者，如來說非圓實，是故如來說名色身圓實色身圓實。」

佛告善現：「於汝意云何？可以諸相具足觀如來不？」

善現答言：「不也，世尊！不可以諸相具足觀於如來。何以故？世尊！諸相具足諸相具足者，如來說為非相具足，是故如來說名諸相具足諸相具足。」

佛告善現：「於汝意云何？如來頗作是念：我當有所說法耶？善現！汝今勿當作如是觀。何以故？善現！若言如來有所說法，即為謗我，為非善取。何以故？善現！說法說法者，無法可說，故名說法。」

爾時，具壽善現白佛言：「世尊！於當來世後時、後分、後五百歲，正法將滅時分轉時，頗有有情聞說如是色類法已能深信不？」

佛言：「善現！彼非有情、非不有情。何以故？善現！一切有情者，如來說非有情，故名一切有情。」

佛告善現：「於汝意云何？頗有少法，如來、應、正等覺現證無上正等菩提耶？」

具壽善現白佛言：「世尊！如我解佛所說義者，無有少法，如來、應、正等覺現證無上正等菩提。」

佛言：「善現！如是！如是！於中少法無有無得，故名無上正等菩提。

「復次，善現！是法平等，於其中間無不平等，故名無上正等菩提。以無我性、無有情性、無命者性、無士夫性、無補特伽羅等性平等，故名無上正等菩提。一切善法無不現證，一切善法無不妙覺。善現！善法善法者，如來一切說為非法，是故如來說名善法善法。」

「復次，善現！若善男子或善女人集七寶聚，量等三千大千世界其中所有妙高山王，持用布施。若善男子或善女人，於此般若波羅蜜多經中乃至四句伽陀，受持、讀誦、究竟通利，及廣為他宣說、開示、如理作意。善現！前說福聚於此福聚，百分計之所不能及，如是千分、若百千分、若俱胝百千分、若俱胝那庾多百千分、若數分、若計分、若算分、若喻分、若鄔波尼殺曇分亦不能及。」

佛告善現：「於汝意云何？如來頗作是念：我當度脫諸有情耶？善現！汝今勿當作如是觀。何以故？善現！無少有情如來度者。善現！若有有情如來度者，如來即應有其我執、有有情執、有命者執、有士夫執、有補特伽羅等執。善現！我等執者，如來說為非執，故名我等執，而諸愚夫異生強有此執。善現！愚夫異生者，如來說為非生，故名愚夫異生。」

佛告善現：「於汝意云何？可以諸相具足觀如來不？」

善現答言：「如我解佛所說義者，不應以諸相具足觀於如來。」

佛言：「善現！善哉！善哉！如是，如是。如汝所說。不應以諸相具足觀於如來。善現！若以諸相具足觀如來者，轉輪聖王應是如來，是故不應以諸相具足觀於如來，如是應以諸相非相觀於如來。」

爾時，世尊而說頌曰：

「諸以色觀我，以音聲尋我，

　彼生履邪斷，不能當見我。

　應觀佛法性，即導師法身；

　法性非所識，故彼不能了。」

佛告善現：「於汝意云何？如來、應、正等覺以諸相具足現證無上正等覺耶？善現！汝今勿當作如是觀。何以故？善現！如來、應、正等覺不以諸相具足現證無上正等菩提。」

「復次，善現！如是發趣菩薩乘者，頗施設少法若壞若斷耶？善現！汝今勿當作如是觀。諸有發趣菩薩乘者，終不施設少法若壞若斷。

「復次，善現！若善男子或善女人，以殑伽河沙等世界盛滿七寶，奉

施如來、應、正等覺，若有菩薩於諸無我，無生法中獲得堪忍，由是因緣所生福聚甚多於彼。」

「復次，善現！菩薩不應攝受福聚。」

具壽善現即白佛言：「世尊！云何菩薩不應攝受福聚？」

佛言：「善現！所應攝受，不應攝受，是故說名所應攝受。」

「復次，善現！若有說言如來若去、若來、若住、若坐、若臥，是人不解我所說義。何以故？善現！言如來者即是真實、真如增語，都無所去、無所從來，故名如來、應、正等覺。」

「復次，善現！若善男子或善女人，乃至三千大千世界大地極微塵量等世界，即以如是無數世界色像為量如極微聚。善現！於汝意云何？是極微聚寧為多不？」

善現答言：「是極微聚甚多，世尊！甚多，善逝！何以故？世尊！若極微聚是實有者，佛不應說為極微聚。所以者何？如來說極微聚即為非聚，故名極微聚。如來說三千大千世界即非世界，故名三千大千世界。何以故？世尊！若世界是實有者，即為一合執，如來說一合執即為非執，故名一合執。」

佛言：「善現！此一合執不可言說，不可戲論，然彼一切愚夫異生強執是法。何以故？善現！若作是言：『如來宣說我見、有情見、命者見、士夫見、補特伽羅見、意生見、摩納婆見、作者見、受者見。』於汝意云何？如是所說為正語不？」

善現答言：「不也，世尊！不也，善逝！如是所說非為正語。所以者何？如來所說我見、有情見、命者見、士夫見、補特伽羅見、意生見、摩納婆見、作者見、受者見，即為非見，故名我見乃至受者見。」

佛告善現：「諸有發趣菩薩乘者，於一切法應如是知，應如是見，應如是信解，如是不住法想。何以故？善現！法想法想者，如來說為非想，是故如來說名法想法想。」

「復次，善現！若菩薩摩訶薩以無量無數世界盛滿七寶，奉施如來、

你會喜歡

金剛經

應、正等覺。若善男子或善女人，於此般若波羅蜜多經中乃至四句伽陀，受持、讀誦、究竟通利、如理作意，及廣為他宣說、開示，由此因緣所生福聚，甚多於前無量無數。云何為他宣說、開示？如不為他宣說、開示，故名為他宣說、開示。」

爾時，世尊而說頌曰：

「諸和合所為，如星翳燈幻，

　露泡夢電雲，應作如是觀。」

時，薄伽梵說是經已，尊者善現及諸苾芻、苾芻尼、鄔波索迦、鄔波斯迦，並諸世間天、人、阿素洛、健達縛等，聞薄伽梵所說經已，皆大歡喜，信受奉行。

第四

能斷金剛般若波羅蜜多經

第五 佛說能斷
金剛般若波羅蜜多經

唐 三藏法師 義淨 奉制 譯

　　如是我聞。一時薄伽梵，在名稱大城，戰勝林施孤獨園，與大苾芻眾千二百五十人俱，及大菩薩眾。爾時，世尊於日初分時，著衣持鉢，入城乞食。次第乞已，還至本處。飯食訖，收衣鉢，洗足已，於先設座，跏趺端坐，正念而住。時諸苾芻來詣佛所，頂禮雙足，右繞三匝，退坐一面。

　　爾時，具壽妙生，在大眾中，承佛神力，即從座起，偏袒右肩，右膝著地，合掌恭敬白佛言：「希有！世尊！希有！善逝。如來應正等覺，能以最勝利益，益諸菩薩；能以最勝付囑，囑諸菩薩。世尊！若有發趣菩薩乘者，云何應住？云何修行？云何攝伏其心？」

　　佛告妙生：「善哉善哉！如是如是！如汝所說：如來以勝利益，益諸菩薩；以勝付囑，囑諸菩薩。妙生！汝應諦聽，極善作意，吾當為汝分別解說。若有發趣菩薩乘者，應如是住，如是修行，如是攝伏其心。」

　　妙生言：「唯然，世尊！願樂欲聞。」

　　佛告妙生：「若有發趣菩薩乘者，當生如是心：所有一切眾生之類，若卵生、胎生、濕生、化生，若有色、無色，有想、無想，非有想、非無想，盡諸世界所有眾生，如是一切，我皆令入無餘涅槃而滅度之。雖令如是無量眾生證圓寂已，而無有一眾生入圓寂者。何以故？妙生！若菩薩有眾生想者，則不名菩薩。所以者何？由有我想、眾生想、壽者想、更求趣想故。」

「復次，妙生！菩薩不住於事，應行布施。不住隨處，應行布施。不住色聲香味觸法，應行布施。妙生！菩薩如是布施，乃至相想，亦不應住。何以故？由不住施，福聚難量。妙生！於汝意云何？東方虛空可知量不？」

妙生言：「不爾，世尊！」

「南西北方，四維上下，十方虛空，可知量不？」

妙生言：「不爾，世尊！」

「妙生！菩薩行不住施，所得福聚不可知量，亦復如是。」

「妙生！於汝意云何？可以具足勝相觀如來不？」

妙生言：「不爾，世尊！不應以勝相觀於如來。何以故？如來說勝相，即非勝相。」

「妙生！所有勝相，皆是虛妄。若無勝相，即非虛妄。是故應以勝相無相觀於如來。」

妙生言：「世尊！頗有眾生，於當來世，後五百歲，正法滅時，聞說是經，生實信不？」

佛告妙生：「莫作是說：『頗有眾生，於當來世，後五百歲，正法滅時，聞說是經，生實信不？』妙生！當來之世，有諸菩薩，具戒具德具慧，而彼菩薩，非於一佛承事供養，植諸善根；已於無量百千佛所，而行奉事，植諸善根。是人乃能於此經典生一信心。妙生！如來悉知是人，悉見是人，彼諸菩薩當生當攝，無量福聚。何以故？由彼菩薩，無我想眾生想壽者想更求趣想。」

「彼諸菩薩，非法想，非非法想，非想，非無想。何以故？若彼菩薩有法想，即有我執、有情執、壽者執、更求趣執。若有非法想，彼亦有我執有情執壽者執更求趣執。妙生！是故菩薩，不應取法，不應取非法。以是義故，如來密意宣說筏喻法門，諸有智者，法尚應捨，何況非法。」

「妙生！於汝意云何？如來於無上菩提有所證不？復有少法是所說不？」

妙生言：「如我解佛所說義，如來於無上菩提實無所證，亦無所說。何以故？佛所說法，不可取，不可說，彼非法，非非法。何以故？以諸聖者，皆是無為所顯現故。」

「妙生！於汝意云何？若善男子善女人，以滿三千大千世界七寶持用布施，得福多不？」

妙生言：「甚多，世尊！何以故？此福聚者，則非是聚，是故如來說為福聚福聚。」

「妙生！若有善男子善女人，以滿三千大千世界七寶，持用布施；若復有人，能於此經乃至一四句頌，若自受持，為他演說，以是因緣所生福聚，極多於彼無量無數。何以故？妙生！由諸如來無上等覺，從此經出；諸佛世尊，從此經生。是故妙生！佛、法者，如來說非佛、法，是名佛、法。」

「妙生！於汝意云何？諸預流者頗作是念：『我得預流果』不？」

妙生言：「不爾，世尊！何以故？諸預流者，無法可預，故名預流。不預色聲香味觸法，故名預流。世尊！若預流者作是念：『我得預流果』者，則有我執，有情壽者更求趣執。」

「妙生！於汝意云何？諸一來者頗作是念：『我得一來果』不？」

妙生言：「不爾，世尊！何以故？由彼無有少法證一來性，故名一來。」

「妙生！於汝意云何？諸不還者頗作是念：『我得不還果』不？」

妙生言：「不爾，世尊！何以故？由彼無有少法證不還性，故名不還。」

「妙生！於汝意云何？諸阿羅漢頗作是念：『我得阿羅漢果』不？」

妙生言：「不爾，世尊！由彼無有少法名阿羅漢。世尊！若阿羅漢作是念：『我得阿羅漢果』者，則有我執，有情壽者更求趣執。世尊！如來說我得無諍住中最為第一。世尊！我是阿羅漢離於欲染，而實未曾作如是念：『我是阿羅漢。』世尊！若作是念，我得阿羅漢者，如來即不說我妙

· 290 ·

生得無諍住，最為第一。以都無所住，是故說我得無諍住。」

「妙生！於汝意云何？如來昔在然燈佛所，頗有少法是可取不？」

妙生言：「不爾，世尊！如來於然燈佛所，實無可取。」

「妙生！若有菩薩作如是語：『我當成就莊嚴國土者。』此為妄語。何以故？莊嚴佛土者，如來說非莊嚴，由此說為國土莊嚴。是故，妙生！菩薩不住於事，不住隨處，不住色聲香味觸法，應生其心；應生不住事心，應生不住隨處心，應生不住色聲香味觸法心。」

「妙生！譬如有人，身如妙高山王，於意云何？是身為大不？」

妙生言：「甚大，世尊！何以故？彼之大身，如來說為非身。以彼非有，說名為身。」

「妙生！於汝意云何？如殑伽河中所有沙數，復有如是沙等殑伽河，此諸河沙，寧為多不？」

妙生言：「甚多，世尊！河尚無數，況復其沙。」

「妙生！我今實言告汝，若復有人，以寶滿此河沙數量世界，奉施如來，得福多不？」妙生言：「甚多，世尊！」

「妙生！若復有人，於此經中受持一頌，並為他說，而此福聚，勝前福聚無量無邊。」

「妙生！若國土中有此法門，為他解說，乃至四句伽陀，當知此地，即是制底，一切天人阿蘇羅等，皆應右繞而為敬禮；何況盡能受持讀誦，當知是人，則為最上第一希有。又此方所，即為有佛，及尊重弟子。」

「妙生！於汝意云何？頗有少法是如來所說不？」妙生言：「不爾，世尊！無有少法是如來所說。」

「妙生！三千大千世界所有地塵，是為多不？」妙生言：「甚多，世尊！何以故？諸地塵，佛說非塵，故名地塵。此諸世界，佛說非世界，故名世界。」

「妙生！於汝意云何？可以三十二大丈夫相觀如來不？」妙生言：「不爾，世尊！不應以三十二相觀於如來。何以故？三十二相，佛說非

相，是故說為大丈夫相。」

「妙生！若有男子女人，以殑伽河沙等身命布施；若復有人，於此經中受持一頌，並為他說，其福勝彼無量無數。」

爾時，妙生聞說是經，深解義趣，涕淚悲泣而白佛言：「希有！世尊！我從生智已來，未曾得聞如是深經。世尊！當何名此經？我等云何奉持？」

佛告妙生：「此經名為般若波羅蜜多，如是應持。何以故？佛說般若波羅蜜多，則非般若波羅蜜多。」

「世尊！若復有人，聞說是經生實想者，當知是人最上希有。世尊！此實想者，即非實想，是故如來說名實想實想。世尊！我聞是經，心生信解，未為希有。若當來世，有聞是經，能受持者，是人則為第一希有。何以故？彼人無我想眾生想壽者想更求趣想。所以者何？世尊！我想眾生想壽者想更求趣想，即是非想。所以者何？諸佛世尊離諸想故。」

「妙生！如是如是！若復有人，得聞是經，不驚不怖不畏，當知是人第一希有。何以故？妙生！此最勝波羅蜜多，是如來所說諸波羅蜜多。如來說者，即是無邊佛所宣說，是故名為最勝波羅蜜多。」

「妙生！如來說忍辱波羅蜜多，即非忍辱波羅蜜多。何以故？如我昔為羯陵伽王割截支體時，無我想眾生想壽者想更求趣想。我無是想，亦非無想。所以者何？我有是想者，應生瞋恨。妙生！又念過去於五百世，作忍辱僊人，我於爾時，無如是等想。是故應離諸想，發趣無上菩提之心，不應住色聲香味觸法，都無所住而生其心；不應住法，不應住非法，應生其心。何以故？若有所住，即為非住。是故佛說菩薩應無所住而行布施。妙生！菩薩為利益一切眾生，應如是布施。」

「此眾生想，即為非想；彼諸眾生，即非眾生。何以故？諸佛如來離諸想故。妙生！如來是實語者，如語者，不誑語者，不異語者。妙生！如來所證法及所說法，此即非實非妄。妙生！若菩薩心，住於事而行布施，如人入闇，則無所見。若不住事而行布施，如人有目，日光明照，見

種種色，是故菩薩不住於事應行其施。妙生！若有善男子善女人。能於此經受持讀誦，為他演說，如是之人，佛以智眼悉知悉見，當生當攝無量福聚。」

「妙生！若有善男子善女人，初日分以殑伽河沙等身布施，中日分復以殑伽河沙等身布施，後日分亦以殑伽河沙等身布施，如是無量百千萬億劫，以身布施。若復有人，聞此經典，不生毀謗，其福勝彼，何況書寫受持讀誦，為人解說。」

「妙生！是經有不可思議不可稱量無邊功德，如來為發大乘者說，為發最上乘者說。若有人能受持讀誦，廣為他說，如來悉知悉見是人，皆得成就不可量不可稱不可思議福業之聚。當知是人，則為以肩荷負如來無上菩提。何以故？妙生！若樂小法者，則著我見眾生見壽者見更求趣見，是人若能讀誦受持此經，無有是處。」

「妙生！所在之處，若有此經，當知此處，則是制底，一切世間天人阿蘇羅，所應恭敬，作禮圍繞，以諸香華供養其處。」

「妙生！若有善男子善女人，於此經典受持讀誦演說之時，或為人輕辱。何以故？妙生！當知是人，於前世中造諸惡業，應墮惡道，由於現在得遭輕辱，此為善事，能盡惡業，速至菩提故。」

「妙生！我憶過去過無數劫，在然燈佛先，得值八十四億那庾多佛，悉皆供養承事，無違背者。若復有人，於後五百歲正法滅時，能於此經受持讀誦，解其義趣，廣為他說，所得功德，以前功德比此功德，百分不及一，千萬億分算分勢分比數分因分，乃至譬喻亦不能及。妙生！我若具說受持讀誦此經功德，或有人聞，心則狂亂，疑惑不信。妙生！當知是經不可思議，其受持者，應當希望不可思議所生福聚。」

復次，妙生白佛言：「世尊！若有發趣菩薩乘者。應云何住？云何修行？云何攝伏其心？」

佛告妙生：「若有發趣菩薩乘者，當生如是心：我當度脫一切眾生，悉皆令入無餘涅槃。雖有如是無量眾生證於圓寂，而無有一眾生證圓寂

者。何以故？妙生！若菩薩有眾生想者，則不名菩薩。所以者何？妙生！實無有法，可名發趣菩薩乘者。」

「妙生！於汝意云何？如來於然燈佛所，頗有少法是所證不？」

妙生言：「如來於然燈佛所，無法可證，而得菩提。」

佛言：「如是，如是。妙生！實無有法，如來於然燈佛所，有所證悟，得大菩提。若證法者，然燈佛則不與我授記：『摩納婆！汝於來世，當得作佛，號釋迦牟尼。』以無所得故，然燈佛與我授記，當得作佛，號釋迦牟尼。何以故？妙生！言如來者，即是實性真如之異名也。」

「妙生！若言如來證得無上正等覺者，是為妄語。何以故？實無有法如來證得無上正覺。妙生！如來所得正覺之法，此即非實非虛。是故佛說，一切法者，即是佛法。妙生！一切法、一切法者，如來說為非法，是故如來說一切法者，即是佛法。妙生！譬如丈夫，其身長大。」

妙生言：「世尊！如來說為大身者，即說為非身，是名大身。」

佛告妙生：「如是，如是。若菩薩作是語：『我當度眾生令寂滅者。』則不名菩薩。妙生！頗有少法名菩薩不？」答言：「不爾，世尊！」「妙生！是故如來說一切法，無我無眾生無壽者無更求趣。」

「妙生！若有菩薩言：『我當成就佛土嚴勝、佛土嚴勝者，如來說為非是嚴勝，是故如來說為嚴勝。妙生！若有信解一切法無性、一切法無性者，如來說名真是菩薩菩薩。」

「妙生！於汝意云何？如來有肉眼不？」

妙生言：「如是，世尊！如來有肉眼。」

「如來有天眼不？」

「如是，世尊！如來有天眼。」

「如來有慧眼不？」

「如是，世尊！如來有慧眼。」

「如來有法眼不？」

「如是，世尊！如來有法眼。」

「如來有佛眼不？」

「如是，世尊！如來有佛眼。」

「妙生！於汝意云何？如殑伽河中所有沙數，復有如是沙等殑伽河，隨諸河沙，有爾所世界，是為多不？」

妙生言：「甚多，世尊！」

「妙生！此世界中所有眾生，種種性行，其心流轉，我悉了知。何以故？妙生！心陀羅尼者，如來說為無持，由無持故，心遂流轉。何以故？妙生！過去心不可得，未來心不可得，現在心不可得。」

「妙生。於汝意云何？若人以滿三千大千世界七寶布施，是人得福多不？」

妙生言：「甚多，世尊！」

「妙生！若此福聚是福聚者，如來則不說為福聚福聚。」

「妙生！於汝意云何？可以色身圓滿觀如來不？」

「不爾，世尊！不應以色身圓滿觀於如來。何以故？色身圓滿色身圓滿者，如來說非圓滿，是故名為色身圓滿。」

「妙生！可以具相觀如來不？」

「不爾，世尊！不應以具相觀於如來。何以故？諸具相者，如來說非具相，是故如來說名具相。」

「妙生！於汝意云何？如來作是念：我說法耶？汝勿作是見。若言如來有所說法者，則為謗我。何以故？言說法說法者，無法可說，是名說法。」

妙生白佛言：「世尊！於當來世，頗有眾生，聞說是經，生信心不？」

佛告妙生：「有生信者。彼非眾生，非非眾生。何以故？眾生眾生者，如來說非眾生，是名眾生。」

「妙生！於汝意云何？佛得無上正等覺時，頗有少法所證不？」

妙生言：「實無有法是佛所證。」

佛告妙生：「如是，如是！此中無有少法可得，故名無上正等菩提。妙生！是法平等，無有高下，故名無上正等菩提。以無我無眾生無壽者無更求趣性，其性平等，故名無上正等菩提。一切善法皆正覺了，故名無上正等正覺。妙生！善法者，如來說為非法，故名善法。」

「妙生！若三千大千世界中，所有諸妙高山王，如是等七寶聚，有人持用布施。若復有人，於此經中，乃至一四句頌，若自受持，及為他說。以前福聚比此福聚，假令分此以為百分，彼亦不能及一分，或千分億分算分勢分數分因分，乃至譬喻亦不能及一。」

「妙生！於汝意云何？如來度眾生不？汝莫作是見：『如來度眾生。』何以故？曾無有一眾生是如來度者。若有眾生是如來度者，如來則有我見眾生見壽者見更求趣見。妙生！我等執者，如來說為非執，而諸愚夫妄為此執。妙生！愚夫眾生，如來說為非生，故名愚夫眾生。」

「妙生！於汝意云何？應以具相觀如來不？」

「不爾，世尊！不應以具相觀於如來。」

「妙生！若以具相觀如來者，轉輪聖王應是如來，是故不應以具相觀於如來，應以諸相非相觀於如來。」爾時，世尊而說頌曰：

「若以色見我　以音聲求我　是人起邪觀　不能當見我
　應觀佛法性　即導師法身　法性非所識　故彼不能了」

「妙生！諸有發趣菩薩乘者，其所有法是斷滅不？汝莫作是見。何以故？趣菩薩乘者，其法不失。」

「妙生！若有男子女人，以滿殑伽河沙世界七寶布施。若復有人，於無我理、不生法中，得忍解者，所生福聚，極多於彼無量無數。妙生！菩薩不應取其福聚。」

妙生言：「菩薩豈不取福聚耶？」

佛告妙生：「是應正取，不應越取，是故說取。」

「妙生！如有說言，如來若來若去若坐若臥者，是人不解我所說義。何以故？妙生！都無去來，故名如來。」

「妙生！若有男子女人，以三千大千世界土地碎為墨塵。妙生！於汝意云何？是極微聚，寧為多不？」

妙生言：「甚多，世尊！何以故？若聚性是實者，如來不說為極微聚極微聚。何以故？極微聚者，世尊說為非極微聚，故名極微聚。世尊！如來所說三千大千世界，說為非世界，故名三千大千世界。何以故？若世界實有，如來則有聚執。佛說聚執者，說為非聚執，是故說為聚執。」

「妙生！此聚執者，是世言論，然其體性，實無可說，但是愚夫異生之所妄執。」

「妙生！如有說云：佛說我見眾生見壽者見求趣見者，是為正說為不正耶？」

妙生言：「不爾，世尊！何以故？若有我見如來說者，即是非見，故名我見。」

「妙生！諸有發趣菩薩乘者，於一切法，應如是知，如是見，如是解。如是解者，乃至法想亦無所住。何以故？妙生！法想法想者，如來說為非想，故名法想法想。」

「妙生！若有人以滿無量無數世界七寶，持用布施。若復有人，能於此經，乃至受持讀誦四句伽陀，令其通利，廣為他人正說其義，以是因緣所生福聚，極多於彼無量無數。云何正說？無法可說，是名正說。」爾時，世尊說伽陀曰：

「一切有為法　如星翳燈幻　露泡夢電雲　應作如是觀」

爾時，薄伽梵說是經已，具壽妙生，及諸菩薩摩訶薩、苾芻、苾芻尼、鄔波索迦、鄔波斯迦、一切世間天人阿蘇羅等，皆大歡喜，信受奉行。

第六 《金剛經》作者簡譯

一、故事背景，須菩提提問安心之道

這是我所聽到的教化：有一次，佛陀在舍衛國的祇樹給孤獨園，在一個包括一千二百五十名比丘和眾菩薩等的聚會。佛陀於上午時，整理並披上架裟，執持缽碗，進入到舍衛大城來化緣乞食，接著化緣完成，佛陀回至本處，用完餐食，收起衣缽，洗淨雙腳，鋪如常座在為他準備的位置，佛陀端正身體並盤坐，聚精會神專注於眼前。

接著許多比丘來到佛陀的地方，向佛陀頂禮，在向右繞著佛陀三圈後找位置坐下。就在這個時候，長老須菩提從座位中站了起來，將僧袍撥向肩膀的一邊，袒露一肩，右膝蓋著地，雙手合掌向佛陀頂禮，恭敬地對佛陀說：「世尊啊！您是這麼的神奇美妙，多麼善於將高深的佛法護持顧念諸菩薩，多麼善於付囑教導諸菩薩，無論初學或久學菩薩眾都得到您最高的教誨和開悟，世尊，如果有世間的善男子、善女人發心走向菩薩道，應該如何自處？如何精進修行？如何降伏妄心？」

佛陀說：「問得好，問得好，須菩提，你問的這個問題太好了，正如你所說的，如來善於護持顧念諸菩薩，善於付囑教導諸菩薩，你現在就仔細聽，用心聽，我就為你解說，所有世間的善男子、善女人發心走向菩薩道，應該這樣自處、這樣精進修行、這樣降伏妄心。」

須菩提回答：「是的，世尊，我非常樂意仔細聆聽。」

🪷 二、佛陀回答安心三要旨及不住相布施的福德

佛陀告訴須菩提：「須菩提，所有發願菩薩道的眾菩薩們，都應該以這樣的方式來思考：『所有一切有情眾生，無論是卵生、胎生、濕生或奇蹟化生，無論是有形體、沒有形體，無論是有思想覺知、沒有思想覺知，甚至既不是有思想覺知也不是沒有思想覺知，一切可以想像的任何形式眾生，我都將引導他們到無餘涅槃境界，那個什麼都沒留下的圓滿完美境界，然而，儘管有無數眾生都這樣被引導到涅槃境界，事實上，從自我認知的觀點來思維，卻沒有一個眾生被引導到涅槃境界。』」

為什麼呢？須菩提，真正的菩薩引導眾生，並不能有任何眾生是被自己所引導的想法（不要認為你在幫助人們，不要認為你是一個偉大的幫助者，所有的自我都是虛假的、虛幻的），如果一個菩薩有自我的想法、有眾生的想法、有人的想法、有一種好像你會持續下去這種概念的想法，都不能被稱為是一個真正的菩薩。」

佛陀說：「還有，須菩提，做為一位菩薩，就不應該有將布施當成一件事或某種場所才行布施的想法，菩薩布施應該無所執著，不應該有任何理由和目的，菩薩布施時，不因為基於見到的景物，或聲音、氣味、味道、觸摸或心識有所差別才行布施，因為這樣，須菩提，菩薩在施行布施時，應該秉持著無所執著，『沒有任何理由和目的，沒有任何概念的支持與執著』這樣的態度在布施（支持意味著「我將會從它得到某些東西」，做為一個菩薩施行布施，不應該有任何預設立場和支持概念）。」

為什麼呢？因為如果菩薩秉持著無所執著，『沒有任何理由和目的，沒有任何概念的支持與執著』這樣的態度在布施，那麼他累積的福德將無法衡量。你怎麼想，須菩提，東方的虛空可以衡量嗎？」

須菩提：「事實上無法衡量，世尊。」

佛陀接著問：「同樣的道理，南方、西方、北方、上方、下方虛空，周遍十方一切世界虛空可以衡量嗎？」

須菩提回答：「確實無法衡量，世尊。」

佛陀說：「正是如此，須菩提，一個菩薩秉持著無所執著，『沒有任何理由和目的，沒有任何概念的支持與執著』的態度去行布施，所累積的福德就像十方世界虛空，是無法衡量的，這就是為什麼，須菩提，對一個發心菩薩道的人，他應該秉持著這樣的態度去行布施。」

佛陀繼續說：「你怎麼想，須菩提，如來可以藉著他所持有的外相和特徵被看出來嗎？」

須菩提回答說：「不，世尊，不可以藉著他所持有的外相和特徵看出如來。為什麼呢？如來教導過我們，如來所持有的表徵其實是『根本沒有任何表徵』。」

佛陀接著告訴須菩提說：「所有一切的存在現象，都是虛妄不實的，不可以執著在表象上，無論在什麼地方，只有知道任何存在現象皆是虛妄不實的不斷生滅現象，不是永遠固定不變的真實存在現象，這樣才能理解如來，才能看到真正的如來。」

❀ 三、須菩提對未來傳法未具信心，提出質疑

須菩提問：「世尊，在經過一段時間，在未來遙遠的年代，在如來滅度後第五個五百年後，在佛陀教義衰微的時代，這些經文被傳導教化時，會有人了解這樣的真理嗎？」

❀ 四、佛陀深入說明心無所住、法無可說、法無所得及持經福德

佛陀回答說：「不要這樣說，須菩提，不要這樣說：『在經過一段時間，在未來遙遠的年代，在如來滅度後第五個五百年後，在佛陀教義衰微的時代，這些經文被教導時，會有人了解這樣的真理嗎？』是的，即使在

那樣的年代，當這些經文被教導時，還是會有人了解這樣的真理，因為，須菩提，即使在那樣的年代也會有菩薩，有著品德端正、深具慧根的天賦，而且，須菩提，那些菩薩不會只榮耀一個佛，也不會只在一個佛的影響下，種下他們的善根，相反的，須菩提，當這些經文被教導的時候，那些菩薩會產生一個淨信心，那些菩薩將會被千千萬萬個佛所榮耀，將會在千千萬萬個佛所影響下，種下他們的善根。須菩提，如來透過佛的認知可以知道他們，如來透過佛的法眼可以看到他們，須菩提，如來可以完全知道他們，而他們都將會產生並獲得無法估量的福德。」

「這是為什麼呢？因為那些菩薩不會再有自我妄執的想法，不會有存在的想法、不會有靈魂永續的想法、不會有人的想法、不會有覺知的想法、也不會有這不是覺知的想法、也不會有這是法或這不是法的分別想法。

為什麼呢？那些菩薩如果有這才是法或這不是法的想法，他們就會藉此來抓住一個執著，抓住一個虛妄的自我、一個存在的概念、一個靈魂永續的思維、一個人的執著之中。

為什麼呢？因為菩薩不應該被執著在一個這是法或這不是法的思維中（佛法只能透過自我的真實體驗去證悟，不是停留或執著在語言文字的道理論述），因此，如來的教導即有隱藏這樣的含義：『那些知道我對法的譬喻說明，就好比過河時必須使用木筏一樣』，但登達彼岸後，證悟覺知了真理的境界之後，木筏就跟法一樣應該拋棄，不應該再將木筏帶上陸岸，更何況那些這是法、這不是法的一切概念和想法。」

佛陀問說：「你怎麼想，須菩提，如來有得到任何最至高無上的、最正確的、最完美證悟的佛法嗎？或是如來有顯示或表露出任何無上正等正覺嗎？」

須菩提回答說：「沒有，世尊，就我了解，世尊所教導過的是沒有，為什麼呢？如來所證得或顯示的法都是完全不能夠被抓住，完全不能夠用談論來理解的，它既不是一般人概念中的法，也不是非法，為什麼呢？因

為任何一位覺知的聖者所彰顯和表露的，都是一無所有，都沒有彰顯和表露出任何形式、概念或東西。」

佛陀接著問：「你覺得如何，須菩提，如果一個善男子或善女人用珍貴的七寶裝滿了千萬個世界來布施給如來、阿羅漢或完全開悟的人，他們因為此種因緣所累積福德有多大呢？」

須菩提回答說：「很多，世尊，非常多，這樣因緣所累積的福德非常多，為什麼呢？因為如來所說的福德累積其實是指無法永久真實存在的福德，這就是如來為什麼說福德很多的原因。」

佛陀說：「但是，如果這樣一個善男子或善女人，用裝滿千萬個世界的七寶來布施，他們此一因緣所累計的福德，比起另外一個善男子或善女人向他人演說此一法門，甚至只是四句短偈，只要能夠對經文受持信解、讀誦、詳細為他人開示，並廣為發揚光大，這樣的因緣所產生的累積福德，還多於前面那一種，而且累積的福德還是無數無量，難以估計。

為什麼呢？因為這《金剛經》文是佛法至高無上、正確和完美的啟示，一切如來、阿羅漢和完全開悟的人，都是從此經文義理而獲得啟蒙與覺知，一切諸佛也是從此經文義理而覺悟成佛。為什麼這樣說呢？對諸佛和法的證悟而言，所謂諸佛、諸法，並非是語言文字的佛與法，對於某一種可以具體描述或具體可行的佛與法，其實根本就不存在，了解此前提，才知道如來所說的諸佛、諸法的真正涵義。」

🪷 五、佛陀從證悟的四個階段果位，反推心路歷程與自我的覺知

佛陀問須菩提：「你覺得如何，須菩提，對於那些已經達到證悟初級果位的須陀洹而言，他們能不能這樣宣稱：我已經證得須陀洹果位？」

須菩提回答說：「確實不行，世尊，須陀洹不會這樣宣稱：我已經證得須陀洹果位。為什麼呢？世尊，因為證得初級果位的須陀洹，他們已經

不為知見上的煩惱所迷惑，不會對任何事與物產生自我的偏見與執著，才稱為須陀洹，不會對物質與形體、聲音、氣味、味道、感覺與心識，產生自我的偏見與執著，所以才稱為須陀洹，世尊，如果須陀洹這樣宣稱：我已經證得須陀洹，那他就是又被一個自我的執著、一個存在的執著、一個靈魂的執著和一個人的執著給抓住，而不可以稱為是一個須陀洹了。」

佛陀問須菩提：「須菩提，你覺得如何，對於證得二果的斯陀含能不能這樣宣稱：我已經證得斯陀含果位？」

須菩提回答說：「不行，世尊，斯陀含不會這樣宣稱：我已經證得斯陀含果位。為什麼呢？因為證得二果的斯陀含，雖名為入世一來，但其定力與修行已不會退失，對世俗財、色、食、名、睡與色、聲、香、味、觸都起了遠離的心，欲望與名想根本沒有，根本無所從來，才能稱為斯陀含，所以他不會這麼宣稱：我已經證得斯陀含果位。」

佛陀問須菩提：「須菩提，你覺得如何，證得三果的阿那含能不能這樣宣稱：我已經證得阿那含果位？」

須菩提回答說：「不行，世尊，阿那含不會這樣想：我已經證得阿那含果位。為什麼呢？因為證得第三果位阿那含的人，已斷除欲界所有的煩惱，永不來欲界受生，故名為不來果，既已斷除我見、疑見、貪欲、瞋恚等煩惱與疑惑，不再染著欲念，所以他不會這樣宣稱：我已經證得阿那含果位。」

佛陀問須菩提：「須菩提，你覺得如何，對於證得四果的阿羅漢能不能這樣宣稱：我已經證得阿羅漢道？」

須菩提回答說：「不行，世尊，阿羅漢不會這樣想：我已經證得阿羅漢道。為什麼呢？因為並沒有一種法叫做阿羅漢，證得阿羅漢即能夠斷色貪、無色貪、掉舉、慢、無明等，是能夠達到斷煩惱、離貪欲的修行者，才稱為阿羅漢，所以阿羅漢不會這麼想：我已經證得阿羅漢道。如果阿羅漢這麼宣稱：我能證得阿羅漢果位，那麼他又被一個自我、一個存在、一個靈魂或一個人的執著所抓住。所以說為什麼，如來說我是最能夠斷煩惱

永離貪欲，是最沒有執著的弟子。世尊，我雖是阿羅漢，可以斷除煩惱，但我心中未曾有這樣的想法：我證得阿羅漢能永離貪欲，斷除煩惱。世尊，我若這樣宣稱：我證得阿羅漢能斷除煩惱，那我就又抓住了一個自我的執著念頭，如來就不會說我是最能夠斷煩惱、最無所執著的弟子。」

佛陀問須菩提：「你認為如何？如來有從燃燈佛那裡得到任何有關成佛的教導嗎？」

「不，世尊，如來過去在燃燈佛那裡，沒有得到任何有關成佛的教導。」

佛陀告訴須菩提說：「如果有菩薩說：我將創造一個莊嚴和諧的佛境，那麼他講的一定是不真實，為什麼呢？如來並沒有教導過任何有關莊嚴和諧佛境的概念，所以說我將創造一個莊嚴和諧的佛境，即是有所執著，如來說那不是創造一個莊嚴和諧的佛境；了解這個沒有分別、沒有執著的前提，才能了解如來說創造一個莊嚴和諧佛境的真正意涵。」

「所以說，須菩提，真正的菩薩引導眾生，應保持清靜心，不執著於任何目的和概念，思維和行事都不被物質和形體所執著，也不會被聲音、氣味、味道、感覺、心識和一切事理所執著，發心和行願都保持清淨心，沒有任何執著和概念支持。」

「須菩提，如果有一個人賦與了像須彌山那樣高大的身體，你覺得如何？他的身體很巨大嗎？」

須菩提回答：「是很巨大，世尊，是很巨大，就他個體存在而言是很巨大。為什麼呢？從清淨心來看，如來並不曾教導過任何身體巨不巨大的思維，因此對高大如須彌山身體的巨大執著並不存在，以這種無分別的清淨心做前提，才說他的身體是很巨大。」

佛陀問須菩提：「你覺得如何，須菩提，假設恆河中每一顆砂粒又等於是一條恆河，那麼這些所有恆河的砂粒算多嗎？」須菩提回答：「當然很多，世尊，這樣一來光是恆河就已經是無法計數那麼多，更何況這麼多恆河中的每一粒沙。」

佛陀說：「須菩提，這是我要讓你們知道的，如果有善男子或善女人用像剛才所說那麼多恆河沙的珍貴七寶，裝滿了整個世界來布施予如來、阿羅漢和完全證道的人，那麼須菩提，這個善男子或善女人由此因緣是否招致很大的福德？」

須菩提回答說：「很大很大，世尊，這善男子或善女人會由此因緣招致很大的福德，而且無數無量。」

佛陀說：「但是，須菩提，如果有善男子或善女人對此經文生淨信心，甚至只有短短四句偈文，能夠受持信解、讀誦或向他人宣說開示，這樣因緣所招致的福德，比前面無數無量的福德還要更多、更大，而且無法衡量、無法計算。」

「還有，須菩提，如果有一個地方，在那裡經文被人宣說，甚至只有四句短偈被教導與推廣，那麼那個地方即變為一個名符其實的聖地，像佛寺、說法境地一樣，是一切世間天、人、阿修羅皆應供養之處，更何況如果有人對此經文能相信理解、書寫、奉持在心、研讀、以及廣為他人宣說，須菩提，像這樣的人即是成就世上最稀有功德，會受到奇妙的祝福，而那個宣說經文所在的地方，也就好像大師所住處所一樣，要受到極大的尊崇。」

六、須菩提明白此經重要性與莊嚴性，請佛陀命名

佛陀說完這段話後，須菩提問：「世尊，我們怎樣稱呼這些經文呢？如何奉持這些教化呢？」

七、佛陀命名為《金剛經》，
持續説明法與相真義

佛陀回答說：「這經文名叫能斷金剛般若波羅蜜多經，你們應該如此牢記在心，因為它已經超越了世俗的智慧，超越了自我，是連金剛都可以切斷的智慧，所以是超越智慧的智慧，名為能斷金剛般若波羅蜜多。」

佛陀問須菩提說：「你覺得如何？須菩提，如來有沒有教導過任何具體的佛法？」

須菩提回答說：「沒有，世尊，沒有。」

佛陀問須菩提說：「你覺得如何？須菩提，所有三千大千世界的微塵，是不是很多？」

須菩提回答說：「是很多，世尊。」

佛陀告訴須菩提說：「須菩提，所有微塵，以如來所教導的無常和無自我觀點來看，如來不說是微塵，了解這種前提，才是如來所說的微塵。三千大千世界，如以如來所教導的無常和無自我來看，根本就沒有三千大千世界，了解這種觀點，才是三千大千世界。」

佛陀再問須菩提：「你覺得如何？須菩提，可以憑藉如來特有的三十二種外表相貌來看見如來嗎？」

須菩提回答說：「不能，世尊，不可以用如來特有的三十二種外表相貌看見如來。為什麼呢？世尊，因為這三十二種外表相貌，以如來所教導，根本就沒有什麼是特有相貌，這才是三十二種外表相貌的真諦。」

佛陀告訴須菩提說：「須菩提，假設有善男子或善女人，一次又一次地捐獻像恆河中沙粒般那麼多的身體或生命在做布施，但若有人相信接受、奉持理解本經文，甚至只有用短短四句偈文向他人宣說開示，其所獲得的福德比前者還多，而且無法衡量、無法計算。」

你會喜歡 金剛經

八、須菩提深解經義，痛哭流涕

在那時，須菩提聽聞佛陀深奧佛法的衝擊後，掉下了眼淚，於是須菩提在擦去了眼淚後向佛陀說：「太奇妙、太稀有了，世尊，如來今天所為我們宣說的法門，實在是發願學習大乘佛法中最至上的心法，實在是發心菩薩道中最上乘的心法啊，世尊，我從過去開始學習智識至今，從未聽聞過如此深奧的佛法，世尊，如果有人聽聞此經文內容，能信解奉持，能生清淨心，那麼這個人必當成就至高而且稀有的功德。為什麼呢？世尊，因為所有所謂真實的覺知，其實就是不帶有任何的執著和概念，任何具有執著和概念的覺知，都不是真正的覺知，這才是如來所說的真實覺知。

世尊，我今天聽聞如此高深佛法，不難接受、相信和奉持，在未來、在千百年後，在佛法衰頹的年代，若有眾生聽聞此經時，也能夠相信、理解、接受和奉持，那麼這個人將是最稀有殊勝的人，會得到完美的福德。為什麼呢？因為這個人已經沒有執著自我的想法，沒有存在的想法、沒有人的想法、沒有好像自己會持續下去的想法、沒有眾生的想法。怎麼說呢？那些自我的執著都是不真實的想法、人的想法、好像自己會持續下去的想法，眾生的想法也都是不真實的想法，為什麼呢？因為諸佛菩薩都拋離一切不真實的想法。」

九、佛陀說出前世祕辛及　　奉持《金剛經》四項莊嚴

須菩提說完這段話後，佛陀接著說：「正是如此啊，須菩提，未來若有人聽聞如此高深經典內容，能不驚訝害怕、不顫抖、不感覺恐怖畏懼，那麼必須知道這個人將會成就最稀有的殊勝。為什麼呢？須菩提，如來說最至高無上的智慧即是超越所有智慧的智慧，即是般若智慧，須菩提，如來所說最至高無上的智慧，也是諸佛世尊所共說的智慧，如來所說最高的

智慧即是沒有自我、超越一般世俗智慧的智慧，所以如來說是最高的智慧。

　　為什麼呢？須菩提，我曾在過去的某前世裡被歌利王斷肢截肉，我在那個時候完全沒有自我的想法，沒有人的想法、沒有眾生的想法、也沒有好像自己會持續下去的想法。為什麼呢？我若在那前世被斷肢截肉時有自我的想法、人的想法、眾生的想法、好像自己會持續下去的想法，就會有自我的執著，升起瞋恨之心。

　　須菩提，我回憶過去五百世中，曾經自號為忍辱仙人，我在當時都沒有自我的想法、人的想法、眾生的想法、好像自己會持續下去的想法，所以說，須菩提，做為一個菩薩應該擺脫所有的想法，這樣才能引導思想到達無比的極致、正確和完美的境界，應該秉持一種不執著於任何物質與形體的覺知，也不執著於聲音、氣味、味道、感覺、事理的覺知，不執著於佛法，也不執著於非佛法的覺知，應該產生一種不執著於任何事物的覺知。

　　為什麼呢？須菩提，所有的執著都不是安住，所以如來才說做為一位菩薩，在發心布施的時候，不應該執著於任何事物，不應該執著於任何聲音、氣味、味道、感覺和事理而行布施。進一步說，須菩提，菩薩為造福一切有情眾生，應當秉持著這種完全沒有自我的態度在行布施。為什麼呢？須菩提，一切帶有自我的想法其實都不是真正的自我，一切有情眾生，如來說事實上都不是有情眾生。

　　為什麼呢？因為如來講的都是實話、真話，都是事實、真理，而不是相反，如來不講假話。但是儘管如此，須菩提，如來所證悟及宣說的佛法，既不是真實，也不是虛假。

　　譬如一個人進入暗室，什麼也看不見，如果一位菩薩在布施時，執著於事務，心墮於人和事務之間，就會如同進入暗室一樣，什麼也看不見。當夜晚變成白天，當陽光升起之時，他自然可以看見種種東西，當一位菩薩在布施時，不執著於事務，心思不墮入於人和事務之間，那麼他自然就

會看見各種東西。

還有，須菩提，若有善男子、善女人，對此經文能奉持、接受、讀誦，並廣為他人宣說、詳盡深入開示細節，他們將會完全被知曉、被看見，須菩提，如來透過佛的智慧可以看見他們，如來透過佛眼可以完全知曉他們，並且這些有情眾生，也都會獲得不可計量和無法衡量的福德。

須菩提，若有善男子、善女人，在上午的時候捐獻他所有的財產去布施，次數像恆河中所有沙粒那麼多次，下午時候，又是恆河沙粒那麼多次數在布施，晚上時刻，也是次數像恆河沙粒那麼多次在布施，如此將自己所有財產在無法計量的百千億劫中，每天都用此種方式在布施；另有一個人，聽聞此經典時，能接受而不會拒絕，那麼這個人的福報要勝過剛才那種無量布施。更何況如果有人能書寫、學習、緊記在心、讀誦、研究、詳為他人宣說、開示。

還有，須菩提，這部經典有不可思議和無量無邊功德，是如來為發願成就最上乘的菩薩、為發願成就最殊勝的菩薩所宣說，須菩提，如果有人能奉持此經典並且牢記在心、背誦、學習，並廣為他人詳說細節，如來以他的佛智慧會知道他們，如來以他的佛眼會看到他們，如來會完全了解他們，這些人會成就無量福德，皆會獲得無法計量、不可思議、無邊無量的福德，而這些人也都好像肩負著啟蒙般若無上智慧的重擔。

為什麼呢？須菩提，這些經文是不可能被低俗信解的人所聽到，也不可能被有自我想法的人、有存在想法的人、有好像自己會持續下去想法的人、有人想法的人所了解，這些人不可能對這些經文奉持信解，甚至書寫、採用、牢記在心、背誦、研究，並廣為他人宣說、開示，這些都是不可能的。

還有，須菩提，在任何聽聞到此經典的地方，這個地方即是一切諸天、神、人、阿修羅所應該恭敬之處，這地方即應該像塔廟一般，值得被行禮供養，值得被榮耀圍繞。

還有，須菩提，如果有人重視此經文，銘記在心、背誦和研究此經

文，卻還是遭人輕視和屈辱。這是為什麼呢？因為這些眾生在他的前世裡，做了一些不潔淨的事蹟，而這些不潔淨的事蹟會榮辱與共地跟隨著他們，因此藉由被輕視和屈辱回報在今世中而沒有墮入極惡報應，但他們前世裡所做的一些不潔淨的事蹟，也都因此被滅除了，並且得到佛法的深深啟示。

須菩提，我以佛的智慧回想起我的過去生，在無數、無量的億萬年中，我曾於燃燈佛前，忠實地供養服侍八百四十億無量數佛，從不曾疏忽懈怠，但是須菩提，比起未來或五百年後、更久遠的未來，甚至佛法教義崩潰的年代，如果有人能對此經書寫、學習、銘記在心、讀誦、研究、詳為他人宣說、開示經文細節，那麼即使是我那樣的功德，還不及此人功德的百分之一、千分之一、十萬分之一、千萬分之一、億萬分之一、千億萬分之一，甚至沒有辦法計算，沒有任何相似之處，也完全無從比較。

再者，須菩提，我若將此善男子、善女人因受持信解此經，並廣為他人宣說、開示，所會招致、獲得的福報詳盡說明，恐怕眾生會變得瘋狂、迷亂而無法相信，可是，須菩提，如來所宣說教導的這部經文教義，確實是不可思議，會使人獲得的福報也真的不可思議。」

十、須菩提震撼，再請佛陀總結此　金剛般若波羅蜜心法

這時，須菩提問佛陀：「所以說，世尊，如果有世間的善男子、善女人發心走向菩薩道，應該如何自處？如何精進修行？如何攝伏其心？」

佛陀告訴須菩提：「所有世間的善男子、善女人發心走向菩薩道，應該生起這樣的心：我應該渡化一切有情眾生到無餘涅槃的境界，然而當一切有情眾生都被渡化到無餘涅槃的境界時，在自我的認知上，事實上並沒有眾生被渡化到無餘涅槃的境界。

為什麼呢？如果一個菩薩有自我的想法，就不能被稱為一個真正的菩

薩。同樣地，菩薩也不應該有存在的想法、好像自己會持續下去的想法、有人的想法、有眾生的想法。為什麼呢？須菩提，世上並沒有什麼真理法則叫做行菩薩道。

你覺得如何，須菩提，如來過去在燃燈佛那裡，有得到什麼真理法則可以證得無上正等正覺的佛法嗎？」

須菩提回答：「沒有，世尊，就我所理解佛的教說，世上並沒有什麼特別方法、法則，可以證得無上正等正覺的佛法。」（如來所證得或顯示的法都是不能夠被抓住，不能夠用談論來理解的，他只是需要放棄自我的執著，需要自己去自我覺知，而不是一種『得到』。）

佛陀說：「正是如此，須菩提，我過去在燃燈佛那裡，並沒有學到什麼特別方法，可以直接證得無上正等正覺的佛法。如果真有特別方法可以讓如來直接證得無上正等正覺的佛法，燃燈佛就不會預說：『你將於來世做佛，法號釋迦牟尼』，確實是沒有什麼真理法則或特別方法，可以讓人直接證得無上正等正覺的佛法，所以燃燈佛才會預說：『你將於來世做佛，法號釋迦牟尼』。

為什麼這樣說呢？須菩提，所謂如來，本不能用言語或文字來言說，但為方便舉例譬喻，如來就是真實如是的方便說，所謂如來，就是無從生起、本自俱在的方便說；所謂如來，就是勇斷自我存在想法的方便說；所謂如來，就是自性本無生滅的方便說。怎麼說呢？須菩提，如實的本性，清靜無為，不被任何執著所抓住，就是如來最貼近的義理。

若有人說：如來證得至高無上的、最正確的、最完美的覺悟，這是不真實的言語，須菩提，實在沒有什麼方法如來能證得至高無上的、最正確的、最完美的覺悟。

須菩提，先前如來所證得、所說的至高無上的、最正確的、最完美的覺悟，其實都是言辭方便的說明，就如來自性而言，既不是真實，也不是虛妄，所以如來說：一切法都可以成就佛法。須菩提，言說所謂的一切法，如來說都不是真正的一切法，理解這點，才是如來說的一切法。須菩

提，譬如說一個人具有高大身體……」

須菩提此時回應佛陀說：「世尊，對一個人具有高大身體來說，其實本質是緣起性空，虛妄不實，這才是如來說一個人具有高大身體的真意。」

佛陀說：「正是啊，須菩提，若有菩薩這樣說：『我當度化無量的有情眾生到涅槃的境界』，如此就不能稱為菩薩。為什麼呢？須菩提，你覺得有什麼具體的真理法則，可以稱做為菩薩的嗎？」

須菩提回答：「沒有，世尊，確實沒有什麼具體的真理法則可以稱為菩薩。」

佛陀告訴須菩提說：「所以說一切法都不應該存有執著自我的想法、存在的想法、好像自己會持續下去的想法、人的想法、佛法的想法、非佛法的想法、覺知或非覺知的想法。

須菩提，如果菩薩這樣說：『我將會創造出莊嚴和諧的佛境』，那他講的一定是不真實。為什麼呢？如來並沒有教導過任何的莊嚴和諧，可以用言語形容的所謂莊嚴和諧佛境，都不是莊嚴和諧的佛境，須菩提，如果有菩薩身深刻了解一切法無我的真實意義，如來會說這是名真正的菩薩。」

🪷 十一、佛陀闡述心不可得

佛陀問：「你覺得如何？須菩提，如來有肉眼嗎？」「是的，如來有肉眼。」

佛陀問：「你覺得如何？須菩提，如來有天眼嗎？」「是的，如來有天眼（可千里觀遠，黑夜觀物……）。」

佛陀問：「你覺得如何？須菩提，如來有法眼嗎？」「是的，如來有法眼（能見三世，能觀一切因緣所生之事與物）。」

佛陀問：「你覺得如何？須菩提，如來有慧眼嗎？」「是的，如來有

慧眼（能照見五蘊皆空，諸法皆空）。」

　　佛陀問：「你覺得如何？須菩提，如來有佛眼嗎？」「是的，如來有佛眼（能見一切法）。」

　　佛陀問須菩提：「你覺得如何？須菩提，恆河中的所有砂粒，你覺得很多嗎？」「是的，世尊，是很多。」

　　佛陀再問須菩提說：「你覺得如何？須菩提，如果這些恆河中的每一粒砂，都等於是一條恆河，而這些恆河的每一粒沙又都是一個世界，你覺得這樣的世界是很多嗎？」

　　須菩提回答說：「是的，世尊，這樣的世界確實是很多。」

　　佛陀告訴須菩提說：「須菩提，這麼多的世界國土中，所有有情眾生各式各樣心識的變動流轉，我都能夠知道。為什麼呢？如來說這些有情眾生各式各樣的心識，都是虛妄而流變不定的，都不是永久真實的想法，須菩提，一個人的心如何能抓住？所有過去的心已經逝去，如何能抓住？而現在的心又在此刻立即變成過去，根本也抓不住；至於未來的心，也是虛幻而不存在，更無法抓住。（你想降服妄心，但你必須知道，你所謂的心根本就是虛妄而流變不定，根本就不存在，如何抓住？如何降服？）」

🪷 十二、佛陀再次強調福德無實、諸相非相

　　佛陀問：「須菩提，你覺得如何？如果有人將珍貴七寶裝滿整個三千大千世界來布施給如來，這樣因緣所產生的福德多不多？」

　　須菩提回答：「是的，世尊，這樣因緣所產生的福德非常多。」

　　佛陀告訴須菩提說：「須菩提，如果福德是真實的、不變的、永久的，那麼如來不會說：會有很多的福德；因為福德並不是真實的，是虛幻而且是經常性在變動的，因此，如來才會說這個人會有很多、很多的福德。」

　　佛陀問：「須菩提，你覺得如何？可以用具備色身圓滿這一點來辨識

如來嗎？」

須菩提回答：「不可以，世尊，如來不可以只憑具備色身圓滿這一點來辨識，因為如來教導：圓實完滿的身相概念，其實並非真實如是，所以不可以只憑具備圓實完滿的身相來辨識如來。」

佛陀問：「須菩提，你覺得如何？如來可以用他外表具足的各種相徵來辨識嗎？」

須菩提回答：「不可以，世尊，如來不可以用他外表具足的各種相徵來辨識，因為如來教導的具足相徵，就是沒有任何相徵，這才是外表具足各種相徵的真意。」

✿ 十三、無法可說、無法可得、無有眾生可度

佛陀告訴須菩提：「你覺得如何？須菩提，如來有這樣想：我有教導或顯露任何佛法嗎？須菩提，你們不要有這樣的想法。為什麼呢？須菩提，如果有人說：如來教導我們如何證悟佛法，那他所說的一定是虛假的，他經由那種不存在的概念與執著把我誤傳，就像是在毀謗我一樣，所謂證悟佛法其實是無法用語言文字來教導和說明的，無法用一些不存在的概念來抓住的，佛法只是將原本具足的自性覺知發掘出來、覺悟出來，並不需要再加入任何教導和說明，真正的佛法是無法被某一種概念抓住，無法用教導和說明來達成的。」

這時，須菩提問佛陀說：「世尊，在經過一段歲月，在未來遙遠的年代，甚至在佛陀教義衰微的時代，這些經文被教導時，會有眾生深切相信這樣的說法嗎？」

佛陀回答說：「須菩提，他們並不是什麼眾生或不眾生。為什麼呢？須菩提，真如本性，緣起性空，無所從來，也無所從去，所以如來說眾生，其實根本也不是眾生，只有秉持這種不為眾生概念所執著的想法，才是如來所謂的眾生。」

佛陀問須菩提：「你覺得如何？須菩提，如來證得無上正等正覺，有得到任何東西或有顯示出任何概念嗎？」

須菩提回答佛陀說：「世尊，就我所了解，如來證得無上正等正覺，並沒有任何得到與顯示任何東西或概念。」

佛陀說：「須菩提，正是如此，正是如此啊，如來證得無上正等正覺，確實是沒有得到任何東西或顯示出任何概念，都是一無所有，所以才叫做無上正等正覺。」

佛陀接著說：「還有，須菩提，所謂最高的自覺與證悟是沒有任何差異的，是完全平等的，所以才叫做無上正等正覺，只有透過沒有自我、沒有存在、沒有一種持續概念、沒有人、沒有法、沒有非法的所有概念與執著，努力修持一切善法，即可獲致無上正等正覺。須菩提，如來所說一切善法，只能透過自我的自覺才能發掘出來，並不是可以被教導的，如來根本就沒有善法的這種『概念』可以教導或傳授，這才是如來所謂一切善法的真意。」

「須菩提，如果有善男子、善女人在每三千大千世界中，都將珍貴的七寶堆積成像須彌山那麼高的體積用來做布施；另一方面，如果有善男子、善女人對此經文，甚至只是簡短的四句偈文，能夠書寫、學習、銘記在心、讀誦、研究、詳為他人宣說、開示經文細節，那麼，須菩提，前面所說的福德，都不及這樣福德的百分之一、千分之一、百千萬億分之一……等等，甚至根本沒有辦法去比較。」

「你以為如何？須菩提！如來會這樣想嗎：我當渡化有情眾生？你不可以這樣想，須菩提。為什麼呢？實在是沒有任何眾生被如來所渡化，如果有任何眾生是被如來所渡化，那麼如來就陷入抓住一個自我、一個存在、一個持續的概念、一個人等等的執著；須菩提，如來說：執著一個自我的想法，其實根本也無法抓住任何東西，但一般平凡之人都還是陷在抓住『有一個自我存在』的執著，須菩提，就像現在我說『一般平凡之人』一樣，其實根本也沒有始終不變的『一般平凡之人』，從緣起性空的角度

來看，『一般平凡之人』也有可能變成聖者或證悟的人，這就是我在表達『一般平凡之人』的意思。」

十四、憑藉外表和音聲
無法理解如來、見到如來

「須菩提！你以為如何？如來可以用外表特有的徵象看出來嗎？」

須菩提回答：「就我所了解，不可以用外表特有的徵象看出如來。」

佛陀說：「正是如此，須菩提，如來不可以用外表特有的徵象來看出來，如果只是外表的特有徵象，那麼同樣是具足如來三十二種相的轉輪聖王也會是如來，所以不可以用外表特有的徵象來看如來，應該以『沒有任何表徵才是真正的表徵』這樣的想法才能見到如來。」

說到這裡，佛陀說了這麼一段偈語：

「那些藉著我的外表徵相在看我的人，

　　那些藉著聲音來跟隨我的人，

　　他們所做的努力都是錯誤的，

　　這些人都見不到我。

　　只有透過法性，才能見到真佛，

　　只有透過法性才能現前導引他們。

　　然而真如法性並無法用肉眼看出端倪，

　　因此沒有一個執著於自我的心識能覺知到它。」

十五、佛陀反問須菩提，能否理解來去無實，
微塵無實，不生我見

「須菩提，你以為如何？如來是因為他外表特有的徵象，而證悟到無上正等正覺嗎？你不要有這樣的看法，須菩提，如來不是因為他外表特有

的徵象而證得無上正等正覺。

　　還有，須菩提，對發心走向菩薩道的人，也不可以認為：既然是這樣，至高無上的諸法根本已是毀壞和破滅；也不要有這樣的想法，須菩提，對發心走向菩薩道的人而言，也不應該有法已毀壞和破滅的消極想法。」

　　「還有，須菩提，如果有善男子、善女人，用珍貴七種寶物裝滿了像恆何沙粒那麼多的世界來做布施，而另一方面，有人覺知到諸法無我，並從內心中得到耐心的體認，那麼這種因緣所生的福德還勝過前面那種。還有，須菩提，做為一個菩薩，不應該攝受福德。」

　　須菩提問佛陀：「世尊，為什麼說菩薩不應該攝受福德呢？」

　　佛陀回答：「須菩提，福德是應該正取獲致，但不能貪著，自我不能被福德緊緊抓住，所以才說做為一個菩薩，不應該攝受福德。」

　　「還有，須菩提，如果有人說：如來來了、如來走了、如來站著、如來躺著，這些人都是不了解我的說法內涵。為什麼呢？須菩提，所謂如來（就好像是天上的天空），不來自任何地方，也沒有要去任何地方（他一直都在那裡；而虛妄執著的自我，就像來來去去的雲朵，雲飄來了，雲飄走了，但天空始終不曾離開過）。真如自性本來就存在每個人心中（是每個人心中的那個空，那個天空，）只須去發掘出來，不需要再添加什麼，也沒有什麼來去，所以才稱為如來。」

　　「還有，須菩提，如果有善男子、善女人將整個三千大千世界磨碎成像灰塵那樣極細微的粉塵，而且盡可能地以不可估量的力量去磨成極細、極微，你覺得如何，須菩提，那會是數量龐大的粉塵嗎？」

　　須菩提回答說：「是數量龐大的粉塵，世尊，是數量龐大的粉塵，為什麼呢？如果那些數量龐大的粉塵是能永久真實存在的話，如來就不會說那是數量龐大的粉塵。怎麼說呢？如來說數量龐大的粉塵，就是粉塵的本性並非永遠實有存在，所以如來才說是數量龐大的粉塵。如來說三千大千世界，就是沒有真實永久存在的三千大千世界，所以才稱為三千大千世

界。

　　為什麼這樣說呢？世尊，如果世界是實有存在的話，那就有了被一個具體實有聚合物抓住的想法，而如來說這一種具體不變的具體實有物，根本不會永遠存在，只是一種執著與想法而已，這就是如來表達的世界具體實有的意義。」

　　佛陀補充說：「還有，須菩提，所謂一個具體實有物，其實是一種我們語言上的表達慣例，就真實本性而言，是不能用言語能夠描述的（就像我們口中談起宇宙，這句宇宙根本不是真正的宇宙），但一般人都喜歡執著於其上論說。」

十六、佛陀總結，説法圓滿結束

　　「須菩提，若是有人這麼說：『如來教導我們，有關自我的想法、存在的想法、好像自我會持續下去的想法、人的想法。』你覺得如何，須菩提，這種說法正確嗎？」

　　須菩提回答說：「不正確，世尊，這些說法並不正確。為什麼呢？世尊提及這些自我的想法、存在的想法、好像自我會持續下去的想法、人的想法，其實就是要我們去領悟『沒有自我』的想法，這才是世尊所教導的自我想法。」

　　佛陀告訴須菩提說：「正是如此，須菩提，一個發心菩薩道的人，對一切諸法都應該這樣去認知、這樣去做看待、這樣去信奉和理解，不要執著在法的認知上，所謂法的認知就是沒有任何執著、沒有任何概念的認知，這才是如來教導法認知的真正涵義。」

　　「最後，須菩提，如果一個菩薩用珍貴七寶填滿無量無邊的世界來布施予如來，而另一方面，有善男子、善女人對此經文，甚至只是簡短的四句偈文，能夠書寫、學習、銘記在心、讀誦、研究，並且詳為他人宣說、開示經文細節，那麼，這樣的福德還勝過前面那種，並且會累積出無數、

無量的不可思議福德。那麼如何為人宣說、照亮他人呢？不揭示任何相的存在，如如不動，就是真正的揭示。」

這時世尊說了以下這一段：「一切由因緣和合所產生的物質與現象，都像星星、像幻影、像燈火、像魔術秀、像露珠、像水中的氣泡、像做夢、像閃電、像雲一樣，一個人應該抱持這樣的觀點去觀照自我的內心。」

佛陀說到了這裡，須菩提長老和所有的比丘、比丘尼、善男、信女，以及眾菩薩、諸世界的天神、人、阿修羅等，在聽完佛陀所說後，均生起了大歡喜心，並且相信、接受、奉行這《金剛經》的完美智慧。

附錄

第六

《金剛經》作者簡譯

國家圖書館出版品預行編目資料

你會喜歡金剛經／黃逢徵著． --初版 .--臺中市：
白象文化事業有限公司，2015.3
　　面；　公分 .──（信念；20）
ISBN 978-986-358-128-4（平裝）
1. 般若部
221.44　　　　　　　　　　　　　104000057

信念（20）

你會喜歡金剛經

作　　者　黃逢徵
校　　對　黃逢徵、蔡晴如
封面設計　王秀梅
封面陶藝作者　陳兆博（水天需陶瓷創意設計工坊）
發 行 人　張輝潭
出版發行　白象文化事業有限公司
　　　　　412台中市大里區科技路1號8樓之2（台中軟體園區）
　　　　　出版專線：（04）2496-5995　　傳眞：（04）2496-9901
　　　　　401台中市東區和平街228巷44號（經銷部）
　　　　　購書專線：（04）2220-8589　　傳眞：（04）2220-8505
專案主編　徐錦淳
出版編印　林榮威、陳逸儒、黃麗穎、水邊、陳婷婷、李婕
設計創意　張禮南、何佳誼
經紀企劃　張輝潭、徐錦淳
經銷推廣　李莉吟、莊博亞、劉育姍、林政泓
行銷宣傳　黃姿虹、沈若瑜
營運管理　林金郎、曾千熏
印　　刷　基盛印刷工場
初版一刷　2015年3月
初版二刷　2020年7月
初版三刷　2023年8月
定　　價　400元